JN444390

국역 남계실기

국역 남계실기
간행위원회

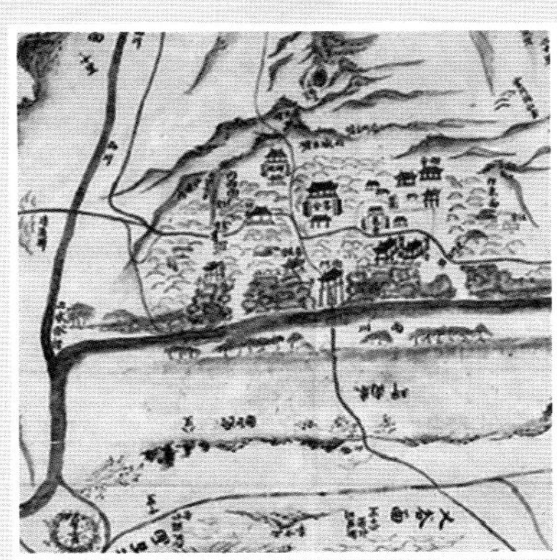

永川 忠烈 志士
南溪 孫應晛 先生

倡義 精勇軍 中心 旗手

국역 남계실기

발행일 2021년 09월 01일 초판 1쇄
원저자 손수은
국 역 손무익 조경욱 외
감 수 손범진
펴낸이 손진담(국역 남계실기 간행위원회 대표)
대표연락처 010-8417-8454
이메일 jindamson@hanmail.net
주소 대전광역시 유성구 지족로 362, 309동 1402호

발행인 李憲錫
발행처 오늘의문학사
출판등록 제55호(1993년 6월 23일)
주소 대전광역시 동구 대전로867번길 52(한밭오피스텔 401호)
대표전화 (042)624-2980
팩시밀리 (042)628-2983
전자우편 hs2980@hanmail.net
카페 cafe.daum.net/gljang(문학사랑 글짱들)
cafe.daum.net/art-i-ma(월간 충청예술문화)

공급처 한국출판협동조합
주문전화 (02)716-5616
팩시밀리 (02)716-2999

ISBN 979-11-6493-142-2 (03810)
값 30,000원

ⓒ국역 남계실기 간행위원회 2021

* 이 책은 ㈜교보문고에서 eBook(전자책)으로 제작하여 판매합니다.
* 잘못 제작된 책은 바꾸어 드립니다.

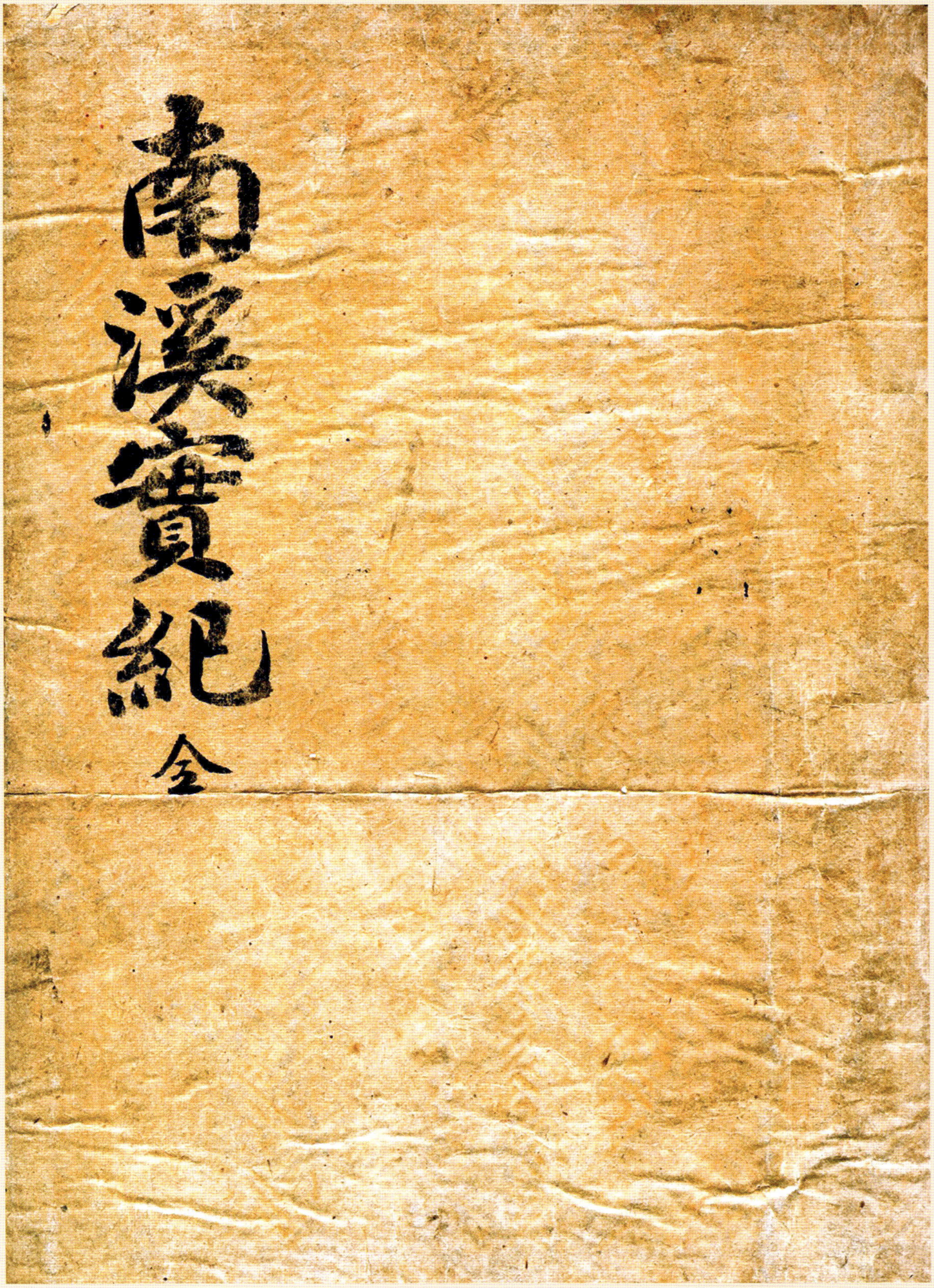

『남계실기』 표지 제자(題字)_ 재전 손수은

남계공 의빈부도사 산소
경북 청송군 현서면 문천리 세등 유좌

문천재(남계공 수호재사)
청송군 현서면 문천리 소재. 좌로부터 손문익 손태화 손범진 류한성 손진담

영천10현을 모신 임고면 고천서원

01 고천서원 입구 **02** 편액 **03** 강당(앞)과 순국사(뒤) **04** 충현각

고천 순국사 05 순국사 **06~07** 영천 십현 향사(음 8월 하정) 연례 행사
임고서원에 인접한 조옹대 08 조옹대 원경 **09** 조옹대 근경

10

11

12

13

14

15

영천 임고면 **10** 포은 정몽주의 유허비(출생지 우항리의 효자리 비석)
11 십의사 기적비(고천리 고천서원 충현각 내 위치)
경주 황성공원 **12** 경주 임란의사 추모탑 **13** 임란순절의사 위령비
대구 망우공원 **14** 임란호국영남충의단 **15** 임란의병관

16

17

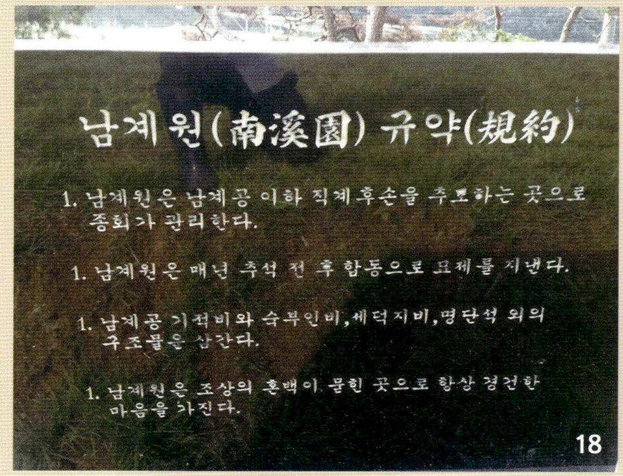

18

19

20

16~19 영천시 고경면 용전2리 양지산에 조성된 남계원(경주손씨 남계공파 종중묘역)
20 임진란사 학술대회(영천지역)에 참가한 남계공 손응현 선생 후원회원

발간사

『남계실기(南溪實紀)』는 영천(永川) 고천서원(古川書院)에 배향된 십 현(十 賢) 중 남계공(南溪公) 손응현(孫應晛) 선생의 생애와 임란 창의 활동사를 기록하고 그 행적을 칭송 추모하는 글을 모은 것으로, 1833년(순조 33) 남양인 홍기섭(洪耆燮)이 쓴 서문과 12세손 손수은(孫秀殷)이 쓴 후지를 붙여 1967년 발행되었습니다. 내용으로 경주손씨 가계와 남계공의 연보, 조기회가 찬한 유사, 후손 손후익이 찬한 행장, 이태일이 찬한 묘지명, 권상익이 찬한 묘갈명이 들어있습니다. 또 '십의사유사략'에 '증 봉훈랑 의빈부도사 남계공'이 실려있고 그 밖에 '제현기사'에는 학봉 김성일, 한강 정구, 인제 최현, 백사 이항복, 송암 이로 등의 제현이 기록한 영천 십의사와 관련 내용을 요약한 글들이 실려있습니다. 특히 주목할 부분은 유사 성립과 정사상이 1592년 6월 10일에 기록한 '창의 회명록'입니다.

새천년이 되어 조상의 빛난 얼을 오늘에 되살리고자 2010년 〈사단법인 임진란 정신문화선양회〉가 발족하였고, 후원단체로 〈남계공 손응현 선생 후원회〉가 태어났습니다. 2017년 임진란 7주 갑을 기념하여 선양회에서 발간한 『임진란 위훈록』에는 '영천의 충렬 지사 남계공 손응현 선생'이란 제목으로 남계공의 공적 사항(위훈록 제4권 373-394)이 잘 요약되어 있습니다. 위훈록에 실린 남계공 공적 사항은 경주손씨 생원공파 종중과 남계공 후원회가 제공한 『남계실기』와 기타 자료가 근간이 되고 있습니다.

『남계실기』의 한글 번역은 더욱 상세한 내용을 보다 쉽게 후세에 전하고자 하는 염원에서 시작되었습니다. 2019년 경주손씨 남계공 종중회의를 통하여 번역의 필요성이 대두되었고, 이에 부응코자 〈남계공 손응현 선생 후원회〉 부설 〈국역 남계실기 간행위원회〉가 주관하여 번역작업을 추진하였습니다. 2020년 성균관 유도회 대구본부 조경욱 부회장님과 종중회원인 손무익 한문학자의 도움으로 일차 번역은 순조롭게 진행되었으나 차세대를 위한 국역이니만큼 현대어에 맞는 교정은 그다지 수월하지 않았습니다.

『국역 남계실기』가 발간되기까지 많은 분의 격려와 지원이 있었습니다. 먼저 교열 감수를 담당해 주신 손범진 성균관 부관장님에게 감사를 드리며, 번역사업을 격려해주신 (사)임진란정신문화선양회(회장 류한성)·경주손씨 종친회(종손 손성훈) 후원회원 여러분과 손진우 성균관 관장님을 비롯하여 고천서원 십현 후손 여러분, 그리고 간행에 정성을 쏟아주신 오늘의문학사(리헌석 회장) 관계자들께 심심한 사의를 표하며, 특히 재정지원을 담당한 경주손씨 생원공파(대표 손웅강) 남계공 종회(회장 손익용)에 깊은 감사를 표합니다.

끝으로 모쪼록『국역 남계실기』가 널리 읽혀 호국 충정하는 정신이 더욱 선양되길 바랍니다. 오류나 교정의 미흡함이 나타날 경우, 증보판에서 고쳐나갈 계획이오니 많은 지도와 편달이 있길 바랍니다.

2021년 9월

서거 429주년 서거일(음 8월 21일)을 앞두고

남계공 손응현 선생 후원회장 겸

국역 남계실기 간행위원회 대표 **손 진 담**

축간사

작금 하루가 다르게 변하는 현대 과학 문명 속에서 생활하는 우리에게는 역사적 고유정신문화가 잊혀질까 늘 걱정입니다. 그러나 우리 겨레는 온고지신의 교훈으로 옛것을 살펴 새로움에 슬기롭게 대처하면서 발전해 나가는 우수한 민족입니다. 따라서 전통적으로 이어져 오는 우리의 충효 사상은 오늘에도 변함이 없습니다. 아무리 이기주의가 만연된 사회에서도 나라가 위기에 처하면 맨주먹으로라도 항거하는 것이 우리의 민족정신임을 유구한 배달의 역사가 증명하고 있습니다. 그런 의미에서 보면 이번 영천의 충렬지사 남계공 손응현의『남계실기』국역사업은 참으로 의미가 있는 작업이라 생각합니다.

남계 손응현 공은 신라 효자 손순의 후손으로 경주손씨 명문가에서 태어난 선비 집안의 후예입니다. 조선 세종조에 집현전 학사로 한글창제에 참여한 병조참의 개성군 손사성의 고손자이자 성균관 생원을 지낸 손흔의 증손자로서, 적개공신으로 계천군이고 시호가 양민공인 손소의 종증손입니다. 조부인 장사랑 손세돈은 월성군이자 경절공이요 호가 우제인 손중돈의 종제가 됩니다. 경주 손씨면 누구나 그 선조가 가진 충효의 유전자가 몸속에 연연히 흐르고 있다고 봅니다.

남계 공은 조선이 일본으로부터 침략을 당한 임진왜란 당시 29세로서 오로지 구국의 일념으로 창의 정용군의 일원이 되어 왜적의 척결에 앞장 섰습니다. "군주가 욕되게 되면, 신하는 죽어야 마땅하니 지금이 바로 그 때이다." 하면서 어린 아들과 젊은 부인을 남겨두고 비장하게 의병에 가담하였습니다. 그는 임진년 칠월 하순 영천성을 수복하고 팔월 초 자인 전투에 참가하여 큰 승리를 거두었으나 연이은 경주성 탈환전에는 중과부적으로 영천의 많은 사대부 출신 의병들과 함께 한날(음 8월 21일) 한시에 경주 서천에서 장렬히 산화하셨습니다. 당시 조정에서는 이들의 공적을 기려 사후 벼슬을 내렸는데 손공은 봉훈랑 의빈부도사의 관직을 수여하였습니다. 이후 경상도 유생들의 상소로 세워진 영천의 고천서원 순국사에는 남계공을 비롯한 10분의 충렬지사가 배향되고 있으며『충현록(忠賢錄)』에 영천 십 현의 행적이 실려있습니다.

『충현록』과 더불어『남계실기』가 남계공 후손들에 의하여 오랜 세월을 거쳐 작성되었습니다. 1833

년 당시 영천 군수 홍기섭의 서문을 필두로 후손들은 흩어진 자료들을 수집하고 보완하여 한 권의 실기가 발간되기까지 200여 년이 흘렀다고 합니다. 그리고 금세기에 들어와 한글세대를 위한 『남계실기』 번역이 절실히 요구되어 오던 차 경주손씨 남계공 종중과 후원회에서 힘을 모아 〈국역 남계실기 간행위원회〉를 발족하여 번역작업을 수년간 수행한 결과 드디어 발간을 목전에 두고 있습니다.

모쪼록 『국역 남계실기』를 통하여 임진란 시 내 고장을 지키고 나라를 구하고자 목숨 바친 조상의 행적을 고찰하고 나아가 충효사상을 드높이는데 이바지함으로써, 날로 역사의식이 희박해져가는 신세대에게 본 실기의 발간은 좋은 귀감이 될 것으로 믿어 의심치 않습니다. 지난날 우리의 아픈 역사를 참고 나라와 민족의 얼을 지켜온 선현들의 모습에 현대를 살아가는 우리는 늘 감사한 마음을 간직하며 우리의 미래를 열어갑니다. 더욱이나 현 유림의 수장으로서 이런 내용의 책 발간에 경의를 표하지 않을 수 없습니다. 어려운 가운데서도 이런 용기있는 집필과 발간은 경주손씨 남계공 문중의 자긍심을 드높임과 동시에 뭇사람들에게 끝 없는 갈채를 받을 것으로 믿습니다.

2021년 8월 염천에

제33대 성균관 관장 청운(青耘) 손진우(孫晋瑀)

남계실기 서(南溪實紀 序)

일찍이 듣건대 절개와 의리는 천하의 큰 법칙으로 나라의 환란을 막는 데 쓰며, 선인(善人)이란 국가를 지키는 원기(원동력)가 되는 훌륭한 사람으로 정의된다. 대저 선비란 자기 자신의 운명을 버리는 것은 나라의 혼란을 막기 위해 임금과 어버이를 대신하여 죽는 것이니 아마도 적을 무찌르는 탁월하고 빼어난 기세가 그 시대와 함께 그 사람에게 내려준 것이다. 그 중요한 것은 임금과 나라는 훌륭한 인재를 가르치고 양성하여 두면 집마다 가정에서는 기운과 혈기를 전수할 것이다.

삼가 살펴보건대 응현공(應晛公)은 성(姓)을 받기를 신라 대수부에서 시작되었으니 휘자(諱字) 순(順)의 효성에 감응하여 석종(石鐘)을 얻으니, 신라 흥덕왕이 중국 곽거(郭巨)가 지극한 효성으로 금가마솥을 얻은 것에 비유하여 손순(孫順)에게 한 구역의 땅을 하사하니 바로 가장 윗대의 시조 할아버지이다. 조선에 이르러서는 휘 등(登)이란 분이 계셨는데 "이는 태조대왕과 포의지교(布衣之交)로서 후한 광무제의 학우인 엄광(嚴光: 엄자릉)의 절개와 같다" 하여 참의 벼슬을 받았으니 공의 5대조이다. 그의 아들 사성(士晟 1396~1477)은 문과 참의에 올라 병참과 계성군(鷄城君)에 증작되었으며, 셋째 아들 흔(昕)은 세조 조정에서 생원(生員)으로서 응현공의 조부이시며, 나아가 적개공신 계천군(鷄川君)이자, 시호가 양민공(襄敏公)이신 휘(諱) 소(昭 1433~1484)의 아우로 아들 세돈(世暾 1468~1531)을 낳으니 은덕은 훌륭했으나 벼슬을 하지 않았다. 이판(吏判)을 습작 받았고 시호가 월성군(月城君)이자 경절공(景節公)이요 호가 우제(愚齊) 선생인 중돈(仲暾: 1463~1529)이 종형(從兄)이 되시니라. 응현공의 부친은 휘(諱)가 희(曦 1504~1588)로 충순위(忠順衛)를 지냈으며, 모친은 참봉 경주 김씨 태년(台年)의 여식이니라.

여러 세대에 걸쳐 그 충절과 절의와 문학과 덕업이 찬란하고 혁연히 빛나니 앞에서 길을 열어주고 뒤에서는 몸소 실천하므로 한강 이남에서 훌륭한 문벌인 명문 세가이다.

응현(應晛 1564~1592) 공은 산림의 선비로서 채지(采地)로 받은 땅 서라벌 계림에서 나라를 위해 목숨을 바치셨으니 아! 그 거룩하고 위대함이시여! 선조 임진왜란 시 공의 나이는 겨우 29세에 불과하였으니 오호라!

나라의 운명은 너무도 어려움이 많고 섬나라 오랑캐(왜적)들이 심히 노략질하면서 강토 천 리에 화적질하니 삼경(三京: 큰 고을 세 곳)이 모두 함락되자 강토를 지키는 번진(蕃鎭: 변방을 지키기 위해 군대를 주둔하는 곳)을 모두 버리고 살기 위해 달아나고 도망하니 어느 한 병사도 앞서 나서는 자가 없었더라.

공은 개연(慨然)히 눈물을 훔쳐 닦으면서 "나라의 임금이 욕되게 되면 신하는 죽어야 마땅하니 지금이 바로 그때라" 하고서 그의 동생인 응창(應昌)과 더불어 손을 맞잡고 말하기를 "나는 대대로 녹을 받아온 후손으로서 하물며 집안과 나라를 위한 충효의 교훈을 받아왔는지라 지금 임금님께서 몽진하시니, 맹세하건대 이 오랑캐들과 어찌 함께 살 수 있겠는가? 아들인 위(暐)는 아직 어리므로 잘 돌보아주어 꼭 후사를 잇도록 하라"고 하시면서, 나무를 잘라 깃대로 삼고, 천을 찢어서 깃발을 만들어 중심(中心)이라 썼다. 이는 나라를 위한 충(忠)이자, 화살마다 적의 심장을 맞춰 충(忠)을 이루겠다는 의지의 표현이다. 그 깃발을 들고 같은 고을 의병들과 함께 즉시 군진(軍陣)으로 나아가 박연 전투에서 적을 크게 무찔렀으며, 이어서 영천 본성을 쳐서 이를 되찾았으며, 다시 경산 자인으로 나아가 대승하고 또 동도(東都: 동쪽의 한 고을 경주)로 진군을 하였으나, 적의 세력이 너무 강하여 오래도록 적과 대치하게 되자, 공은 칼을 어루만지며 하늘에 맹세하면서 날아오는 적의 화살을 무릅쓰고 먼저 선두에 나아가 사력을 다해 싸우다가 산화하셨으니 슬프고 슬프도다!

공은 일찍이 당나라의 귀감이 되는 당감(唐鑑)과 전쟁 역사서인 장순(張巡)과 허원(許遠)의 일까지 탐독하였으니, 손바닥을 어루만지며 감탄하지 아니할 수 없었다. 옛 선인들이 시에 남기기를 크고 작은 전투 삼백 번 싸움에서 고금천지에 한 쌍의 영혼이 있다 하니, 대개 수양(睢陽: 안녹산의 난이 일어났던 당나라 땅, 지금의 산시성) 이래로 또 영양사(永陽士)에도 나타나 있다. 학봉 김성일 선생은 순절한 소문을 듣고 말하기를 "충렬이 너무 아름다워 옛 조상들에게 전혀 부끄러운 것이 없다" 하였고, 한강(寒岡) 정구(鄭逑)선생의 문집에는 의병을 이끌어 가장 먼저 선두에서 같은 날에 목숨

---

1) 창의록(倡義錄): 조선 후기 곽재우(郭再祐)의 후손 원갑(元甲)이 임진왜란 때 의병으로 활약한 곽재우와 의병들의 창의 사적을 기록한 책. 2권 1책. 목판본. 편차, 간행연대는 미상이다. 박윤광(朴胤光)이 교열하였다. 서문은 1732년(영조 8) 조현명(趙顯命), 발문은 1734년 김시형(金始炯) 등이 각각 썼다. 서문에 「화왕수성도(火旺守城圖)」가 그려져 있다. 본문의 내용을 살펴보면 「용사응모록(龍蛇應募錄)」이 실려 있는데, 이 장에는 의병장 곽재우, 영장(領將) 윤탁(尹鐸), 도총(都摠) 박사제(朴思齊)를 비롯한 군무 17인, 의병 289인의 성명· 호· 생년· 거주지 및 창의한 지역 등을 기록하고 있다. 2권에는 「화왕입성동고록(火旺入城同苦錄)」이 실려 있는데, 1597년(선조 30) 7월 21일 입성하여 성을 지킨 방어사 곽재우, 종사관 성안의(成安義), 조방장(助防將) 이영(李英) 등 559인의 성명· 관직명 등이 실려 있다. 이 책은 임진왜란 때 의병들의 활동과 일반 농민들의 저항을 살펴보는 데 좋은 자료가 된다. 국립중앙도서관에 소장되어 있다.
— [네이버 지식백과] 창의록[倡義錄] (한국민족문화대백과, 한국학중앙연구원)

을 버렸다고 하고, 최인재(崔齋)는 이상국(李相國: 백사 이항복)에게 올린 글에서 "한 고을을 돌아보면서 오백여 명이 모두 의사가 아닌 사람이 없더라"고 하였으며, 김 상(金相: 김시형金始炯)이 쓴 창의록(倡義錄)[1] 발문(跋文)에 말하기를 "늠름한 충절과 의리(凜凜忠義)는 백 년이 지나도 명멸하지 않을 것(歷百古而不可泯)"이라 하였으니, 하물며 왕이 내려주는 공로패인 철권(鐵券)에 그 이름을 등재하고 나라 역사서에 그 공적을 실어서 모든 선배를 뒤따라 계승하니 믿음직한 필적이 또한 이와 같도다.

조정으로부터 특별히 봉훈랑(奉訓郎) 의빈부도사(儀賓府都事)의 벼슬을 받았으니 우리 사림은 사당을 짓고 축을 올리도록 주장하니 이것은 가히 물려받은 풍속으로부터 먼 것으로 공론이 죽지 않은데 이르렀다.

애달프다! 후손이 떨치지 못하여 전래한 언행이나 실록이 없어지고 사라졌으니 마음이 답답하고 위태로운 일이니, 이것이 어찌 오늘에 남겨진 후손의 통한이 아니리요. 능히 후세의 열사에 감동하지 않을 수 없으니, 그러나 송(宋)나라 문충공(文忠公) 구양수(歐陽脩)는 덕행(德行)과 공업(功業)과 문장(文章)을 영원히 썩지 않는 세 가지 삼불후(三不朽)라 하고, 이어서 말하기를 몸을 수신하고, 비록 말씀에는 나타나지 않았으나 일을 베풀라고 하였다. 가히 오늘날 공의 덕행이 이미 수신하여 공업이 또한 일에 다 베풀어져 있으며 충절이 또한 이와 같으니 찬란하게 빛이 나도다. 몸과 더불어 일에서 썩지 아니한 후에 어찌 공에 대한 글이 남아 있는 것과 없는 것으로써 많고 적음을 말할 수 있으리오.

이 글을 쓰는 부족한 본인 역시 낙동강 주변의 한 선비로서 매번 본향의 선비들로 인하여 번번이 그 절의를 들었으니, 역시 그 사당을 중건하여 높이 숭상하되 그 나라에 살면서 그 기풍을 들은 자로서 어찌 감탄하여 일어남이 없다 할 수 있으리오.

남계공의 충정과 효성은 실제로 세상에 전해오는 대물림이며 눈물에 감응하는 말과 같은데 이르

---

2) 손성휘(1799-1872) : 자는 사길, 호는 농와로 계성군 손사성(1447~1450년에 영천 지군사 역임)의 13세손이자 남계 손응현(1564~1592, 임란 창의 의빈부도사)의 9세손으로 영천 추곡면 대추동(고경면 용전리) 출생, 문행 저세 유고가 있으며 아들은 송파 손상각(송파유집 저자). 1833년 족친인 손인식과 함께 영천 고을 수령인 남양 홍기섭 지쉬(地晬)를 배알(拜謁)하고 모아둔 자료를 제출하여 남계 실기 서문을 의뢰함.

러서는 효심에서 얻은 것을 충성으로 옮겨가지 않는 바가 없더라. 어느 날 손(孫) 씨 사문(斯文)의 인식(仁湜)과 성휘(星彙)[2] 두 분께서 남아 있는 자료들을 수습하고, 크게 없어진 것을 올려, 많은 선생께서 칭찬하며 표창하는 글을 옷소매에 넣어 와서 중요한 것을 보여주므로 나는 부처 머리 같은 부족한 학문으로 감히 기록할 수 없이 부족하오나 졸속한 글로 마치면서 서문을 써서 세상의 교육에 이바지하고자 하노라.

숭정(崇禎: 명나라 연호) 후 계사년(癸巳年: 서기 1833년)

남양(南陽) 홍기섭(洪耆燮)[3] 삼가 쓰다.

3) 홍기섭(1781-1866) : 조선 시대의 문신으로 정치인, 유학자. 본관은 남양이고 자는 수경(壽卿). 1818년(순조 18) 진사에 합격하여 음보로 관직에 나갔다. 함열 현감, 영천 군수, 담양 부사 역임. 1845년(헌종 11년) 예방승지에 임명되었으며, 1850년(철종 1)에는 형조판서를 거쳐 황해도 관찰사를 역임하였다. 이후 대호군 공조판서 형조판서 판의금부사 상호군 등 여러 관직을 지냄. 증 영의정으로 시호는 헌간공이다〈두산백과사전인용〉. 영천 군수 재임 시 (1831-1835) 영천 객사 중수(상량문 서) 등 많은 선정을 배풀어 선정비가 있음. 1833년 계사년 2월 고천서원 승호시 고유문과 승호시 운을 지음. 그해 손성휘(남계공 9세손)의 부탁으로『남계실기』서문을 작성함. 헌종비 효정왕후의 조부이며 익풍부원군 홍재룡의 아버지이다. 청렴결백한 선비로 청구 야담, 명심보감 염의편 '홍기섭과 유가"에 등장함. 홍기섭(洪耆燮)은 洪夔燮, 洪基燮과 동일인이나, 희재(喜哉) 홍기섭(洪起燮: 1776-1831 순조시 예조판서, 대호군)과는 구별된다.

국역 남계실기 목록(國譯 南溪實紀 目錄)

제3권(第三券) 부록(附錄)

남계실기 제1권(南溪實紀 卷之一)

세계도(世系圖)
연보(年譜)
창의회맹록(倡義會盟錄)
제현기사(諸賢記事)
유사(遺事)
행장(行狀)
묘지명(墓誌銘) 병서(並書)
묘갈명(墓碣銘) 병서(並書)
십의사 유사략(十義士 遺事略)

남계실기 제1권(南溪實紀 卷之一)

세계도(世系圖)

시조 휘 순(順)은 대동야승(大東野乘)에 의하면 부친 이름은 학산(鶴山)이요, 신라사(新羅史)에 의하면 모친은 우잠 태수 백영의 따님으로 나온다. 손순은 신라 흥덕왕의 사람으로 집이 매우 가난하면서도 부모를 지극히 봉양하였다. 그런데 아이가 있어 어머니의 음식을 매번 가로채는지라 고민 끝에 부인과 의논하기를 자식보다 어머니가 중하니 결단을 내리고, 아이를 업고 취향산(醉鄕山)에 들어가 땅을 파고 묻으려 하는데 파 내려가던 자리에서 홀연히 돌로 된 종(石鐘)이 드러났다. 그때 부인이 "이는 하늘이 아이에게 복을 내린 증조이니 묻는 것은 없던 거로 하시지요." 하고 간청하거늘, 아이와 종을 짊어지고 집으로 돌아왔다. 얻은 종은 대들보 위에 걸어놓고 두드리니 그 맑고 은은한 소리가 왕궁에까지 들리고 이러한 사실을 보고받은 왕이 친히 말하기를 "옛날에 중국에 곽거(郭巨)란 효자가 자식을 묻으려다 금 솥(金釜)을 얻었다 했는데, 오늘날 손순이 같은 일로 석종을 얻었다니 참으로 가상하다." 하시면서 집 한 채와 해마다 쌀 오십 석을 하사했다고 신라사와 동국여지승람 및 명심보감 효행 편에 기록되어 있다.

또한 신라사에 의하면 육부 촌장이 모여 시조 왕으로 박혁거세를 모셨는데, 제3촌인 무산 대수 부에는 촌장으로 구례마가 있었으며, 나중에 대수 부를 모량 부로 개명하였다. 유리왕 때 성을 손(孫)이라 하사하였으니 이것이 손씨 성의 시작이 된다. 취향산은 현재 경주부의 서쪽 10리 남짓 떨어져 위치하는데 후세 사람들이 효청산(孝淸山)이라 개명하였으며 종이 나온 곳은 후에 종곡(鍾谷)이라 불렀다. 지금에도 그 굴이 산 아래 상존하며 시조의 흔적이 남아있어 현재 순우정(順于亭)이라 불리고 손수 심은 나무가 여전히 남아있으니 사람들은 꺾지 않고 새들도 더럽히지 아니하고 유허비가 있으니 성재 허시전에 찬명(撰銘)하더라. 일보(一譜: 족보)에 의하면 시호가 문효(文孝)이시다.

후손으로는 고려말 대관 벼슬을 지낸 휘(諱) 아(阿), 장(藏), 보(甫)가 기록되나 세차(世次)는 미상이다. 한 족보에 의하면 휘 순의 자는 사윤이며 태자의 사인(舍人: 신라 시대 대사(大舍)와 사지(舍知) 벼슬의 총칭)이었던 학산(鶴山)의 아들로서 대광(大匡) 사도직(司徒稷)의 후예이다. 아들 부(富)는 이부상서 청성 부원군이요, 손자로서 익감(翼減)은 응천(밀양)군이요, 익담(翼淡)은 평해군이요, 익원(翼洹)은 월성군이다. 월성군의 아들은 태상(泰尙)과 항상(恒尙: 의평군)이요, 의평군(義平君)

의 아들 완조(完祖)는 형부 상서 재성군(梓城君)이다.

1세 휘 경원(敬源); 고려 봉익대부 판밀직사사를 지내시고 아들 현검을 두었다.

2세 휘 현검(玄儉); 고려 가정대부 검교 중추원 부사를 지내시고 아들 등과 약을 두었다.

3세 휘 등(登); 승의랑 사헌부 감찰 증 통정대부, 호조참의시고 배필은 영해박씨 시우의 여식(女息: 딸)이며 묘는 등의 묘 제단에 있고 아들 첫째 사성은 통정대부 병조참의 계성군이며, 다음 사장은 사존원별좌, 사량은 직장, 사녕은 생원, 사온은 군수를 지냈다. 옛 족보 및 묘제축문에 의하면 묘는 상주 정곡(鼎谷: 솥골)에 자리하고 있고 묘 아래는 속촌재(涑村齋)가 있고 축문이 재실 내에 보관되어 있다.

손등(孫登)은 태조 이성계와 포의지교(布衣之交: 어린 시절 친구) 사이라 태조로부터 선위(禪位) 행사에 부름을 받았으나(禪徵) 참가하지 않았으며, 산행(山杏: 살구) 한 광주리를 보내며 동봉한 시가 열성조(列聖朝) 어제시집(御製詩集) 중에 나타난다.

우여산행색초황(雨餘山杏色初黃) 비 온 뒤에 산 살구가 연한 황색이구려
적취요정일편광(摘取謠呈一片筐) 한 광주리 따서 그대에게 드리옵니다.
성취금연나감망(醒醉錦筵那敢望) 귀한 술자리에 내가 어찌 참석하랴
원유면각잠시상(願留眠閣暫時嘗) 전각에 머물면서 잠시나마 맛보소서

이에 이태조가 화답한 시는 다음과 같다.

홀수의성행자황(忽受宜城杏子黃) 문득 의주에서 노란 살구를 받았소.
청광찬란투소광(淸光燦爛透疏筐) 맑은 빛 찬란하여 광주리를 뚫는구려
작래빙설개흉억(嚼來氷雪開胸臆) 씹어 보니 얼음 눈 같아 가슴을 열어주네
안득임간자재상(安得林間自在嘗) 어찌 숲속에서 자유롭게 맛보겠소

손등은 공민왕 6년에 개성부의 판관으로 원(元)나라 하정(賀正)과 같은 일을 했음이 공민세가(恭愍世家)에 나타나며, 헌납 담당 하경(河檠)과 한동네에서 살았다고 한다. 역성혁명 후 친구 하경과 함께 북쪽으로 향하여 절을 하고 바위에 머리를 부딪쳐 돌아가셨다. 그 바위는 당시 핏빛을 연상케 하는 적암[4](赤巖: 붉은 바위)으로 불리며 개성 고남문로 옆에 위치하고 있다. 적암 바로 서쪽에는 손

4) 적암 : 출처는 1884년 김영택의『숭양기구전(崧陽耆舊傳)』에 전한다.

정하가동(孫井河家洞)[5]이 있다고 숭양기구전에 기록되어있다.

제4세 휘 사성(士晟)은 홍무 병자년에 출생하시어 세종 5년 문과에 임관하여 어명으로 집현전에서 훈민정음 창제 시 부교리로 참여하셨고, 행직은 통정대부 병조참의 증직으로 순충 적덕 보조공신 가선대부 병조참판 개성군에 봉해졌다. 청송 문거역 뒷산 유좌요, 부인은 안동권씨 직장 명리의 여식이며 묘는 공조후이다. 아들로서 첫째 욱(旭)은 문과 장령으로 영북(함경도) 어사로 순행 중 함홍에서 이시애 난에 순절하시었고, 둘째 소(召)는 문과 현량과 남상에 재직 시 이시애의 난에 종사관으로 출정하여 평정 후 정충 출기 적개 2등 공훈으로 이조참판 계천군에 봉해졌다. 자헌대부 이조판서에 증직되고 양민공 시호를 받았다. 그리고 셋째 흔(昕)과 넷째 진(晋)은 성균관 생원을 지냈다.

청도군수 재임 시 건립한 청덕루에는 회재 이언적의 시가 걸려있는데 내용인즉 배회모청덕유영유손후재(徘徊慕淸德留詠有孫候宰)이다. 영천 명원루중수시(明遠樓重修詩)에는 사가(四佳) 서거정(徐居正)이 손사성 영천 군수를 배알했을 때 "태수 손선생께서 이수삼산(二水三山)이 영천(永川)의 기원을 말해준다고 하였다. 성화 정유년에 돌아가셨다. 순청적덕 보조공신 병조참판으로 벼슬을 받았고 계성군에 봉하였다.

제5세 휘 흔(昕)은 세조 조에 성균 생원(成均 生員)이시며, 묘는 청송군 현서면 문천 건좌이며 배위는 의인 진주하씨 계부(繼溥)의 따님이시다. 묘는 부부 동광이며 아들은 세돈으로 장사랑이시다.

제6세 휘 세돈(世暾)은 성종 조 장사랑(將仕郞) 충순위(忠順衛) 어모장군(禦侮將軍)이고 묘가 문천리 뒷산 고조하 건좌이며 배위는 풍덕 류씨 용하(龍河)의 여식이며 묘는 동광이다. 아들로는 첫째 휘(暉) 첨지중추부사, 둘째 희(曦) 충순위, 셋째 영(暎)을 두었다.

제7세 휘 희(曦)는 인조 갑자년에 나셨으며 계해년에 졸(卒)하셨다. 묘는 문천 선조하에 있으며 배위는 월성 김씨 참봉 태년(台年)의 여식이며 갑자생이고 계해 졸이다. 아들 응현(남계공)은 봉훈랑 의빈부도사에 추증되었고 본인은 중종 조 충순위 벼슬을 지내다.

---

5) 손정하가동 : 손씨 우물과 하씨 집의 마을을 줄여서 손하리(孫河里)로 칭하며 이는 현재 개성 특별시 성남동의 옛 지명이다. 근래에 생긴 손하역(孫河驛)은 2007년 남북철도연결구간 열차 시험 운행을 하면서 조선민주주의인민공화국 평부선에 새로 개통된 역으로서 손하리에서 따온 역명이다.

제8세 휘 응현(應晛)의 묘는 문천 세등 유좌에 있으며 배 위는 창녕 조 씨 이관(以觀)의 여식으로 숙부인이고 묘가 영천 추곡면(追谷面: 현 고경면) 하리 성황 북진 좌이고 아들 위(暐)는 훈련 부정이다.

연보(年譜)

명종 19년	갑자년(서기 1564년, 명나라 세종 가청 43년) 10월 13일 인시, 공(남계공 손응현)이 청송부(青松府) 서부(西部) 문천리(文川里) 자택에서 태어나셨다. 초기 계성군(족보대계 제4세 손사성)이 상주(尙州)에서 처가(妻家)가 있는 청송 안덕(安德)의 노하리(路下里: 지금의 안덕면 명당 2리 노하길)로 이사를 오시고, 차자인 양민공이 역시 처가살이로 경주 양동으로 가시고 3자인 생원공(남계공의 증조부)이 부모를 봉양하다 돌아가신 뒤 현서 문천리로 이사하여 사셨다. 그 집의 위치는 지금의 대청기(大廳基)라 불리는 터에 해당한다.
명종 20년	을축년(1565), 공의 나이 2세이다.
명종 21년	병인년(1566), 공은 3세로서 골상이 준수하여 보는 이들이 모두 칭찬을 아끼지 않았다.
명종 22년	정묘년(1567)년, 명나라 목종 강경 원년에 해당) 공의 나이 4세로 그해에 임금이 승하하셨다.
선조 원년(1568)	무진년에 공의 나이가 5세로서 용모가 단정하고 뭇 아이들과 남달라 아름답고 친근한 자태를 가졌다.
선조 2년(1569)	기사년 공 6세, 뜻이 크며, 생각하여 능히 행하여 어른들이 모두 감탄하고 칭찬하였다.
선조 3년(1570)	경오년 공 7세, 하인들과 같이 놀러 갔을 때, 빨리 지나갈 때도 기개와 절도가 있어 꺼림이 있었고 나이가 약간 많은 사람도 두려워하며 명에 따랐다.
선조 4년(1571)	신미년 공 8세, 아버지 충위공께서 고서의 내용을 반드시 찾고 그 뜻을 물어보시는 구수(口授: 지식을 말로 전함) 시험을 보셨는데 이에 강개하며 의로운 일에 그 뜻을 두고 기운차게 몸을 솟아 움직이고 혹 뛰어올랐다.
선조 5년(1572)	임신년 공 9세, 아버지 충위공께서 공이 기운대로 법도를 벗어나 멋대로 할까 염려하셨는데 충효(忠孝) 두 글자를 가까이하며 구송(口誦: 외워서 암송)하고

손으로 먼저 그려 보였다.

선조 6년(1573) 계유년 명 신종 만력 원년(元年) 공 10세가 되던 해이다.

선조 7년(1574) 갑술년 공 11세, 아버지 충위공께서 훈계하여 이르시기를 "너는 이미 스승에 나아갈 때가 지났다. 그래서 나는 도탑게 할 수 없는 것이다. 나의 바람은 사리에 어긋나지 않게 키우는 것이니 도리에 어긋나지 않을 것을 생각하고 규칙과 법도에 따름에 힘쓰고 사람이 어떻게 일을 이루는지를 생각하라" 하시니 공이 매우 그 훈계(訓戒: 가르침)에 복종하였다.

선조 8년(1575) 을해년 공 12세, 가정에서 일을 대할 때마다 어른을 따라 행하였으며, 공경하고 신중하니 마을 어른들이 모두 말씀하시기를 "뛰어나도다" 하시며 마을 밖의 것도 많이 보는 집안의 중심인물이 되었다고 하시었다.

선조 9년(1576) 병자년 공 13세, 학습에 있어서 글을 읽고 익히며 학동들이 외우고 배움에서는 뜻(생각)을 낮추지 아니하고 척추를 바로 세우며, 바라는 것을 참으로 얻어내었다.

선조 10년(1577) 정축년, 공 14세가 되던 해이다.

선조 11년(1578) 무인년 공 15세, 척장(戚丈: 친척 어른) 김몽기(金夢麒) 문하에서 배우면서 바른 일을 더욱 행하고 학문에 힘써 스승과 벗이 모두 추앙하며 존중히 여겼다.

선조 12년(1579) 기묘년, 공 16세가 되던 해이다.

선조 13년(1580) 경진년 공 17세, 『심경(心經)』에 잠겨 있는데 대략(大略)을 비슷하게 전하지 못해 고생하였다.

선조 14년(1581) 신사년, 공 18세가 되던 해이다.

선조 15년(1582) 임오년 공 19세, 선비가 되었다. 많은 사람들이 과거 공부에 나아갔으나, 공은 글을 배워 벼슬을 하는 것이 사나이로서 할 일이 아니라고 하면서 달갑지 않게 여겼다.

선조 16년(1583) 계미년 공 20세, 빙부 창녕 조씨 이관(曺以觀)의 딸과 결혼하였다. 부인은 항상 예절이 있는 모습으로써 충신의 아녀자로서 열사의 아내였으며, 부인을 언급하면 또한 막힘이 없이 통달하시고 대체로 보좌하신 공이 많으셨다.

선조 17년(1584) 갑신년 공 21세, 집안이 매우 가난하여 공이 슬퍼하며 말하기를 "부모를 봉양함에 맛있는 음식을 드려야 하는데 소자가 그렇게 하지 못했습니다" 하였고, 그래서 자신이 몸소 나무하고 캐고 농사짓고 곡식을 심으셨다. 부인 또한 부엌살림을 맡아 처리하시며 시부모님을 봉양하시고 서로 조심하며 뜻을 편안하게 해드리며 그리고 또 책을 읽고 그 뜻을 밝히기를 그만두지 않으셨다고 고향의 이웃 사람들이 그를 그렇게 칭하였다. 아들 위(暐)가 태어났다.

선조 18년(1585) 을유년, 공의 나이 22세로 농사짓고 독서하고 여가에는 <기무도략(機務圖略)>을 곁에서 익히시며 말씀하시기를 "한 사람의 남자로서 선비로만 세상을 살아가는 것이 불가하니 이젠 그만두겠다."고 하셨다.

선조 19년(1586) 병술년, 공 23세가 되던 해이다.

선조 20년(1587) 정해년, 공 24세로 영천 고을의 포은 정몽주 선생의 유허를 지나가다가 옛 비석을 어루만지며 강개하여 눈물을 흘리시며 "사람이면 마땅히 이와 같아야 옳은 것 아닌가?"라고 말씀하셨다.

선조 21년(1588) 무자년, 공 25세에 충위공(휘 희)이 돌아가시어 슬피 우는 모습이 마치 어린아이와 같았다. 고향 사람들이 조상을 하고 마을을 지나가는 사람들마저 탄식하고 한탄하지 않는 사람이 없었다. 혹 눈물을 흘리는 사람도 있었다.

선조 22년(1589) 기축년, 공 26세에 대부인(모친) 김씨의 상을 당함에 많은 변화가 있어 예법을 다 따를 수 없었다. 김씨가 비덕(媲德: 아내의 지켜야 할 덕행)을 지켰으니 진실로 간략함의 끝이 아닌가? 충위공의 덕으로 아들을 가르치시니 법도가 있었고 어머님의 가르침으로 공의 성취가 많으셨다.

선조 23년(1590) 경인년 ,공 27세에 부친의 상복을 벗었다.

선조 24년(1591) 신묘년 공 28세, 대부인 김씨의 상복을 벗었다. 영천군 거여리로 거주를 옮겼다. 공께서 일찍이 포은 정몽주 선생을 사모하여 임고서원과 정몽주 선생이 낚시를 즐겼다는 조옹대를 자주 왕래하시다가 그 고을에 거주지를 정하셨다.

선조 25년(서기 1592년) 임진란 발발

임진년, 공 29세 봄에 거여리에 있는 시내(溪) 남쪽으로 거주지를 옮겨 정사(精舍)를 지으시고 스스로 호(號)를 남계거사(南溪居士)라 하셨다. 당감(唐鑑)을 읽으시고 장순(張巡)과 허원(許遠)의 의로운 죽음에 박자를 맞추어 눈물을 흘리시며 이르기를 "당조(唐朝) 2백 년에 두 공(장순, 허원)께서 심히 마땅하며 사람으로서 뜻이 있는 분이시다."라 하셨다.

5월 열군 의사 팔공산 회맹

임진 5월, 여러 군(郡)의 의사(義士)들이 팔공산(八公山)에서 함께 모여 맹세를 하였다. 이해 4월 섬나라 오랑캐가 크게 일어나서 왜구(倭寇)들이 14일 부산을 함락시켜 첨사 정발(鄭撥)이 죽었고, 15일에 동래(東萊)가 함락되어 부사 송상현(宋象賢)이 죽었고, 18일에 양산(梁山)이 함락되어 군수 조영규(趙英珪)가 죽었다. 열흘도 안 되어 언양, 울산, 경주, 영천이 연이어 함락되니 수령(守令)들은 달아나고 공께서 더불어 맹세하신 그 뜻을 좇아 죽기를 맹세하셨다. 6월에는 왜적(倭賊)의 무리와 산발적으로 싸움이 일어났다.

7월 중순 박연 전투 승리

7월 14일에는 박연(朴淵: 영천시 화산면 석촌리)에서 공께서 죽기로 싸워 대첩(大捷: 큰 승리)을 거두었다.

7월 하순 영천성 수복(收復)

적병 3만여 명이 성(城)을 근거지로 하여 사방으로 노략질을 하니 본 읍의 여러 의로운 장군 및 신녕 의장 권응수 경주 판관 박의장이 날짜(7월 24~27일)를 약속하여 성을 공격하기로 하니, 공께서 아우 응창의 손을 잡고 이르시기를 "우리 집안 대대로 녹봉을 받는 집안으로 가정에서는 충효의 가르침이 있으니, 이 적들과 함께 더불어 살 수는 없고 더군다나 이 성은 우리의 계성부군(휘 사성)께서 일찍이 녹봉을 받던 곳이니 어찌 적의 소굴이 되도록 둘 수 있겠느냐?" 하시고 "아들 위는 어리니 네가 보호하여 후사를 도모하도록 하여라" 하셨다. 나아가 나무를 베어 장대를 만드시고 베(옷감)를 찢어 만든 깃발에다 중심(中心)이라는 글자를 쓴 후 용감히 먼저 떨쳐 나아가시어 적의 머리 2급을 베고 여러 장수에게 이르시기를 "바람이 이로우니 가히 불을 놓을 만하다" 하시니 여러 장수가 "그렇다" 하고 각각 화구를 준비하여 갖추고 바람을 이용하여 불을 놓으니 적병이 태반이 불에 타죽었다. 남은 무리 들은 사방으로 흩어져 추격하니 물속으로 뛰어들었는데 물이 흐르지 못할 정도였고 살아남아 탈출한 자가 하나도 없었는데 우리의 병(兵)이 일어난 이래 오로지 처음의 일이었다.

8월 초순 자인 전투 승리

8월 7일 병력을 이끌고 자인(慈仁) 현장에 들어가셨는데 그때, 경주 판관(判

官) 박의장(朴毅長)이 와서 자인의 적을 공격하고, 고을 사람 최사길이 활을 쏘아 왜장(倭將)의 준마(駿馬)를 뺏었고, 최문병이 적군이 지키는 창고의 곡식을 거둬들였는데, 공이 가시어 우리 편을 돕고 적을 내쫓아 큰 승리를 거두셨다.

8월 하순 경주성 탈환 일차 공격 시 순절

8월 21일 경주의 적병을 공격하였으나 패(敗)하여 돌아가시다. 여러 읍의 의병들이 경주성 아래 일제히 모였는데 의병의 숫자는 3만 7천여 명이었으나 의병장 권응수(權應銖)가 영천의 대승리로 적을 가볍게 여기는 마음이 있었고, 병사(兵使) 박진(朴晉)은 적에게 조심하지 않고 세력을 과시하였으며, 흥해와 연일의 고을 수령들은 먼저 달아나 버렸다. 공께서 칼을 어루만지시며 하늘에 맹세하고 이르시기를 “이곳은 우리 집안 채지(采地)[6]이므로 적을 격퇴하지 않으면 나의 발꿈치는 돌아가지 않을 것이다” 하시고 먼저 적진으로 나아가시어 혈전을 벌이시며 분투하시고 더불어 생원(生員) 최인제, 정의번, 유학(幼學) 김연, 이득린, 이호인, 이영근, 류복홍, 이지암, 전억주, 정석남, 김대해, 봉사(奉事) 이득룡, 참봉 한득의, 전홍제 품관(品官) 이일장 류원걸 께서 같은 날 돌아가시었다. 학봉 김 선생께서 조정에 아뢰었고 이순복(李順福)이 계셨다.

9월 경주성 탈환 후 의관 장례

남기신 옷을 가지고 청송 문천리 증조 생원공의 묘 왼쪽 가는 등줄기(細嶝)에 장사(葬事) 지내다. 이달(9월) 경주성을 수복하고 아우 응창(應昌)과 아들 위(暐)가 달려가서 시체를 찾았으나, 얻지 못하고 부득이 혼을 불러 남겨진 옷으로 장사 지냈다.

증 봉훈랑 의빈부도사

6) 채지(采地) : 나라에서 왕족 공신 대신들에게 공로에 대한 특별보상으로 주는 영지로 상속됨. 채지에 속하는 경주 양동마을(중요 민속문화재 제189호, 유네스코 선정 세계문화유산)의 송첨(松簷)종택(양민공 손소가 조선 성종 15년(서기 1484)에 지은 집으로 현재까지 전해지며 국가 민속문화재 23호임. 양민공의 아들 우재 손중돈(1463~1529) 선생과 외손인 회재 이언적(1491-1553) 선생이 태어난 곳으로 유명하며 사랑 대청에 걸린 편액인 서백당(書百堂)은 참을 인(忍)자를 백번 쓴다는 의미

조정에서 봉훈랑의빈부도사(奉訓郎儀賓府都事)를 내려주었다. 이달(9월)에 우도 감사 김성일 선생이 달려가서 공적을 아뢰었다.

충현사 건립 숙종 31년 을유년(1705) 본도의 유생 이익승 등 200여 명이 소(疏)의 글을 올려 사당(祠堂)을 건립해 줄 것을 청하였다. 숙종 34년 무자년(1708)에 자양 일견봉 아래 충현사(忠賢祠)를 건립하였다. 그로부터 7년 후 숙종 40년 갑오년(1714)에 나라에서 금하게 하여 제향을 그만두게 되었다.

순국사 건립 정종(정조) 6년 임인년(1782)에 본 고을의 선비 김만철이 임금에게 복 향을 청하는 글(상소)을 올린 후 정조 21년 정사년(1797)에 고천(古川)에 순국사(殉國祠)를 건립하였다. 대산 이상정이 봉안문 및 상향축문을 지었으며, 병촉헌 박평이 강당상량문을 지었다. 순조 32년 임진년(1832) 도 유생들이 순절 회갑년을 맞이하여 서원으로의 이름 승격을 의논하는 통문(通文)이 있었다.

고천서원 승격 순조 33년 계사년(1833) 고천서원(書院)으로 이름이 승격되었다. 고종 5년 무진년(1868)에 나라에서 서원에 제사를 금하게 하시어 제사를 그만두었다. 고종 13년 병자년(1876)에 기적비(紀蹟碑)를 고천에 세웠다. 승지 이만도(李晩燾)가 비명(碑銘)을 지었다. 임진년 갑자(甲子)가 다시 지난 후, 병진년(1916)에 다시 복향(復享)되어 제사를 지냈다.

창의회맹록(倡義會盟錄)

임진년 6월 10일, 유사(有司) 성립(成立)[7], 정사상(鄭四象)[8]

영천(永川) 정세아(화숙), 정대임(중경), 조이함(극정), 조이정(극응), 정사상(여섭), 조경

7) 성립(1558-1627) : 본관은 창녕, 자는 탁이, 호는 모암. 1592년 임진왜란시 망우당 곽재우의 의신에 투신, 어버이에 대한 효성이 지극했음이 〈동고록〉에 실려 있음.

8) 정사상(1563-1623) : 조선전기 경북 영천출신 문인으로 〈우헌실기(2권1책)〉 가 있으며 본관은 영일, 자는 여섭, 호는 우헌으로 입암서원(여헌 장현광, 동봉 권극립, 윤암 손우남, 수암 정사진와 함께 즉 4 군자 모심)에 제향.

(중헌), 노기종(백영), 서도립(중수), 조이절(극안), 이득봉(성서), 김연(언홍), 이일장(성보), 손응현(자임), 조덕기(언성), 정의번(위보), 정안번(녕보), 전삼성(군극), 정수번(정보), 곽영탁, 이희복(이성), 성립, 박언국, 전익, 김호(자정), 이몽성, 최산룡(이견), 최인제(생원 성부)

경주(慶州) 최계종(경승), 최문병(일장), 김광복(경원), 권사악(명언), 김득추(운서), 김자평(운경), 김란서(사상), 김응택(취용), 이용갑(기운), 손로(여유), 백이소, 이천륜(자순), 이시립, 권복시(백원), 서사적(길보), 이의잠(병연), 이삼한(정이), 이선조, 남의록, 손시(순백), 권응생(명세), 손엽(문백), 이종, 신사충, 최대기, 이여성, 이승급, 이방린, 이희룡, 이경룡

신녕(新寧) 권응수, 권응전, 권응심, 이온훈(자욱), 정응거(경미), 권응중, 김근성, 권치겸, 정응서(서중), 이온수, 권덕시, 이응춘(태영), 박광, 김응배

안동(安東) 류원직(청지), 김호의(의중), 류심(여길), 류득룡(군견), 이주도(백행), 권사도(여홍), 권사민(효사), 이존성(경지), 정사성(자명), 남윤선(효숙), 남자훈(언화), 여추(기중), 김윤(사열), 김익(현보), 김윤사(내득), 안발(규원), 김득렴(치정), 김극후(백돈), 김봉조(효백), 권탁연(상언), 윤탕민(군거), 남득인(원보), 남득례(문보), 김희맹(자순), 김원(사선), 이술충(공신), 이흘(경앙), 박협(경앙), 권순민(사호), 이선충(숙신), 안우(성지), 김시추(자유), 남봉한(거상), 신경립(군직), 박태회(창보), 안종례(문중), 김영(경함), 류복기(성서), 손부(택원), 손윤남(백선), 노의현(희숙)

예안(禮安) 이예(여성), 손홍효(행숙), 금응각, 금응우, 구찬조(계응), 김은(사경), 조수명, 남의각, 조석붕, 류영문(화백), 류의(사의), 이리, 금응훈, 이광승(군술), 금경(언각), 류결(탁경), 손홍제, 조목(사경), 이율(제남), 남인각, 이형남(태숙), 조득로, 이인복

의성(義城) 박무선(효숙),

영천(榮川) 금약붕(인립), 황득형, 안혜룡

예천(醴泉) 장여핵(문거), 장세희(중길), 장여한(봉거), 안영수(경부), 이형남(태숙), 신경회(사우), 이진남(방숙), 이경남(선숙), 이직도(정행), 박유의(호로), 박수검(신보), 이개립(대중), 이영문(인백), 이형곤(원지)

진주(晉州) 성소업(이술), 강두명(명지), 윤백언(사미), 신빈(방로) 성여신

함창(咸昌) 최정호(시응), 김복홍(경이), 권평(득중), 남영(사수)

용궁(龍宮)	박성열(배원), 조언방(순후), 윤숙(사연), 이돈(백명), 이세웅
대구(大邱)	서승후(백유), 채몽연(정웅), 성낙선(적취), 이경배(가화), 배덕일(사순), 채선수, 민겸(여익), 채응귀, 이종택(인가), 박충후, 정광선(자회), 손처약, 최인, 최동보, 박충윤, 이응두, 류기춘, 이대수
영해(寧海)	남사필(여휴), 남사명(여회), 조검(자순), 조전(여수), 조광의(경제), 주진(경립), 오수눌(사신), 조건(여강), 박응장, 백인경(이정), 이숙, 백중립, 이시청(화숙), 남경생(응화), 이태운(경회), 신준민(사수), 이함(양원), 신원영(사선), 신덕룡(운서), 권의범(사헌), 박희안(여우), 정승서(효백), 남율, 신원걸(사종), 이번신, 신정립(경중), 이형운(붕거), 남사문(여절), 백견룡(경일), 권기수, 김응추, 오관
청송(青松)	이덕수(춘세), 김성원, 조종악, 김성규(수명), 윤영호(사여), 정운
청도(青道)	이여해(순거), 이여련(국보), 박경전(효백), 김진(천극), 김명원(시규), 박형(이회), 이렴, 이철(사함), 이용운(경회)
밀양(密陽)	김태허(여실), 손기양(경징), 손응삼, 현인
울산(蔚山)	장희춘(인경), 류정(여원), 류백춘(영향), 류태영(자실), 서인충(방보), 박봉수(문경), 이응춘(태영), 이봉춘(계영), 이응벽(여완), 윤홍명(응특)
하양(河陽)	황경림(경서) 김거
현풍(玄風)	곽재우, 김응현
의흥(義興)	홍천뢰, 박종남(선술)
흥해(興海)	정삼외, 이질(가명), 권응복, 박몽서(경망), 최홍국(강), 정인헌(사전), 이설(천뢰), 이대구(여수), 이화(군종), 진봉호(여완), 이영춘, 이대인(여원)
진보(眞寶)	문희강(경진), 문희현(경술), 권환(언명), 김선계(효백), 이응의(의백), 김순룡(여문), 권준(여인), 신흡(이호), 안윤옥(사방), 권소(명중)
영덕(盈德)	신철(언함), 정이성(여오), 윤사흔(광원), 김사지(여신)
청하(淸河)	김문룡(운보), 김득경, 이겸
자인(慈仁)	김극사(사효), 최희지(명보), 최경지(신보), 김우련(가성), 김우용(가애), 박몽량(주서), 안천민(각보), 이춘암(문원)
동래(東萊)	김정서
연일(延日)	김견룡(덕보), 김원룡, 권여정(자중), 김수정(사원), 김우결(사순), 심희청, 이추(희원), 김천목(순중)

장기(長鬐)	이대임(임중), 서방경(군길), 서극인(중임)
경산(慶山)	남중왕, 정섭호, 정섭함, 정섭문
상주(尙州)	정이성, 정이오, 김경제(경열), 김경철(언함), 박원개(순보), 조기원(경진), 조영원(경인), 변서(경원), 김원성(여선), 채득호(보원), 채득해(치원), 채득강(규원), 고상로(사성), 권의중(선백), 권대훈(경열), 박의(의길), 성여송(직경), 성협(사열), 황정간(공직), 고인계(선승), 박원량(사명), 김득룡(덕윤), 김원진(사성), 신언희, 최대립, 권주몽, 김구령(서로), 김정(경온), 권기수
합천(陜川)	김홍언(의숙), 이동향(근원), 이동지(인수), 이동빈(인원), 이동엽(인회), 이동응
경기(京畿)	유대기, 이광악, 이시언, 서철, 장형, 이진, 유석증(이성), 김순생(화백), 안주, 권진(운경), 민철(대원), 민항, 김열(자청), 류배(사화), 조명립(여정), 김효성, 권굉(문경), 박의(중질), 성인후(경진), 신득록(응수), 권문계, 신경일(성보), 강협(의계), 이대임(자길), 박지우(경이), 박지술, 신붕, 이형욱(덕무), 이두망(사앙)

제현기사(諸賢記事)

학봉 김 선생 성일(誠一)[9] 장계략(狀啓略)　　임진년 9월 21일

영천 유생 등이 창의하여 병(兵)을 일으키어 권응수가 7월 26일 적을 섬멸하였다. 영천의 적과 또 자인의 적을 격퇴 후 8월 21일에 경주에 다다라서 분연히 떨치고 먼저 올라 나아갔으나 패하니 생원(生員) 최인제, 정의번, 유학(幼學) 김연, 이득린, 이호인, 이영근, 이순복, 이지암, 류복홍, 전억주, 봉사(奉事) 이득룡, 참봉 한득의, 전홍제, 유학(幼學) 손응현, 이일장, 류원걸, 이정분 등 17인이 같은 날 해(害)를 입으시니 가히 아름답고 옛날 사람에 부끄럽지 않도다.

9) 김성일(1538-1593) : 조선 중기의 정치가, 학자, 자는 사순, 호 학봉, 문충공, 통신부사, 경상우도 병마절도사, 경상우도 순찰사, 『학봉집』

한강(寒岡) 정 선생 구(逑)[10] 김학봉((金鶴峯) 행장략(行狀略)

권응수의 영양(영천)의 대첩은 오로지 사자(士子: 학식은 있으나 벼슬을 하지 않는 선비) 들이 창의하시어 먼저 전쟁터로 나아가시며 동도(경주)로 옮겨 가시어 적을 토벌하시고자 먼저 달려 나아가신 분은 생원(生員) 정의번, 최인제, 유학(幼學) 김연, 손응현 등 17인이 같은 날 해(害)를 입으셨습니다.

인재(認齋) 최 선생 현(晛)[11], 오리(梧里) 이상공(李相公)[12] 서략(書略)

오리 이원익(영의정)에게 올림(上)

절의는 천하의 큰 법도이며, 선인(善人)은 국가의 원기입니다. 이런고로 선을 다스리고자 하면 곧 절개를 능히 숭상하고 법도가 있어야 하며, 어진 선비를 배양하여야 합니다. 원기를 붙잡고 나가는 사람이 고래 새끼 떨어지듯 갑자기 여러 성(城)이 기와 깨지듯이 떨어져 나갔습니다. 어찌하면 원수를 내쫓고 잃은 성을 다시 회복할 것인가 하니, 산림에 종이를 찢어 깃발을 만들며 격문(檄文)을 여러 군에 날리어 사람의 마음을 느껴 움직이게 하며 의를 밝혀 하나로 떨쳐 일어나고 각 병마절도사가 부득이하여 양쪽의 병력을 서쪽으로 향하게 한 즉 남쪽 고을에서 창의한 의병들은 모두 도움을 받을 수 없었습니다. 여러 임금의 시대를 거쳐 알려진 선현들의 떨쳐 일으키신 공(功)이 있었습니다.

동강(桐江)[13]의 물결 위에 낚싯대를 드렸네, 한나라가 구정(九鼎)[14]을 중히 여기도록- 이는 황정견(黃庭堅 : 북송시인)의 제백시화엄자릉조탄(題伯詩畫釣灘)에 나오는 글귀이다.

그것에는 반드시 스스로 하는 바의 것이 있습니다. 가만히 생각해보면 후세의 역사를 쓰는 사람의 붓으로 쓰자면 곧 머리가 가슴을 회복한 제일의 공(功)이겠습니다. 여기에 있는 것은 그쪽이 있는 것이 아닙니다. 영천의 대첩에 이르게 한 임진년 7월 그때 같은 도(一道)에 웅거하던 적을 경주에서 안

---

10) 정구(1543~1620) : 조선 시대 강원도 관찰사, 형조참판, 대사헌 등을 역임한 문신, 학자. 본관은 청주, 자는 도가, 호는 한강. 대표작으로는『가례집람보주』『창산지』『심경발휘』『역대기년』『고금회수』『의안집방』등 다수. 퇴계와 남명의 문인.

11) 최현(1563~1640) : 조선 중기의 문인. 본관은 전주. 자는 계승, 호는 인재. 1588년 사마시 합격. 임진란시 의병을 일으켜 도처에서 공을 세움. <명월음, 용사음> 2편의 가사 유명. 저서로는『인재집』과 선산지방의 읍지인『일선지』가 있음. 숙종때 선산의 송산서원에 제향. 예조판서 추증. 시호는 정간.

12) 이원익(1547~1634) : 조선 중기의 문신. 본관은 전주, 자는 공려. 호는 오리. 임진란시 평안도 순찰사로 왕의 피난길 선도. 숭정대부거쳐 영의정. 대동법 시행. 청빈하게 말년을 보냄.

13) 동강(桐江) : 중국 부춘강(富春江), 전당강(錢塘江)을 경유하여 동려현(桐廬縣)으로 흘러드는 강줄기

14) 구정(九鼎) : 중국 우 왕때 구주(九州) 하·은 이래로 천자에게 내려오는 보물에서 금을 모아 만든 솥(鼎)

동에 이르는 열(列)을 지은 것이 긴 뱀 같아서 누가 감히 어찌할 수 없었던 것이었습니다. 영천의 적을 이미 멸하고 중로(中路)에서 끊어 안동 경주의 적을 머리, 꼬리를 어렵게 하여 퇴로를 얻지 못하게 하였습니다.

그런 후에 한 줄기 그 길로 남은 백성이 소생함을 얻게 되었습니다. 아군의 기세가 자못 떨친 것은 모두 영천에서 먼저 부르며 일어났고 더욱이 영읍(永邑: 영천고을)의 일이 일어난 때는 첫째로 창의를 의논하였으니 한 지경(地境)의 선비로서 곧 한 군의 둘레에서 500명의 의사가 나온 곳은 없었습니다.

그러나 포상을 다르게 하는 의식을 더했습니다. 한두 장사의 공(功)이 펴지지 못했습니다. 읍호(邑號)[15]들의 공론으로 오르지 못하고 고을 관아에서 흘러 애석하게도 그때 여러 곳에서 돌아다니며 소문에는 본질을 잃은 것이었습니다. 엎드려 원하옵건대, 일을 맡아 보시는 분께서는 영읍(永邑: 영천) 고을의 의사들 기록을 승격시켜 주시기를 바라옵니다. 그러나 인심이 남아 있지 않아 가히 격하게 공론하여 가히 뜻을 굳게 한다면 상을 한 사람에게 주는 것으로 이르게 됩니다. 천하의 모든 사람이 권하는 것이 이곳에 있는 것입니까?

백사(白沙) 이 선생 항복(恒福)[16] 문집략(文集略)

영천 의사는 명량의 대첩을 모은 것으로 기상이 명량 대첩을 해칠 만큼 훌륭합니다.

송암(松巖) 이 공(李公) 로(魯)[17] 용사일기략(龍蛇日記略)

경주의 전투는 영천의 최인제, 정의빈, 이득룡, 손응현 등 17인이 같은 날 해(害)를 입었으니 김학봉 선생이 그것을 듣고 매우 놀라며 말씀하시기를 "그 백 년 길러지고 남겨진 교화가 다 끊어지지 않았도다."라고 하셨습니다. 그 후에 조정에 아뢰는 말씀을 올렸습니다. 중략(中略)

이르시기를 유생의 충렬이 옛날 사람에게 부끄럽지 않도다.

---

15) 읍호(邑號) : 조선 시대 부원군, 군, 삼품 이상의 종친, 의빈, 왕비 및 왕세자, 종친 2품 이상인 자의 아내에 대하여 봉작위에 그 출신 관계 지명 따위를 부르는 명칭

16) 이항복(1556~1618) : 조선 중기의 문신, 오성 대감. 본관은 경주, 자는 자상, 호는 필운, 백사, 동강으로 임진란 때 병조판서를 지내면서 많은 공적을 세운 조선의 문신. 5차례 병조판서 역임. 시호는 문충

17) 이로(1544~1598) : 조선 시대 형조좌랑, 비안 현감, 정언 등을 역임한 문신. 본관은 고성, 자는 여유, 호는 송암. 의령 출신, 남명 조식 문하. 김성일의 종사관, 소모관, 사저관으로 활약. 이조판서 추증, 낙산서원 제향. 저서로는『사성강목』,『용사일기』,『문수지』,『송암문집』이 있다. 시호는 정의.

류정(柳亭) 최 공(崔公) 응사(應泗)[18] 임진일기략(壬辰日記略)

월성에서 의롭게 죽은 사람들은 모두 나이가 어리고 재주가 뛰어난 의사(義士)였습니다. 적 오랑캐를 막고 물리치려고 분개하였습니다. 군부(君父: 백성의 아버지인 임금)가 몽진(蒙塵: 나라 밖으로 피난)하니 의사들이 목을 바쳐 난에 뛰어들어 적의 창칼에 돌아가셨습니다. 그 의기(義氣)와 순수한 충성은 뜻이 크시고 높으시어 천지에 아무리 일러도 가할 것입니다.

충의공(忠毅公) 권화산(權花山) 응수(應銖)[19] 연보략(年譜略)

7월 의병 대장이 영천 의병 진에 다시 도와줄 것을 청하므로 영천성에서 경주에 달려갔으나 이때 최인제 등 17 의사가 모두 전사하였었습니다.

청허재(淸虛齋) 손 공(孫公) 엽(曄)[20] 용사일기략(龍蛇日記略)

8월 19일 병사(兵使) 박진이 영천에서 안강(安康)으로 와서 21일 거사를 도모하기로 하는데 작은 11개 읍의 군합(軍合)이 3만 7천여 명으로 병력의 세력을 크게 떨치고 신녕(新寧)의 권응수 의병장은 영천의 대첩으로 사기가 올라 적을 가볍게 보았고, 병사(兵使) 또한 절제사(節制使)와 소통하여 22일로 변경하여 말진(末進)의 군을 빨리 달리어 40여 리를 왔는데 의군(義軍)에서 먹지 못한 사람이 많았고, 횃불 2개를 받아 들고 빈 가마니 1개와 식패(食佩)와 병장기 등 여러 가지 물건이 무거워 운반하기 어려웠고 혹 군기물(軍器物)을 버렸으며, 성을 에워싼 적들은 빠르게 성을 따라 성 위로 포(砲)를 쏘아 대니 비 오는 듯하였고, 적의 복병(伏兵)이 바깥에서 와서 에워싸니 대군(大軍)은 무너

---

18) 최응사(1520~1612) : 영천시 대전에서 출생. 본관은 영천, 자는 효원, 호는 류정. 임진란 시 73세의 고령으로 의병들을 격려. 아들 최벽남에게 통솔을 마껴 영천성, 경주성 수복전에 참가 크게 공을 얻음. 군공으로 아들 벽남이 귀하게 되자 이조참판에 추증되었으며 향년 93세로 졸. 문집으로는『유정일집』이 있다

19) 권응수(1546~1608) : 조선 중기의 무신. 본관은 안동, 자는 중평이요, 호는 백운재이며 임진왜란 시 의병장으로 활약. 1583년 별시 무과 급제. 경상좌수영 박홍 휘하에서 일하다 고향인 영천으로 낙향하여 임진란 때 의병을 일으킴. 한천 전투에서 의병 최초로 승리하고 7월 영천성을 탈환하고 그 공을 인정받아 경상좌도 병마절도사를 보좌하는 우후에 임명됨. 이후 경주전투, 울산전투에 참전하였고 임진왜란 이후 선무공신 2등에 책록됨.

20) 손엽(1544~1600) : 본관은 월성(月城). 자는 문백(文伯), 호는 청허재(淸虛齋). 아버지는 진사 손광호(孫光皜)이며, 어머니는 장수 황씨(長水 黃氏) 별제(別提) 황계옥(黃季沃)의 딸이다. 1568년 진사에 올랐으며, 그 후 여러 번 향시에 응했으나 적중하지 못하자 다시는 응시하지 않고 성리학에 더욱 힘을 기울였다. 조호익(曺好益)·이정(李楨)·구봉령(具鳳齡)·조목(趙穆)·이영도(李詠道)·최현(崔晛)·조정(趙靖)·임용재(林慵齋)·신지제(申之悌)·금란수(琴蘭秀)·금응협(琴應夾)·금응훈(琴應壎) 등과 도의(道義)의 교우를 맺었다. 1592년 임진왜란이 일어나자 집경전(集慶殿)에 나아가 태조의 영정을 예안(禮安) 이영도(李詠道)의 서당에 옮겨 봉안하고, 오성십철십이현(五聖十哲十二賢)의 위패를 금곡사(金谷寺)에 모셔 놓고 가족을 이끌고 죽장산(竹長山)에 들어갔었다. 같은 해 조정에서 집경전참봉(集慶殿參奉)·정릉참봉(靖陵參奉)에 임명하였으나 부임하지 않고 수운정(水雲亭)을 짓고 세월을 보냈다. 손엽은 성리학에 대해 깊이 연구하였으며, 저서로는『청허재집(淸虛齋集)』이 있다.

져 흩어지고 적이 뒤쫓아 와서 베고 찌르니 흥해(興海)와 연일(延日)의 고을 수령들은 먼저 달아나 버렸습니다. 병사(兵使)가 계속 달려와서 보니 영천 의사 생원(生員) 정의빈, 최인제, 유학(幼學) 김대해, 손응현 등 28인이 그곳에서 돌아가셨습니다.

본도좌우도청소(本道左右都廳所) 찬난리사적략(撰亂離事績略)

8월 병사(兵使) 박진(朴晉)이 경주에 주둔하던 적을 토벌하고자 의논하여 중로(中路) 병 2만여 명을 이끌고 전투에 임했으나 기회를 놓쳐 대패하고 말았습니다. 그러나 의사들은 후퇴하기를 사양하고 용감히 싸웠으며 생원(生員) 정의빈, 윤취선, 최인제, 유학(幼學) 이득린 등 수십여 명이 그곳에서 돌아가셨습니다.

이 공(李公) 탁영(擢英)[21] 정만록략(征蠻錄略)

군위(軍威)의 적이 봉고어사(封庫御史)[22]를 사칭(詐稱)하며 추격해온 뒤에 신녕의 권응수, 정세아 등이 박연(朴淵)으로 추격하여 이르러 적을 대파하여 참수한 적의 머리 100여 급으로 크게 군(軍)이 떨치고 7월 27일 권응수, 정세아, 정대임 등이 영천성을 공격하여 대파시켰는데 500여 급을 참획(斬獲: 베거나 사로잡음)하니 피가 흘러 내를 메우고 강 왼쪽의 적의 세력이 크게 꺾이었습니다. 8월 2일 좌병사(左兵使) 박진(朴晉)과 여러 의장(義將)이 계연(溪淵)에 모여 경주의 적을 물리칠 것을 의논하였는데 적을 깔보고 가볍게 여겨 성 아래의 적이 몰래 북문으로 나오고 기습하는 적병이 뒤를 쫓아와서 엄습하니 아군이 크게 무너졌습니다. 생원(生員) 최인제, 정의번 등 17인이 힘을 다해 싸웠으나 그곳에서 돌아가셨습니다.

서전사제현록후(書戰死諸賢錄後)

오천(烏川) 정일찬(鄭一鑽)[23]

옛날 숙종 을유년(1705)에 소(疎)를 올려 사당 건립을 청할 때 돌아가신 할아버지 함계(涵溪: 정석

---

21) 이탁영(李擢英)과 정만록(征蠻錄) : 임진란 때 경상도 의성현 출신의 이탁영이 작성한 일기. 보물 제880호. 출처: 디지털의성문화 대전-이탁영『정만록』. 이탁영은 1541년(중종 36)출생, 1610년(광해군 2)에 사망한 인물로 자는 자수(字秀), 호는 반계(盤溪), 효사재(孝思齋)이며 본관은 경주이다. 임란 당시 경상도 관찰사 김수(金睟)의 참모로 활동하며 본인이 담당한 도 행정업무와 직접 목격한 사건들을 기록한 일기이다.

22) 봉고어사(封庫御史) : 악한 정사를 행하는 수령을 파직하고 관의 창고를 단단히 봉하여 잠그는 어사

23) 정일찬(1724~1797) : 함계 정사의 주인공인 정석달(鄭錫達 1660-1720, 호수 정세아의 현손)의 손자이며, 매산 정중기(1685~1757)의 둘째 아들로 매산 고택과 산수정(국가민속문화재 제24호)을 완공. 매산 정중기(梅山(鄭重器)는 영조 3년 1727년 문과 급제한 후 사간원 정언, 사헌부 지평을 거쳐 형조참의에 이름.

달의 호)께서 대략의 선현 문집 및 제가일기(諸家日記)를 살펴보셨는데 8현(八賢) 후에 또 4현(四賢錄)의 그 행적을 합하여 하나의 책으로 만드셨는데 이르기를 임진충현록(壬辰忠賢錄)이라 하셨는데 그 남은 부분 즉 끝내지 못한 부분이 있었는데 살펴보니 성(姓)을 빼고 이름만 부르기가 심히 슬펐는데 문헌에서 그것을 밝힘이 없었습니다. 무자년 봄에 학봉 김 선생 후손의 집에서 맞는 것을 찾아 모을 수 있었습니다. 그날 선생이 손수 추려 쓰신 계본(啓本: 임금에게 보이는 서류)에서 곧 17현의 성(姓)과 휘(諱)가 역력히 기록되어 실려 있는 고로 문서를 베껴 쓸 때 빠져서 전하는 7현(七賢)의 성과 휘를 앞에 쓴 기록에 추가하여 썼습니다 라고 말씀하셨습니다.

참판(參判) 최공(崔公) 벽남(擘南)[24] 일기략(日記略)

임진년 5월에 여러 의장이 강개하여 고을의 사람들이 더불어 창의하여 힘을 합하는데 평민, 승려, 군인 등 수백여 명이 더불어 그때 본성(本城: 영천성)을 점거한 왜적을 포위하여 없앨 계획을 정한 후에 신녕의 권응수에게 원병을 청하여 7월 27일에 합세하여 적진으로 나아가 태워 죽인 것이 무수하고 또 이르기를 8월 경주의 적이 공격하여 이영근, 이득룡, 이정분, 이지암, 이일장, 이득린, 이순복 등이 모두 적에게 죽임을 당하셨고 정의빈, 최인제, 김연, 손응현 등이 모두 힘껏 싸우시다가 돌아가셨습니다.

유사(遺事)

양주(楊州) 조기희(趙夔熙)[25] 찬(撰)

공의 휘(諱)는 응현(應晛))이며 자(字)는 자임(子任)이고 호(號)는 남계(南溪)로서 명종 19년 갑자년 10월 13일 인시 청송부(青松府) 서쪽 문천리(文川里) 집에서 태어났다. 그의 선조는 신라(新羅) 대수부(大樹部)에서 나왔는데, 휘(諱) 순(順)은 효(孝)로써 감동을 줘 석종(石鐘)을 얻게 되니 홍덕왕(興德王)이 이르기를 "이것은 곽거(郭巨)의 금 솥과 같은 효(孝)"라 하며 손순(孫順)에게 집과 미

24) 최벽남(1552~1618) : 자는 천약, 영천인. 증 참판 응사의 아들, 무과에 급제하여 선무 원종공신으로 책록되고 병조 참판으로 추증됨

25) 조기희(1811~미상) : 본관은 양주이며 자는 장일, 거주지는 남포로 1811(순조 11)년에 태어났으나 졸년은 미상이다. 생원시인 1855년 철종 6년 을묘년 정기시: 식년시(생원)에 3등 13위로 합격하였다.

곡(米穀)을 주었다. 그 후는 실전(失傳)되어 감춰진 것이 크다고 말할 수 있겠으나 아(阿), 장(藏), 보(甫) 모두 대관(大官)으로 큰 벼슬을 하신 분들이었다. 공의 7대조(七 代祖)인 휘(諱) 경원(敬源)은 판밀직사사(判密直司事)이었고, 아들 휘(諱) 현검(玄儉)은 검교중추원부사(檢校中樞院副使)이셨고, 아들 휘(諱) 등(登)을 두었다.

휘 등(登)은 우리 태조(太祖)와 포의지교(布衣之交: 젊은 날의 친구)로 사귀었는데 태조 임금이 자리를 물려받은 후에는 은둔하시고 마침내 불기(不起: 일어나지 못함)하여 돌아가셨다. 진행시(進杏詩: 태조에게 살구를 드린 시(詩))를 드리니 태조가 화답하는 글을 지어 주었고, 장부로서 정치를 의논하였다는 고사가 있다. 벼슬로는 참의(參議)를 받으셨다.

아들 휘 사성(士晟)을 낳았는데 문과참의(文科參議), 참판(參判)으로 계성군(鷄城君)을 받았고, 영천(永川)과 청도(淸道)에서 벼슬하였는데 청덕(淸德)으로 일컬어졌다. 셋째 아들이었던 휘 흔(昕)은 세조 때에 성균관 생원으로 적개공신(敵愾功臣) 계천군(鷄川君)이자 시호(諡號)가 양민공(襄敏公)[26]인 휘 소(昭)의 아우가 되며 바로 공의 증조부입니다.

아들 휘 세돈(世敦)은 남이 모르게 은덕을 베푸시며 벼슬길에는 나아가지 않았다. 이조판서와 습작으로 월성군(月城君)을 받고 시호가 경절공(景節公)인 우제(愚齊) 휘 중돈(仲敦)은 종형(從兄)이 된다. 여러 세대를 내려오면서 덕업(德業)과 문학(文學)과 절의(節義)로 이름난 가문(家門)이었다.

공은 동방(東方)의 사서(史書)를 읽고 사람들에게 대강(大綱)을 전하였다. 휘 희(曦) 충순위는 공의 아버지이고 어머니는 경주 김씨 참봉 태년의 따님이다. 공은 어려서부터 품성이 활달하고 몸가짐에 조심하며 단정하고 정중한 기운을 지녔다. 집에서도 아이 중에 출중하여 충위공이 기특히 여겨 사랑하시었고 가르치고 깨우치게 하셨는데, 의를 지켜 외모가 항상 단정(義方)하셨고, 충효(忠孝) 두 글자를 손으로 그리셨고, 소리 내 외우는 일(口誦)에 있어서 남달랐다. 배움에서는 이해가 빠르고

---

26) 양민공(襄敏公) : 손소(1433~1484)의 시호. 조선전기 공조 참의, 안동부사, 성주 목사 등을 역임한 문신. 본관은 경주(慶州). 자는 일장(日章), 호는 송재(松齋). 손현검(孫玄儉)의 증손으로, 할아버지는 손등(孫登)이고, 아버지는 증 병조참판 손사성(孫士晟)이다. 1459년(세조 5) 식년 문과에 병과로 급제, 승문원정자(承文院正字)에 보직되었다. 1463년 승정원주서(承政院注書)로 있을 때, 문예시(文藝試)에 장원하여 한 자급(資級) 특진 되었다. 1467년 5월 이시애(李施愛)의 난 때 평노장군(平虜將軍) 박중선(朴仲善)의 종사관(從事官)으로서 군무(軍務)를 관장, 평정에 공을 세워 적개공신(敵愾功臣) 2등에 책훈되고 내섬시정(內贍寺正)으로 특진 되었다. 1469년(예종 1) 성주 목사를 거쳐 공조 참의와 안동부사를 역임하고 계림군(雞林君)에 봉해졌다. 1476년 11월 진주목사로 나갔다가 병으로 사직하고 전리(田里)로 돌아갔으나, 왕이 특명으로 녹봉(祿俸)을 지급하도록 하였다. 청렴결백하고 백성을 다스리되 친자식같이 하였다. 일찍이 성주 목사로 있을 때 기근이 극심하게 들었으나 극진한 마음으로 구휼하여 희생자가 없었다고 한다. 그 때문에 그곳 이민(里民)의 호소로 임기가 연장되기도 하는 등 목민관의 모범이 되었다. 뿐만 아니라 부모에 대한 효성도 지극하여 성주·진주·안동 등의 외관직은 청송에 계신 양친을 봉양하기 위해 자원하여 왕의 특지(特旨)로 임명된 벼슬이었다. 글씨를 잘 썼으며, 시호는 양민(襄敏)이다. 국가 민속문화재 23호인 경주 양동마을 송첨 종택은 양민공 손소가 조선 성종 15년(1484)에 지은 집으로 양민공의 아들 우재 손중돈 선생과 외손인 회재 이언적(1491-1553) 선생이 태어난 곳이다. 사랑 대청에 걸린 편액인 서백당은 참을 인(忍)자를 백번 쓴다는 의미이다.

영리하여 날마다 나아감이 있었다. 집이 가난함에 늙으신 부모님을 봉양하기 위해 물고기도 잡고 나무도 하며 살림을 꾸렸으며, 틈틈이 옛글을 강론하고 일하지 않는 여가에는 그곳에 처하여 만족해하였다.

무년(戊年)과 기년(己年)에 연이어 부친상(喪)과 모친상(喪)을 당하시어 야위실 만큼 몹시 부모님의 죽음을 울면서 슬퍼하였다(哀毁). 무덤 옆에 여막(廬幕)을 지어 거처하고 절하며 손님을 맞이하니 상제(喪制)로서 조문(弔問)하는 사람에게 법도에 어긋남이 없게 하였다. 아량이 크고 넓고 두터우며 일 처리에는 온화하고 신중히 하고, 배움에 힘쓰고 뜻을 도탑게 하여 스승과 벗들로부터 기특하고 소중함을 받았다. 부인 조 씨는 충정공 정재(靜齋: 문신 조상치의 호) 후손인 이관(以觀)의 따님으로 집 안에 있을 때에는 충신열사의 아내로서 서로 조심하며 살피셨다. 혹은 과거 응시(公車)에 나아가기를 권유했으나, 공은 과거 응시에 매달리는 것을 달갑게 여기지 않았다.

일찍이 영천 유람차 포은(圃隱) 정(鄭) 선생이 낚시하셨던 조옹대(釣翁臺)에 오르시어 흠모하였는데 얼마 후, 군(郡)내의 거여리(巨余里) 하천 남쪽에 정사(精舍)를 짓고 이에 호를 남계(南溪)라 하였다. 아침저녁으로 경사(經史)를 읽는 것을 즐거움으로 삼았는데, 일찍이 당감(唐鑑)을 읽다가 수양(睢陽)의 장순(張巡)과 허원(許遠)의 일에 이르러 손뼉을 치며 좌우에 이르기를 "선비가 난세(亂世)를 당하면 마땅히 이처럼 하여야 한다."고 하면서 "그 뜻을 세움이 모두 이와 같은 것이다."라고 하였다.

오호! 국운(國運)이 막혀 섬나라 오랑캐가 으르릉거리며 쳐들어와서 재앙을 일으켜 분탕(焚蕩)질하는데 주군(州郡)에서 모두 바라보며 달아나니 나라가 무너지는데 한 사람도 적에 항거할 계책이 없었다. 그러나 공은 분개하시며 눈물을 씻으며 말씀하시기를 "나라를 위하여 순절(殉節)하는 것은 우리 집안에서 대대로 전해오는 일상적인 행동으로 하물며 나의 돌아가신 아버지께서 나를 가르치시기를 '효(孝)를 잇고 충(忠)으로서 하라'는 유훈(遺訓)이 정녕 있을 뿐이다."라 하셨다.

오늘 임금이 몽진(蒙塵)하였는데 어찌 감히 편안하게 피하기를 도모하고 방종만 할 것입니까? 우리는 예의의 나라로 오랑캐 도적의 무리를 어찌 감히 돌아가게 하겠습니까? 마침내 나무를 잘라서 장대를 만들고 베를 찢어 기(旗)를 만들어, 깃발에 중심(中心)이란 글씨를 쓰시고 같은 고을의 의병들과 함께 적진을 가실 때에 아우 응창(應昌)의 손을 잡고 말씀하시기를 "임금이 욕되면 신하는 죽어야 하는데 진실로 그 일을 할 때이다. 하물며 경주는 우리 집안 대대로 녹봉을 받던 곳이다. 만약 이 적들을 없애지 못하면 우리가 선열(先烈)들에게 부끄럽지 않겠는가?". 잔병(殘兵)을 불러 모아 위로하고 타이르며 시골 촌민에게는 조용하게 웃으며 말하였는데, 시(詩)와 예(禮)의 집안의 모습을 가지셨고 항군(行軍) 편제의 일에서는 은사(隱士)의 자취를 지녔었고 화살과 돌을 사용하여 기회를 엿보아 그것에 지혜롭게 임하여 적을 제압하는 승리의 계책(計策)으로 삼으셨는데 비록 병가(兵家)의

군사 지식이 많은 장수도 그에 미치지 못하였다.

바야흐로 공은 이 보루(保壘)를 쌓고 포진(布陣)할 때에 의사(義士)들을 돌아보며 이르기를 "오늘의 싸움은 전진만 있고 후퇴는 없다."고 하였다. 병마절도사 박진(朴晉)이 주저하며 군율(軍律)을 잃으니 적의 세력이 바뀌어 짐승같이 달려드니 아군의 여러 장수 들이 대적할 수가 없었다. 오직 공께서 칼을 어루만지며 하늘에 맹세하고 적의 화살을 무릅쓰고 먼저 나아가 혈전(血戰)을 벌이며 싸우다가 17인의 동향(同鄕) 의사와 함께 돌아가셨다. 같은 날 같은 장소에서 같은 해(害)를 당하셨다. 오호라! 공은 신라 대수부(大樹部)의 후손으로서 석종지효(石鐘之孝)가 나타난 아름다움이 있고 산행지절(山杏之節)의 시(詩)가 있고 우리 역사의 왕조 대대로 큰 공훈이 끊어지지 않았다. 글을 배우시되 유학(幼學: 벼슬하지 않은 유생)으로 충위공 및 모부인(母夫人)의 엄하신 가르침으로, 안으로는 충성과 신의로 며느리에게 조심하라고 이르시고, 밖으로는 어진 스승과 벗에게 보도(輔導)함이 있었다. 영천에 유람하러 가서 돌아가신 포옹(圃翁: 정몽주 선생)의 만고에 빛나는 절의를 새기셨고, 이름난 고사(古史)를 읽으시며 장순과 허원의 쌍혼(雙魂)의 충렬(忠烈)에서 느끼는 바가 있으셨다. 그러나 나라가 있어도 그 집안을 알지 못함을 아시고 임금이 있되 그 몸을 논하는 바임을 아시고 공께서 이르시기를 나라를 위하여 죽는 것이 충(忠)이라 하시었는데 자세하지 않으나 어릴 적 깨우친 효(孝)에서 나온 것이고 또 난(亂)에 임하여 그 창의(倡義)의 용기가 나왔던 것은 그 평소의 학문에서 얻었던 것이다. 아! 공의 평소 선행이 난중(亂中)에 사실이 되었으니 한마디의 말이 하나의 일이 되었다고 하겠다.

무너진 풍속(風俗)을 격려하여 후세의 방식이 되었으나 불행하게도 화재(火災)를 당하여 증거를 얻을 수 없게 되었으니 애석한 일이 아닐 수 없다. 번암(樊巖: 채제공의 호) 채상공(蔡相公)께서 이르시기를 영남(嶺南)이 없으면 국령(國領)이 불가하다 하였으니 영천이 없으면 령(領)이 불가한 것이 아니었겠나. 종묘(宗廟)와 사직(社稷)을 다시 만드는 일은 오직 근본을 만드는 데 있다. 뒷 날 후손 유학자 손영희(孫永喜)[27]께서 가승(家乘)에서 잃어버렸던 것을 수습하셨고 제현(諸賢)으로부터 기록을 모으셨다. 불녕(不佞: 자신을 낮추는 말)이 한마디 말로 맺은 정분을 끝내 사양하지 못하고 전하여 오는 사적(事蹟)을 간략히 구성하였사오니 사필(史筆)을 잡은 선생으로서 군자(君子)를 뽑아서 가려냄을 기다린다.

27) 손영희(1846~1882) : 자 노만, 본은 월성인, 남계공 11세손으로 추곡면 대추서당에서 종숙부인 송파공 손상각(孫相珏 1828-1900 대추서당 설립자)과 더불어 훈장을 지내며 남계실기를 편집함.

행장(行狀)

방예(傍裔) 손후익(孫厚翼)[28] 찬 撰)

우리의 소경왕(昭敬王)[29]이 충신 의사의 힘으로 용사(龍蛇)의 홍(訌: 임진왜란)을 힘겹게 평정하게 되었습니다. 우리나라 4백 년의 보배로운 솥(寶鼎)을 만들어 내셨습니다. 대려(帶礪)[30]를 맺어 돌아가시었습니다. 피가 샘처럼 나와 길을 더럽힐 때 영남은 적과 먼저 충돌하는 곳인데 적이 장악하여 지탱하기를 바랄 수 없어 바람처럼 달려드니 무너졌습니다. 그러나 영양(永陽: 영천)의 대첩과 이 충무공의 노량 해전의 지휘와 권 충장공(權 忠壯公: 권율 장군)의 행주의 대첩이 있었으니, 경주의 패(敗)함과 동렬(同列)의 정 첨사(鄭僉使: 정발)의 부산, 송 부사(宋 府使: 송상현)의 동래 패(敗)함은 다 같은 것입니다.

벼슬하지 않고 글만 읽는 사람이 어찌 알 수 있겠습니까? 그래서 함께 창의(倡義)를 소리 내어 외쳤습니다. 그리하여 순절(殉節)하신 분이 17인에 이르렀고 남계(南溪) 손공(孫公) 휘(諱) 응현(應晛) 자(字) 자임(子任)이 바로 그중 한사람이었습니다. 제가 당시 제공(諸公)들이 이르는 바를 서술하다 보면 학봉 김성일 선생이 이르기를 "영천 유생들이 창의(倡義) 기병(起兵)하시어 영천, 자인의 적을 공격하여 섬멸하시고 경주에 가셔서 17인이 같은 날 해(害)를 입으셨는데 충렬은 옛사람에 부끄럽지 않다" 하셨고 한강(寒岡) 정구(鄭逑) 선생이 이르기를 "영양(영천)의 승리는 오로지 선비들이 창의하여 먼저 나아감에 말미암은 것"이었고, 백사(白沙) 이항복 선생이 이르기를 "영양(영천)과 명량의 승리를 모아 장하고 통쾌한 것이었다." 하셨고, 인재(認齋) 최현 선생이 이르기를 "고래가 떨어지듯 여러 성(城)이 무너졌는데 한 사람도 막을 사람이 없었는데 마침내 선비들이 먼저 어찌 창의하여 원수로부터 복수를 도모하고자 일어났으니 은사(隱士)들이 적을 물리 치려고 나오셨습니다. 나무를 잘라서 장대를 만들고 베를 찢어서 기(旗)를 만들고 격문(檄文)을 날리어 여러 고을로 보내니 사람들의 마음을 감동하게 해 의(義)로운 소리로 한바탕 떨쳐 일어나 사람들이 각각 모두 병(兵)이 되 었

28) 손후익(1888~1953) : 일제 강점기『문암문집』을 저술한 유학자. 독립운동가. 본관은 월성(경주), 호는 문암. 아버지는 손진수. 생모는 여강이씨 이능균의 딸이며, 계모는 여강이씨 이능수의 딸이다. 경주 금오리에서 탄생. 1914년 장석영의 문인이 되었으며 1919년 이중업, 곽종석, 장석영 등이 김창숙을 대표로 프랑스 파리 평화회의에 참석시킴. 숙부인 손진형(孫晋衡) 국민대표를 크게 도움. 성리학자로 주리철학을 심학의 정통으로 수용. 문장의 대가로 이진상, 장지연 등의 문집간행 참여.『문암문집』22권이 전함. 1977년 대통령 표창, 1990년 애족장 추서. 부친 손진수가 발문을 쓴 옥산 장석신의『과재문집』(11권 5책)중 제7권에는 고천서당 강당중수 상량문이 들어있다.

29) 소경(昭敬) : 조선 제14대 선조(宣祖)가 명나라로부터 받은 시호

30) 대려(帶礪) : 황하가 머리띠같이 가늘어지고 태산이 숫돌만큼 작아진다 할지라도 변하지 않는다는 굳은 맹세의 말. 하산대려(河山帶礪)

고 영천이 먼저 창의하시고 더군다나 첫째로 도모하신 분들이 모두 한 지역의 선비이셨습니다. 즉 영천 한 군(郡)의 둘레에서 500명 의사(義士)는 다른 지역에서는 있지 않았습니다." 또 이르기를 "경주에서의 싸움으로 17인이 같은 날 해(害)를 입으신 충렬(忠烈)이 가히 아름답지 않습니까?" 송암(松巖) 이공(李公)께서 이르시기를 "경주에서의 싸움으로 17인이 같은 날 해를 입으신 것은 2백 년간 배양된 교화가 다 끊어지지 않았습니다." 류정(柳亭) 최공(崔公)이 이르기를 "월성에서 의를 위하여 돌아가신 17인은 모두 나이가 적고 재주가 뛰어난 선비였습니다. 많은 사람이 적의 포로가 되고 임금이 나라 밖으로 피난(蒙塵)함에 분개하시어 몸을 바쳐 창칼에 돌아가시니 그 의기(義氣)와 정충(精忠)은 천지에 아무리 높이 일러도 가하지 않겠습니까?" 이것은 모두 그날의 실제로 귀로 듣고 눈으로 본 공적(功積)으로 반복하여 들은 영천의 고로(古老)께서 말씀하시어 전해오는 이야기로 실제 기록된 것으로 공(남계공)께서 먼저 시작하신 것입니다.

슬피 눈물을 흘리시며 이르시기를 "임금께서 몽진(蒙塵)하셨는데 어찌 감히 초간(草間)에 묻혀 구차하게 살기를 꾀하겠습니까?" 아우 응창에게 이르시기를 "나라를 위하여 충성을 다하는 것이 집안에서 늘 행하는 것인데 하물며 영천은 우리의 조상께서 다스리시던 고을이고 경주는 우리 집안이 녹봉을 받던 곳으로 윤탁(尹鐸)의 진양(晉陽)에서의 소관(所寬)과 손책(孫策)의 강동구은(江東舊恩)에 견줄 만하다. 그러나 이제 적의 소굴이 되었으니 우리가 죽기를 맹세하고 반드시 제거하겠다." 고 말씀하셨습니다.

드디어 긴 막대기에 베로 기(旗)를 만들고 중심(中心) 두 글자를 크게 쓰시고 같은 고향의 여러 의사가 모여 권 충의공(權 忠毅公) 응수(應銖)와 박 무의공(朴 武毅公) 의장(毅長)을 구원하여 영천의 적에게 화공(火攻)의 계책(計策)과 혈전(血戰)의 공(功)으로 공(公)이 첫 번째로 먼저 나섰습니다. 또 자인(慈仁)의 적을 섬멸하고 경주의 전투에 나아가셨는데 좌도(左道)를 맡은 권응수 장군이 적을 가볍게 보고 실수한 것과 병사(兵使) 박진이 절제를 소홀히 하여 홍해(興海)와 연일(延日)의 고을 수령들이 먼저 달아나 대군(大軍)이 마침내 무너지니 공(公)과 같은 고향의 17인 의사에게 맹세하며 이르시기를 "오늘의 전투는 전진만 있고 후퇴는 없다." 하시고 힘을 다해 싸우시다가 그곳에서 돌아가셨습니다. 오호! 군령(군대)의 일을 서생(書生)이면서 배워서 이룬 용맹(勇猛)은 선비의 배운 바가 아니었고 길러진 바가 아니었으며, 또 나라가 태평하여 이미 태평하여 즐겁게 노니는 것이 습관이 되었습니다. 그러나 공께서는 가정에서 일어나셔서 능히 유막(帷幕)의 작전을 꾀하시고 날카롭고 민첩한 기술을 습득하셨고, 또 병졸(兵卒)의 대오(隊伍)를 얽매이지 않게 하여 좇아가게 하고 진퇴(進退)에서는 걸림이 없이 시원스럽게 하여 아군(我軍)이 나아가게 하셨고 수양(睢陽)의 장순(張巡)과 허원(許遠)같이 갑자기 일시에 난(難)을 만났어도 달갑게 여기시며 능히 기량(技倆)을 보이셨습니다.

오늘 공(公)의 후손 수락(秀洛) 씨로부터 집안에 전해오는 공의 생(生)에 관한 사적(事蹟)을 볼 수 있었는데 공께서는 용의단중(容儀端重)하시고 기품(氣稟)과 도량(度量)이 크시고, 6세 때 이미 민첩하고 재치가 있고 자태가 남달랐습니다. 돌아가신 공의 아버지 충위공(忠衛公)께서는 기특하게 여기시며 큰 도량으로 깊이 사랑하시었습니다. 일찍부터 효제지도(孝弟之道)를 아셨고 늘 충효 두 글자를 손으로 획을 그으며 입으로 그것을 소리 내며 외우기를 좋아했습니다. 쟁기를 가지고 춤추며 자질하는 놀이를 하는데 절도가 있으며 같은 나이 또래 아이들보다 사뭇 뛰어났고 또한 모두 그의 명령에 따랐습니다.

학문에 나아가서는 기다리지 않고 경계하여 말로 다스리고 깊이 연구하고 하나의 구절로 된 말로 간략히 그 뜻을 나타내어 스승과 벗으로부터 추앙(推仰)과 존중을 받았습니다. 무상지년(舞象之年: 15세~20세)에는 지략(智略)에 빠져듦이 제자(弟子) 중에서는 컸습니다. 문예(文藝)를 하는 선비를 바라지만 집안이 가난하여 몸소 농사지으시며 부모님을 봉양하셨는데 연이어 부모님의 상(喪)을 당하시어 너무 슬퍼하시어 몸이 상(傷)하시고 법도(法度)에 어긋나지 않게 보이게 하셨습니다.

아아! 공께서는 영천 거여리(巨余里) 시내(川) 남쪽에 정사(精舍)를 지으시고 스스로 호를 남계(南溪)라 하시고 독서와 고요함을 지키시며 이처럼 종신(終身)하기를 바라셨습니다. 옛사람의 충의(忠毅)를 아무도 하지 않는 때를 만나서 그 충의의 발자취를 따라 돌아가셨습니다. 손바닥을 어루만지시며 주위를 돌아보며 좌우에 이르시기를 선비의 삶에서 난세(亂世)에 마땅히 이처럼 해야 한다고 하신 것은 모두 그 충절(忠節)의 얻음이 효(孝)와 의리(義理)의 글을 익히면서 얻으셨고 의지와 기개(氣概), 용기와 지략은 평소에 닦아 쌓은 교양(敎養)에서 나왔으며 응변(應變)의 지혜(智慧)는 일조일석(一朝一夕)의 판단에 이루어진 것이 아니었고 사백 년 지난 오늘에도 충족(充足)할 것입니다. 그 기상(氣像)과 지업(志業)을 생각해보면 또한 가히 만들어진 것이고 오늘 좋은 일에 뜻이 있는 사람이 눈물을 흘립니다.

아! 세상의 시골구석의 선비가 거두어 주어 모은 종이에 글귀를 침범하여 흩날려버리고 회복하기 위하여 일을 벌이시고 널리 참렬(參列: 반열에 참여함)시킨 장군이 있었습니까? 그리고 일에 임하여 때를 보아 수족(手足)처럼 하니 나라가 쉽게 넘어지고 여러 가지 그때의 무리가 방자(放恣)하고 오만하여 관아의 벼슬아치가 거만하고 전횡(專橫)하였습니다. 가난하게 사시면서 옛날 사람의 글을 읽으신 분으로 호걸(豪傑) 정대(正大)한 영웅(英雄)의 기재(奇才)가 비상(非常)하신 분으로 진실로 충심(衷心)에 따라 나은 것으로 공께서 평생을 나아가신 것으로 그 증거가 있지 않습니까?

생각건대 우리 월성의 손씨 성(姓)은 신라의 대수촌장(大樹村長)에서 비롯되었는데 시조(始祖) 문효공(文孝公) 휘(諱) 순(順)께서 기이한 사적(事跡)이 동사(東史)에 실려있고 고려와 조선 혁명 때에 감찰대부(監察大夫) 휘(諱) 등(登)께서 강헌왕(康獻王: 태조)과 포의지교(布衣之交)를 하실 때 산행

(山杏)을 노래하고, 태조가 화답(和答)한 시(詩)가 있으며 송양석혈지의(松陽石血之義)가 상세히 실려 전하는데 열성어제시집(列聖御製詩集) 및 숭양기구(崧陽耆舊)에 전(傳)하며, 벼슬하신 아들 계성군(鷄城君) 휘 사성(士晟)께서는 청덕(淸德)으로 다스리시어 업적(業績)을 이루셨는데 서 사가(徐四佳: 서거정) 와 이 회재(李 晦齋: 이언적) 두 선생께서 청덕(淸德)으로 부르셨다. 세 아들 중 장령(掌令)을 지내신 휘 욱(旭)께서는 함경어사(咸竟御史)로서 절개를 지키다 돌아가셨으며, 이시애의 난을 토벌하신 둘째 아들 휘 소(昭)께서는 우리의 선조 양민(襄敏)선생이시고, 셋째 아들 휘 흔(昕)께서는 생원(生員) 이시고 공(公: 남계공)의 증조가 되시며 할아버지는 휘 세돈(世暾)이시고, 아버지는 휘 희(羲) 이시고 충순위로 충효의 공을 쌓으시며 문서에 기록됨이 끊이지 않으시게 하셨고, 동시에 창의(倡義)하신 선략공신 대춘판관공(宣略功臣 大春判官) 시(時)와 청허재(淸虛齋) 엽(曄), 낙천재(樂天齋) 종하(宗賀) 주부(主簿) 향여(香輿) 부(夫) 남한(南漢)은 절개를 지키시다 돌아가신 신하로 낙선당(樂善堂)의 종로(宗老)와 모두 같은 집안으로 공로(功勞)를 세워 면(免: 조세와 부역을 면함)하게 된 친척입니다.

군자가 사람을 논(論)할 때 반드시 근본이 되는 부류(部類)를 말하는데 세덕(世德)과 가풍(家風)으로 진술(陳述)합니다. 또한 소자(小子)는 용납되지 않는 바이니, 입언(立言)하시는 분께서 반드시 나란히 벌여 세워 전하여 주십시오. 충위공께서는 경주 김씨 참봉 태년의 딸에게 장가가셨고, 공(公)께서는 창녕조씨 사인(士人) 이관(以觀)의 딸에게 장가드셨는데, 아들을 한 분 두시니 휘 위(暐)로 훈련부정(訓鍊副正)을 지내셨고 이어서 세 아들을 두시니 종업 종선 종검이시고 후손의 세계(世系)입니다. 공은 명종 갑자년 10월 13일에 출생하셨고 선조 임진 8월21일에 의(義)를 위하여 돌아가셨습니다.

시신이 훼손되어 거두지 못하고 남기신 옷으로 청송 현서(靑松 縣西) 문천리(文川里) 세봉(細峯) 장등(長嶝)에 장사 지내고 제사를 모셨습니다. 그때 계문(啓聞)을 임금에게 아뢰어 봉훈랑 의빈부도사(奉訓郞儀賓府都事)를 주셨고 명(命)으로 복호(復戶)를 해주셨는데 후일 사림(士林)의 건의로 영천의 고천(古川)에 서원(書院)이 건립되었다. 같은 날 순절하신 분은 최인제, 정의번, 김연, 이득린, 이호인, 이영근, 이순복, 이지암, 류복홍, 전억주, 이득룡, 한득의, 전홍재, 이일장, 류원걸, 이정분 이십니다.

묘지명(墓誌銘) 병서(並書)

벽진(碧珍) 이태일(李泰一)[31)]찬(撰)

공의 성은 손씨(孫氏)이고 휘는 응현이며 자는 자임(子任)이고 그 선조는 월성인(月城人)으로 신라 대수부(大樹部)의 후손인 휘 순(順)이 있었는데 효행으로 저명하였으니 이분이 공의 비조(鼻祖)입니다. 이로부터 뒤로 세세(世世)로 높은 벼슬을 하였으니, 휘 경원(敬源)에 이르러서는 봉익대부(奉翊大夫)로 판밀직사사(判密直司事)이었고, 휘 현검(玄檢)을 낳으니 가정대부(嘉靖大夫)로 검교중추원부사(檢校中樞院副事)였으며, 휘 등(登)을 나으니 사헌부감찰(司憲府監察)이었다가 호조참의(戶曹參議)에 추증되었습니다.

태조와 포의(布衣)로서 교제하였으며, 살구를 드리는 산행시(山杏詩)가 있으며 그 혁명 후에는 헌납(獻納)의 벼슬에 있는 하경(河縈)과 함께 북쪽을 향해 절을 하고 남문로(南門路)의 바위에 머리를 부딪혀 돌아가시고 아직도 핏자국이 남아있다고 숭양기구(崧陽耆舊)에 전하며 공의 5대조가 됩니다.

고조(高祖)의 휘는 사성(士晟)이며 병조참의를 지냈으며 청도(淸道)에서 벼슬을 할 때 건립한 청덕루(淸德樓)에 회재 이언적(李彥迪) 선생이 배회하면서 청덕(淸德)을 사모하는 시(詩)를 읊기도 하였습니다. 후에 병조참판에 추증되었고 계성군(鷄城君)에 봉해졌습니다. 증조부인 휘 흔은 성균관생원이시며 양민공 소(昭)의 아우 되시는 분입니다. 할아버지는 휘 세돈이시고, 공의 아버지 휘는 희이시고 충순위로서 공의 어머니는 경주 김씨 참봉 태년의 따님이십니다. 공은 명종 갑자년 10월 13일에 청송부 서쪽 문천리 집에서 출생하셨으며 뛰어난 재주와 기개가 빼어나고 기특한 기운이 있었으며, 일찍 부모를 여의시고 성장하면서 큰형과 둘째 형에게는 친한 아우로서 더욱더 도탑게 하시고 독서를 좋아하시고 문무를 겸한 재능 있는 선비로 벗들의 추중(推重)을 받았습니다.

영천 거여리 시내 남쪽에 정사를 지으시고 스스로 호를 남계라 하시고 경사(經史) 읽기를 스스로 즐기셨는데 임진년의 난으로 섬나라 오랑캐가 크게 어지럽히니 순월(旬月) 사이에 여러 군(郡)이 무너지고 삼경(三京: 동경, 남경, 서경)을 지키지 못해 잃게 되니 성문을 지키는 장수와 신하가 없게 되고 감히 함부로 어린아이에게도 칼끝을 갖다 대었습니다. 공이 분개하시고 몸을 돌아보시지 않고 만사일생(萬死一生)의 계획을 대대로 공훈(功勳)을 세워 녹(祿)을 받고 대대로 충효를 해왔는데 어

31) 이태일(1860~1944) : 본관은 벽진, 호는 명암으로 영천 자양 원각 출생으로 구한말 퇴계학맥의 대학자이자 마지막 유림. 1913년 일왕의 한일합방 기념패를 거부한 애국지사. 용산정사와 항일 척장비로 유명. 『명암집』저자, 항일투쟁 애국자인 서산 김홍락, 향산 이만도, 척암 김도화 등과 긴밀하게 교류함.

찌 구차하게 참으며 몸을 온전히 하기를 꾀하겠는가? 드디어 여러 의사와 함께 나무를 잘라서 장대를 만들고 베를 찢어서 기를 만들어 중심전전(中心箭箭) 네 글자를 크게 쓰고 곧바로 권 충의공(權忠毅公: 권응수) 진영으로 달려가셨습니다. 또 정호수(鄭湖叟)[32], 정창대(鄭昌大)[33] 등 여러 의사(義士)의 협력과 도움을 얻어 화공(火攻)의 계책으로 전투를 한바탕 벌이셨습니다. 그리고 영천성을 다시 싸워 수복하고, 셋째 번 싸움으로는 자인(慈仁)의 적을 섬멸하시고 의로운 기(旗)는 동쪽을 가리키며 월성을 향해 나아가니 오랑캐의 추장이 혼백을 상실하여 감히 앞으로 향하는 자가 없었습니다. 그러다가 서천(西川) 진지에 이르니 갑자기 좌병사의 관군은 대오(隊伍)를 잃고 적의 세력은 풍우(風雨)와 같았습니다. 군중(軍中)에는 사람이 없어 평온하니 종자(從者)가 공(公)에게 들어가지 말기를 권했으나 공께서 눈물을 감추며 이르시기를 "오늘 나라의 원수를 갚지 못하면 적과 함께 하루도 살 수 없다" 하시고 말을 달리고 북을 쳐서 응원하니 부상자들마저 다시 일어났습니다. 가진 화살들이 다 떨어지고 힘도 다하게 되자 맨손으로 흰 칼날을 무릅쓰고 싸우시다가 북쪽에 머리를 두고 장렬하게 돌아가셨습니다. 더불어 17 의사(義士)가 같은 시점에 목숨을 다하시니 바로 이날이 8월 21일입니다.

초유사 학봉 김성일 선생이 소문을 듣고 경탄하여 이르기를 "이는 2백 년간 배양되어 물려준 교화가 아니겠습니까?" 하며 당일에 장계를 올렸는데 간략하게 말씀하시기를 "영천 유생 등이 창기의려(倡起義旅) 하시어 권응수와 더불어 7월 26일 영천의 적을 섬멸하시고 또 자인의 적을 격퇴하시고 8월 21일 경주 진영에 다다르셨는데 혹 권하기를 그곳에 들어가지 말라고도 하였으나 공께서는 듣지 않으시고 떨쳐 일어나시어 먼저 앞으로 나아가시어 깊이 들어가시니, 최인제, 정의번, 김연, 이득린, 이호인, 이영근, 이순복, 이지암, 류복홍, 전억주, 이득룡 한득의 전홍재, 손응현, 이일장, 류원걸, 이정분 등 17인이 같은 날 해(害)를 입으시니 충렬(忠烈)이 가히 가상하여 고인(古人)에게 부끄러움이 없기에 이름을 나열하여 장계로 알립니다."라고 하였습니다.

소경왕(昭敬王: 선조)이 특별히 죽음을 애도하고 동정하는 의식을 내리셨는데 공에게는 의빈부도사(儀賓府都事)를 추증하였습니다. 적들이 물러간 후 공의 아들과 동생이 전장(戰場)으로 가서 호곡하고 울면서 쌓인 시체 더미를 찾아보았으나 공의 시신(屍身)을 얻지 못하고 다만 옷과 띠로서 초혼

32) 정 호수(鄭 湖叟) : 조선 의병장인 정세아(鄭世雅 1535~1612)의 호. 자는 화숙, 본관은 연일 윤량의 아들. 1558년 사마시에 합격, 임난에 의병대장으로 영천의 적을 격퇴. 황산도 찰방을 역임하고 장현광, 조호익, 이준 등과 학문 토로하며 후진을 양성함. 병조판서에 추증.

33) 정 창대(鄭 昌臺) : 조선의 무장인 정대임(鄭大任 1553~1594)의 호. 자는 중경, 본관은 연일, 임난에 의병을 모아 당지산에서 복병으로 적을 대파. 이어 영천에서 전공을 세우고 돌격장으로 울산 탱화진에서 역전한 공으로 예천군수가 되었고, 1594년 무과에 급제한 뒤 왜군과 싸우다 전사함. 호조참판에 추증됨.

(招魂)하여 청송군 현서면 문천리 세 봉의 유좌(酉座: 서쪽) 언덕에 장사를 지내니 어쩌면 그다지도 슬프겠습니까?

지극히 어진 하늘이 어찌하여 우리 충의사(忠義士)를 나았으며 어찌하여 우리 충의사를 데려갔습니까? 살아서는 의사가 되었고 죽어서는 충혼이 되었으니, 삶과 그리고 죽음이 비록 공에게야 더함이나 덜어냄이 없지만, 다음으로 한탄스러움은 살아서는 능히 그 쌓아 올린 것을 다하지 못하고, 죽어서는 능히 그 공로에 갚아주지 못하였으니, 이것이 천고(千古)의 유장가(儒將家)가 슬퍼하고 애석하게 여기는 바입니다.

처음에 공이 영천에서 전투하며 죽지 않았던 것은 하늘이 공의 의(義)를 들어냄이었고 두 번째 자인 전투에서 죽지 않았던 것은 공의 능력(能力)을 드러냈으며 세 번째 경주 전투에서 죽게 하였던 것은 공의 충절(忠節)을 드러낸 것입니다. 저 열열(烈烈: 위세가 떨침)하고 굉굉(轟轟:성대함)한 기운이 우주의 끝까지 채워져서 밝음은 일성(日星)이 되고 빨리 달림은 뇌정(雷霆: 천둥소리)이 되며 뻗어남은 무지개가 되나니, 대동(大東)의 삼천리에 공이 의로서 죽을 지역이 아닌 곳이 없는데 어찌 반드시 그 산의 높음과 그 구덩이의 가운데인 뒤에라야 비로소 밝아지랴!

돌아가신 지 몇 년 후 조정에서 복호(復戶)의 명(命)을 내리고 사림(士林)에서 제수(祭需)를 마련하여 제사를 지내고 군(郡) 관아에서 방문하여 그것을 기리고 칭찬하는 글을 짓게 하였는데 제현(諸賢)의 신필(信筆)이 있었고 또 비교하여 나타내었는데 마침내 단서(丹書)[34]와 철권(鐵券)[35]에 쓰여 왕부(王府: 의금부)에 보관되니 백대(百代)에 밝게 빛납니다.

아! 공을 죽었다고 하겠습니까? 살아 계시는 것이 아니겠습니까? 하늘이 태어나시게 하고 의로서 죽게 하셨으니 충성된 사람입니다. 충의에 우리가 어찌 불만스럽겠습니까? 공의 배(配)는 숙인(淑人) 창녕 조씨 사인(士人) 이관(以觀)의 따님이 부덕(婦德)을 갖추었으며 임술년에 태어나시고 계묘년에 돌아가셨습니다. 묘(墓)는 군의 동쪽 추곡(追谷: 지금의 고경면) 산하 이동(梨洞: 배골) 성황 북진에 자리하고 있고, 아들 1명과 3명의 손자를 두셨는데 아들 위는 훈련 부정을 지내셨고 맏손자 종업 둘째 손자 종선, 막내 손자 종검이며 증손 현 손 이하는 다 기록하지 못하겠습니다.

오늘 갈명(碣銘)을 11세손 수락(秀洛)씨가 청(請)하여 왔습니다. 생각건대 못난 제가 뛰어나심을 감당하지 못하겠습니다. 더구나 우리의 남전(藍田), 추계(楸溪), 대재(大齋)의 삼 공(三 公)께서 공과 함께 앞뒤에서 같은 의(義)로 같이 돌아가셨습니다. 그래서 그 충의(忠義)를 일찍부터 늘 우러러 사모했습니다. 그 일가 친족이 있는 후손의 고향 후배의 도리로서 더욱이 어찌 끝내 사양하겠습니까?

---

34) 단서(丹書) : 임금이 붉은 글씨로 공신에게 써주던 표. 금석에 새긴 글

35) 철권(鐵券): 공신에게 나누어 주던 훈공을 기록한 책

명(銘)을 지어 말하노라.

공은 의리로써 살았고, 공은 충성으로써 죽었으니,
오직 의리와 충성은, 누구와 더불어 공(功)을 다투랴!
위로 푸른 하늘에 하소연하며, 중심이 적전(赤箭)같이 붉었고,
아 일백 장부(長夫)에 특이하였으니, 4척의 높은 봉분이네.
제가 그것을 크게 밝혀 알리오니 무궁(無窮)하소서.

묘갈명(墓碣銘) 병서(並書)

영가((永嘉) 권상익(權相翊)[36] 찬(撰)

내가 젊었을 때 영천성 수복의 기록을 읽고 위연(喟然)히 탄식하였나니 영천에는 많은 충의지사(忠義之士)가 무리로 일어나 소리치며 성(城)을 그렇듯 쉽게 수복하였으나 경주에 이르러서는 적과 싸우시다 패(敗)하시었는데, 자줏빛 저고리에 가는 띠로 연이어 묶으시고 17인이 함께 돌아가시니 얼마나 장한 일이던가?

남계 손응현의 자는 자임으로 그중의 한 분이다. 그 조상은 경주인이니 문효공 휘 순(順)이며 효(孝)로써 감동하여 석종(石鐘)을 얻은 사실이 고려사에 기록되어 있다. 감찰대부 등(登)은 태조(太祖: 이성계)가 등극하기 전에 친하였던 사이로 산행시(山杏詩)를 올리고 높은 절개를 지켰다. 감찰공(監察公)이 계성군 사성을 낳으니 참의(參議)이요 증병조참판(贈兵曹參判)이다. 아들이 넷이었는데 셋째가 흔(昕) 이고 성균생원(成均生員)이었다. 생원공이 세돈(世暾)을 낳고 세돈(장사랑)은 희(曦)를 낳으니 충순위(忠順衛)이다. 이분이 경주 김씨에게 장가들어 공을 낳으니 명종갑자년(明宗甲子年)이었다. 어려서부터 심중강의(深重剛毅)하였으며 지략(智略)이 있어 그 어른이 특히 사랑하였고 항상 충효(忠孝) 두 글자를 손으로 쓰고 말로 가르쳤다. 집안이 어려워 몸소 농사를 지어 부모를 봉양하고 부모님이 돌아가신 후에는 영천의 거여리(巨余里: 금호읍 황정리)에 집(남계 정사)을 짓고 글을 읽으면서 세상에 아무 뜻이 없는 듯 조용히 지냈다. 다만 옛사람들의 충의로운 죽음을 좋

36) 권상익(1863~1935) : 일제 강점기 파리 장서 사건과 관련된 독립운동가. 본관은 안동, 자는 찬수, 호는 성재, 경상북도 봉화 유곡리(닭실마을) 출신. 김홍락의 문인으로『성재집』(28권)이 있다.

아하여 그런 일에 비분강개(悲憤慷慨)하여 스스로 본받고자 하였다.

임진란(壬辰亂)에 이르러 눈물을 씻고 일어나 이르기를 "임금께서 몽진(蒙塵)하시었는데 신하가 구차스럽게 살 때가 아니다. 영천 경주는 우리의 고향 고을인데 적에게 점령당하여 소굴이 되다니 우리의 수치입니다"라 하고, 동지를 규합하여 의병을 일으켜 특별히 그 깃발을 중심(中心: 忠)이라고 하였다. 7월 27일 여러 의병장과 함께 영천을 수복하였으니 사람들은 말하기를 영천의 적이 섬멸됨으로써 군위, 의성의 길이 끊기고 안동, 경주의 적들이 서로 연락이 끊김으로써 5군이 소생의 길을 되찾게 되었다고 하였다. 복병을 설치하여 적을 무찌른 것이 영천이 처음이다.

8월 7일 자인에서 적을 무찌르고 21일 전장을 옮겨서 경주의 서천에서 싸우게 되었는데 관군이 먼저 무너짐에 의병들이 지탱할 수가 없었다. 공은 16인과 함께 화살이 다함에 피를 뿌리면서 종일을 싸웠는데 한 사람도 발길을 돌리는 사람이 없었다. 싸움에는 비록 패하였으나 정의로운 부르짖음은 크게 떨쳐 사람으로서의 기강을 부지수립(扶持竪立)함으로써 적들의 간담을 서늘하게 하였다. 그러므로 식자들은 말하기를 그 공(功)이 전날의 승첩보다 못하지 않다고 한다. 학봉(鶴峯) 김 선생(김성일)이 초유사(招諭使)로서 달려가 계(啓)를 올려 의사들의 사적(事跡)을 보고하여 모두 포증(褒贈)을 받게 되었다. 공에게는 봉훈랑의빈부도사(奉訓郎儀賓府都事)가 되고 복호(復戶: 요역(徭役) 면제) 되었다. 정조 임금 경자년(서기 1780년)에 고천(古川)의 순국사(殉國祠)에 함께 제향(祭享)하게 되었다.

공이 돌아가실 때가 29세였다. 집안사람들이 공의 시신을 찾았으나 얻지 못하고 의관(衣冠)으로 초혼(招魂)하여 청송 문천리 세봉(細峰) 진향(震向)에 장사 지냈다. 배(配)는 창녕 조씨이며 아들 위(暐)를 두셨는데 훈련부정(訓練副正)이요, 손자는 종업(宗業) 종선(宗善), 종검(宗儉)이다. 나머지는 다 기록하지 못한다. 후손 영달(永達), 진택(晋澤) 등이 행장(行狀)을 가지고 와서 말하기를 "우리 할아버지의 충렬이 사서에 뚜렷이 드러나 있는데 아직 아무런 표석이 없으니 이는 자손으로서 마음 아픈 일입니다. 바라건대 묘갈이 있어야겠습니다." 고 하였다. 이에 명(銘)하노니

베옷 입은 현인(賢人)이요 군복 입은 걸사(傑士)로다.
조적(祖逖)[37]의 맹세요 장순(張巡)[38] 허원(許遠)[39]의 절개로다.
씩씩한 차림새의 열일곱 장사여 정충은 해와 별을 꿰뚫고 뼈는 모래 속에 묻었도다.

---

37) 조적(祖逖) : 진(晋)나라 때의 장군

38) 장순(張巡) : 당나라 안녹산 난 때의 충신

39) 허원(許遠) : 당나라 안녹산 난 때의 충신

이에 적을 무찌르니 우리에게 사람이 있다. 이르더라!

의관(衣冠)을 모신 무덤 편석(片石)도 못 세웠으니 이에 명시(銘詩)를 새기어 후세에 전하노라.

십의사 유사략(十義士 遺事略)

증 봉훈랑 의빈부도사 남계 손공(贈 奉訓郎 儀賓府都事 南溪 孫公)

공의 휘는 응현이시고 자는 자임이시며 호는 남계이시고 월성인이시며 계성군 사성의 후손이시고 충순위 희의 아드님이십니다. 만력(萬曆) 갑자년 10월 13일 청송부 문천리에서 출생하셨으며 어려서 뛰어나게 훌륭한 뜻을 지니시고, 성장하면서 고을 사람들이 칭하기를 영매하고 기개와 도량을 지니셨다 하였는데 벗들로부터 공경하고 중하게 여김을 받으셨습니다. 임진년 4월 왜구들이 갑자기 들이닥치니 같은 군의 뜻있는 선비들이 창의 기병하여 날짜를 약속하여 진영으로 가실 때에 아우 응창의 손을 어루만지며 탄식하여 이르시기를 "우리는 대대로 녹을 받는 후예로 가정에서는 충효의 가르침을 받았는데 오늘 임금이 몽진하시니 맹세코 적들과 함께 살 수 없다. 아들 위를 네가 위로하여 보호하고 후사를 잇도록 하여라" 하시고 이에 나무를 잘라서 장대를 만들고 베를 찢어서 기를 만들어 중심(中心) 글자를 쓰시고 팔을 당겨 하늘 높이 화살을 깃발에 거시고 이르시기를 "적을 못 죽이면 내가 반드시 죽는다" 마침내 먼저 나아가시어 적을 토벌하시고 영천을 수복하고 또 자인에서 승리하시고 동도(東都: 경주)에 이르러셨는데 대군(大軍)이 적을 잘못 보았는데 적의 기세가 점점 세어져서 같은 진영의 의사 17인이 동시에 목숨을 다하시니 8월 21일입니다. 적이 물러난 뒤 응창과 위가 전장으로 가서 시쳇더미에서 시신을 찾지 못하여 남기신 옷으로 초혼하여 장사를 지냈습니다. 초유사 김성일이 보시고 조정에 아뢰니 의빈부도사를 주셨습니다.

—『충현록』에 조기희의 유사, 손후익의 행장, 권상익의 묘갈명 게재

증 통훈대부 형조정랑 소곡 김공 (贈 通訓大夫 刑曹正郎 召谷 金公)

공의 휘는 대해 자 홍도 경주인이시고 아버지 휘는 건, 참봉을 지내셨고 어머니는 오천 정 씨 선릉참봉 증좌통례공(贈左通禮工)의 따님이시고 가정(嘉靖) 갑진년 3월에 태어나셨고 공께서는 군 남쪽 소곡리 집에서 유년에는 자태가 뛰어나시고 성장하시면서 지략과 용기를 많이 갖추었습니다. 임진년에 적이 동래, 울산을 함락시키고 여러 성이 무너질 때 공께서 포의를 두르시고 분개하시면서 순국의 뜻을 지니시고 흩어진 집안의 재산으로 모병 창의하시니 고을에서 도망하여 흩어진 사람들이

소문을 듣고 모였습니다. 함께 돌아가신 족숙(族叔) 연과 매서(妹壻) 정대임과 생원 최인제 등 여러 사람과 영천 수복을 의논하실 때에 공의 담력과 지략이 보통 사람보다 뛰어나셨습니다. 수문장(守門將)을 추천받으셨고, 영천이 수복되고 또 자인 전투에서 승리하고, 동도(경주)로 가셔서 서천에 이르러 여러 장수가 편안하게 있으니 공께서 칼을 들고 떨쳐 일어나시어 싸움을 하도록 독려하셨으나 병세(兵勢)는 갑자기 기울어지고 대군(大軍)은 기율을 잃게 되니 적은 기세가 올랐는데 공께서 팔뚝을 걷어붙이시고 크게 호통치며 몸으로 부딪치며 싸우셨습니다. 김연 및 최인제, 정의번, 정석남, 이영근, 이지암, 이일장, 이득룡, 이득린, 손응현 등 힘을 다하여 싸우시다가 돌아가셨으니 8월 21일입니다. 초유사 김성일이 달려가시어 아뢰니 조정에서 특별히 기림을 행하여 형조정랑을 주셨습니다. 공께서 진으로 처음에 가실 때 자주색 저고리를 몸의 옷에 붙여 갖추도록 하고 아내에게 이르기를 "적을 멸하지 못하면 내가 반드시 죽거늘 이때를 당하면 증거로 삼고 시신을 구하면 칼자루에 자주색 저고리에 손을 감아 몸에 붙여 놓았을 것이니" 하셨는데 늠름하신 모습이 죽음을 삶같이 여기시고 두려워하지 않으셨으니 돌아가신 선영(先塋)에 장례를 치렀습니다.

—『충현록』에 김정수의 유사, 이정병의 행장, 유치명의 묘갈명 게재

증 선무랑 한성부판관 노항 김공(贈 宣務郎 漢城府判官 魯巷 金公)

공의 휘는 연이시고 자는 언홍이며 호는 노항으로 경주인이시고 아버지의 휘는 응정이며 참봉을 지내셨고 어머니는 오천 정 씨 사정을 지내신 사순의 따님이시고 공은 임자년에 군의 북쪽 장항촌(獐項村)에서 태어나셨습니다. 어려서도 준영(儁穎) 하시며 보통 아이들과는 다르셨고 어린아이였을 때 부모님 상을 당하여 몹시 슬퍼하시었는데 상례를 어른같이 잘하셨고 자신을 다스렸는데 밭 한 뙈기 없이 고생하셨는데 식량이 떨어졌어도 이웃의 도움을 받지 못했으나 개의치 않고 독서를 밤을 이어 하셨고 엄동이나 혹서에도 의대(衣帶)를 반드시 삼가 조심하셨고, 벗들의 실없는 소리에는 입을 열지 않으셨고, 일을 만나서 의논할 때는 이해를 따지지 않으시고 옆 가까이에서 의견을 말씀하셨습니다. 회호(回互)하여 만력 20년 여름 4월 왜구가 크게 일어나 침입하니 공께서 곧 분연히 창기 향병(鄕兵)한다고 타이르시니 충의로서 한때의 이름난 인물들이 소문을 듣고 다다랐고, 적이 점거한 본읍(영천)성을 네 곳으로 나누어 베고 노략질하니 공께서 마침내 여러 고을의 의장(義將)들과 함께 좌우에서 도와 공격하여 대파(大破)하여 영천성을 수복하고, 자인에서 승리한 후 동도(경주)에 이르러 아들 취려를 돌아보며 이르시기를 흰 명주 천을 가져오게 하시어 우리들의 성명을 쓰시고 "무릇 싸움에 전진만이 있고 후퇴는 없다." 하시고 "너희들이 나를 찾으려면 뼈 한가지만 있을 것이다" 라고 하시고 서천에 이르니 좌장군 박진이 기율을 잃어 아군이 어지러웠고 적은 기세가 올랐습니다. 공 및 사종질(四從姪) 대해, 최인제, 정의번, 이영근, 이일장, 이득린, 이지암, 정석남, 손응현

등이 힘을 다하여 싸웠으나 돌아가시니 8월 21일이었습니다. 아들 취려가 공의 시신을 찾으려고 시체 더미에서 의대(衣帶) 사이의 흰 명주에 쓰인 글씨를 보고 찾았으며 초유사 김성일이 달려가시어 아뢰었고 특별히 벼슬을 주시니 특증(特贈) 한성부 판관이고 임금께서 신하의 의견을 살펴 들으시어 잔치를 베풀어 주시고 복가(復家)를 해주셨습니다.

—『충현록』에 김두현의 유사, 이호상의 행장, 김도화의 묘갈명 게재

증 통덕랑 호조정랑 만정 최 공(贈 通德郎 戶曹正郎 晩亭 崔 公)

공의 휘는 인제이시고 자는 성부이시며 영천인으로 가정 경신년에 망정리에서 태어나셨는데 아버지는 휘 경운이시며, 어머니는 경주 최씨 생원 덕숭의 따님이셨습니다. 공께서는 유복자로 태어나셨는데 7세 때 능히 글을 읽으시고 뜻을 풀어 밝히니 어머니께서 성심을 다하시고 글을 아신 후 공이 예절로서 섬기시고 지극히 효도하셨으며 문사(文詞)에 있어서는 빠르고 막힘이 없었습니다. 만력 무자년 중에 생원이 되셨으며 이듬해 집을 고치고 지붕을 새로 잇고 망호정에서 매일 벗들과 경사(경전과 사서)를 읽으시며 외우셨고 뜰의 두 그루 소나무를 아끼고 사랑하시어 그 이름을 만취(晩翠)라 하시고 노니셨습니다. 임진년에 태학(太學)에 계실 때 왜구들이 갑자기 쳐 들어오니 공께서 도(道)의 남쪽 어머니에게 내려가셔서 절하고 군막(진영)으로 가실 때에 어머니께서 앉거나 눕거나 계속 늘 강개하여 눈물을 흘리시며 이르시기를 "임금과 어버이에게 하나에서 아홉까지 충효로서 서로 허물없이 가깝거늘 너는 순국의 뜻이 있으니 우리가 어찌 섭섭하지 않겠는가?" 공이 명을 받들어 감동하여 우시고 마침내 고을 사람들과 함께 창의하시어 동지를 모으시고 권응수 진영으로 가시어 승리하시고 박연에서 토벌하시어 본군(영천)의 적을 남김없이 섬멸하시고 경주로 가시어 힘을 다해 싸우셨는데, 서문 밖은 이미 아군 대장이 기율을 잃고 적은 기세가 올라 발로 차고 짓밟으니 공께서 해(害)를 입으셨습니다. 공의 장남 여곤이 16세였는데 2명의 종을 데리고 달려가서 전장의 시체더미에서 시신을 찾았으나 찾기 어려웠는데 공의 시신은 홀로 다리 가에 엎드려 있었고 오히려 생기가 있었습니다. 초유사 김성일이 달려가서 아뢰니 특별히 호조정랑을 주셨고 신축년에 다시 일결(一結)을 주시고 그것을 기렸습니다.

—『충현록』에 최우직의 유사, 이종기의 행장, 손후익의 묘갈명 게재

증 통훈대부 공조정랑 도천 정공(贈 通訓大夫 工曹正郎 道川 鄭公)

공(公)의 휘(諱)는 석남(碩南)이시고 자(字)는 대경(大卿)으로 영일(迎日) 계(系)에서 나왔고, 아버지의 휘(諱)는 승윤(承胤)이시고 어머니는 안씨(安氏)이시며 공은 가정(嘉靖) 신유년(辛酉年)에 도천리(道川里) 집에서 태어나셨으며, 어려서부터 지덕(智德)이 뛰어나셨고 자라서는 기특한 기운

이 있어 실수가 적었고 가정의 가르침으로 스스로 분발하시어 배움에 힘을 쏟으셨고, 어머니를 지극한 정성으로 봉양(奉養)하셨으며 상(喪)이 끝날 때까지 여막(廬幕)에서 3년을 지내셨는데 박사(博士) 업(業)을 포기하지 말라고 늘 권하는 사람이 있었는데 응하지 아니하였습니다. 차가운 샘(寒泉)을 본떠 무덤의 초막(草幕)을 지었는데 집의 자제(子弟)들이 왕래하여 놀고 쉬기도 하였으며, 집에서 구름을 바라보시고 돌아가신 스승을 생각하며 읊은 시가(詩歌)가 있는데 정공(鄭公) 서당동(書堂洞)의 후세(後世) 사람들이 공(公)의 충절행의(忠節行義)를 사모하여 그 들보에 편액(扁額)을 거시었는데 이르기를 충효재(忠孝齋)라 했다. 임진년 섬 오랑캐(왜구)가 침입하였다는 소문을 들으시고 여러 의사(義士)와 창의(倡義)하여 일어나서 따라오셨는데 공(公)은 서생(書生)이셨습니다. 단정히 사시면서 의지를 꺾으신 듯 죽(粥)을 드신 듯이 마치 무능한 사람 같았습니다. 그러나 전쟁에 임하여서는 적(賊)을 보시고 의기(義氣) 백배(百倍)하시어 무사(武士)들도 모두 미치지 못하였습니다. 군중(軍中)에는 존귀한 사람이 없게 하고 세심하게 마음을 다하시어 군량을 모으고 병사(兵士)를 징발하신 것이 모두 도움이 컸었습니다. 이해(임진년) 가을에 적(賊)이 본 읍성(영천성)을 점거하고 있었는데 본 읍의 의사(義士) 및 여러 고을의 의장(義將)들이 협력하여 화공(火攻)을 써서 크게 이겼는데 공(公)께서 적을 베거나 사로잡은 사람이 많았으며 영천이 수복되고 자인(慈仁)에서 싸워 이기시고 기세(氣勢)를 몰아 월성(경주)으로 공격하러 나아가시어 서천(西川)물가에 이르시니 말이 어지러이 뛰고 군중(軍中)이 용동(聳動)하여 갑자기 움직이고 박진(朴晉)이 기율(紀律)을 잃었고 공께서는 화살이 다 떨어지고 힘이 다하시니 이영근, 정의번, 최인제, 김연, 김대해, 이지암, 이일장, 이득룡, 이득린, 손응현 등과 함께 모두 돌아가셨습니다. 곧 8월 21일입니다. 초유사 김성일(金誠一)이 사유(事由)를 갖추어 아뢰니 공조정랑(贈工曹正郎)을 주셨고 그 후에 또 본도(本道)의 그 집을 복가(復家)해 주셨습니다.

—『충현록』에 정만양의 유사와 행장, 유치명의 묘갈명 게재

증 봉훈랑 한성부판관 쌍계 이 공(贈 奉訓郎 漢城府判官 雙溪 李 公)

공의 휘(諱)는 영근(榮根)이시고 자(字)는 경무(景茂)이며 호(號)는 쌍계(雙溪)인데 영천인(永川人)으로 아버지의 휘(諱)는 정국(定國)이시며 훈도(訓導)를 지내셨습니다. 어머니는 창녕조씨(昌寧曺氏) 응소(應召)의 따님이셨고, 공께서는 가정(嘉靖) 갑자년(甲子年)에 군(郡)의 서쪽 쌍계촌(雙溪村)에서 태어나셨습니다. 8세 때 경전(經典)과 사서(史書)를 통(通)하셨고, 12세 때 어머니의 상(喪)을 당하시어 곡(哭)하며 우시는(泣) 것이 어른 같았으며, 훈도(훈도)께서 화산이씨(花山李氏)에 장가드시니 공께서 지극한 정성으로 효도(孝道)하셨고, 아우 영간(榮幹)과는 우애(友愛)를 더욱더 도탑게 하시었고, 아버지의 병환에 손가락을 잘라 피를 내어 약(藥)으로 드렸으니 그 도타운 효도는 이

와 같았습니다. 임진년에 왜구(倭寇)가 갑자기 일어나니 공께서 비축해둔 식량을 부리는 종(僕)에게 나누어 주시고, 오히려 걱정하시면서 급함을 당하여 서로 이별함으로써 저축해둔 주머니의 돈으로 부모님을 굶주림에서 구할 수 있는 재물(財物)이 되는 장점이 있었고 자신의 몸에 휴대하여 부모님과 처자식을 숨겨 봉양(奉養)하시었고, 산(山)은 푸르고 붉은빛이 없고 일행(一行)이 어찌 편안한 때를 얻을 수 있으리오? 소문을 들으니 적(賊)이 경성(京城)에 닿으니 공의 아버지께서 우시며 말씀하시기를 "우리는 늙었고 또한 병들었다. 만약 네가 창의(倡義)하여 적을 토벌한다면 비록 죽어도 영예(榮譽)일 것이니라" 하시니 공께서 명(命)에 즉시 "예" 하고 큰소리로 대답하시고, 사내종(蒼頭) 몽석(夢石)과 함께 행장(行裝)과 무기, 칼을 준비하여 진(陣)으로 가실 때에 그 처(妻) 최 씨(崔氏)에게 말씀하시기를 "우리들이 살아서 돌아오기는 어려우니 반드시 부모님 잘 봉양하여 모시고 홀로된 아이를 잘 키우시오" 하시니 최씨가 답하여 이르시기를 "충효대의(忠孝大義)를 첩(妾)이 또한 알 거늘 어찌 감히 남편의 뜻을 어겨 눈물을 머금겠습니까?" 하시고 10리를 보내신 후, 비로소 크게 소리치시고 땅을 두드리시니 구덩이가 1 척(尺) 정도 생겼었습니다. 공(公)과 여러 의사(義士) 및 여러 의장(義將)과 협력하여 화공(火攻)으로 영천(永川)을 수복(收復)하시고 또 자인(慈仁)전투에서 승리하고 나란히 경주(慶州)에 이르시니 여러 의사(義士)들이 공께서 재주와 꾀가 있다고 하시어 군중(軍中)의 일과 령(令)을 다 상세히 살피셨습니다. 서성(西城) 밖에 이르시어 공께서 여러 의사를 돌아보시며 이르시기를 "오늘의 전투는 전진만 있고 후퇴는 없다" 하셨는데 갑자기 절도사(節度使) 박진(朴晉)이 기율(紀律)을 잃어 아군이 크게 무너지고 마침내 정의번, 최인제, 김연, 김대해, 정석남, 이지암, 이일장, 이득룡, 이득린, 손응현 등이 힘을 다해 싸웠으나 함께 돌아가시니 이에 8월 21일이었습니다. 몽석(夢石) 역시 싸웠으나 적에게 해(害)를 입었고, 초유사 김성일이 사유를 갖추어 아뢰니 한성부판관(贈漢城府判官)을 주셨고 후에 또 명(命)을 내려 복가(復家)해 주셨습니다.

—『충현록』에 김현주의 유사와 행장, 유필영의 묘갈명 게재

증 봉훈랑 한성부판관 사촌 이공(贈 奉訓郎 漢城府判官 沙村 李公)

공의 휘는 지암(之馣)이시고 자(字)는 여욱(汝郁)이시며 성주인(星州人)이십니다. 통덕랑인의(通德郎引儀) 영종(榮鍾)의 아드님이십니다. 융경(隆慶) 을미년(乙未年)에 군(郡) 서쪽 사촌리(沙村里) 집에서 태어나셨는데 공은 아량(雅量)이 넓고 두터웠으며, 일을 처리함에서는 온화하고 삼가셨고 배움에는 뜻을 도탑게 하시어 힘쓰셨습니다. 이 공은 영근(榮根)과는 같은 동네 담장을 사이에 두고 사셨는데 사이좋게 배우시며 연마하시는 정성이 있었습니다. 임진년에 부모님을 봉양하시면서 공산(公山)에서 피난하시었는데 비록 몹시 혼란하고 수선스러운 중이었으나 몸을 편하게 하는 물건을 정성껏 공급해 드렸다. 하루는 같은 고을의 의사(義士)들이 창기(倡起)하였다는 소문을 들으시고 거

동과 모습에 불쾌한 빛을 드러내시고 저기상(底氣象)을 떨치고 일어나시는데, 공의 아버지께서 이르시기를 "임금과 부모는 하나로 같다. 너는 집에서 가거라." 하시니 공이 눈물을 머금고 절하며 물러 나와 경주에 이르니, 경주의 여러 의사(義士)가 공(公)으로 하여금 붓을 잡고 모든 군중(軍中)의 일을 살피고 검사하시라고 하여 남김없이 모조리 처리하셨고 서천(西川) 냇가로 나아갈 때 따라가시어 정의번, 최인제, 김대해, 이영근, 이일장, 김연, 정석남, 이득룡, 이득린, 손응현 등과 동시에 힘을 다해 싸우시다가 돌아가셨으니 이때가 8월 21일이었습니다. 초유사 김성일이 사유를 갖추어 아뢰니 한성부 판관(漢城府判官)을 주셨습니다.

—『충현록』에 손후익의 유사와 행장, 손후익의 묘갈명 게재

증 통덕랑 의빈부도사 남전 이공(贈 通德郎 儀賓府都事 藍田 李公)

공의 휘는 일장(日將)이시고 자(字)는 성보(誠甫)이시며 벽진인(碧珍人)으로 아버지의 휘는 현(晛)이시고 주부(主簿)를 지내셨습니다. 공은 만력(萬曆) 모년(某年) 모월(某月)에 영천 추곡리(楸谷里) 집에서 태어나셨습니다. 어려서부터 기특한 자질이 있었으며 성장하여서는 부모에게 효도하시고 큰형 첨추(僉樞)를 지내신 일신(日新)과 둘째 형 봉사(奉事)를 지내신 일취(日就)와 함께 독서를 하시며 명성(名聲)을 나란히 나타내셨고, 이에 일가족종(一家族從)의 완정공(浣亭公) 언영(彥英)과 함께 한강(寒岡) 정 선생(鄭逑)의 문하에 출입하였으며, 임진년에 일본 왜구가 침입하여 8도를 횡행(橫行)하여 무너뜨리니 공(公)께서 눈 같은 눈물을 흘리며 활을 잡아당기고 일어나며 두 조카 득룡(得龍)과 득린(得隣)에게 이르시기를 "너희들이 같이 가겠느냐? 나의 계획은 이미 결정되었다.", 또 셋째 조카 득봉(得鳳)을 돌아보며 이르시기를 "너는 집안 일을 마땅히 주관하여 돌보라" 하시었다. 이때 세 아들이 무기와 칼을 갖추어 와서 울었다. 이에 함께 아울러 식구들을 인솔하고 집의 하인에게는 "사재(私財)를 다하여 조상님의 사당을 세우라" 이르시고 처자식과 같은 고을의 의사(義士)들과 함께 한마음으로 박연(朴淵)의 적을 무찌르기 시작하여 승리하시고 두 번째 승리는 영천성(永川城)에서, 세 번째 승리는 자인(慈仁)에서 거두고 또 경주(慶州)로 공격하러 갔는데 전세(戰勢)가 뒤집혀 서천(西川)에서 적(賊)의 기세(氣勢)가 가득 차게 열려 공께서 스스로 힘써 분투(奮鬪)하였으나 더욱 함락(陷落)당하고 더욱 나아가며 힘을 다해 싸웠으나 돌아가시게 되었습니다. 득봉(得鳳)이 시신을 찾으러 갔으나 얻지 못하여, 옷과 띠로 초혼(招魂)하여 장사(葬事) 지냈습니다. 초유사 김성일이 아뢰어 의빈부도사(贈儀賓府都事)를 주셨습니다.

—『충현록』에 이경증의 유사, 이천영의 행장, 유연귀의 삼의사묘하비명 게재

증 봉훈랑 한성부판관 행 장사랑 선공감봉사 추계 이공

(贈 奉訓郞 漢城府判官 行 將仕郞 繕工監奉事 楸溪 李公)

공의 휘는 득룡(得龍)이시고 자(字)는 사운(士雲)이시며 아버지의 휘는 일신(日新)이시고 첨지(僉知)를 지내셨으며, 공(公)께서는 집안의 가르침으로 학문을 잘 닦으셨는데 셋째 아우 전룡(田龍)과 완정(浣亭)의 언영(彥英) 집에서 배우셨는데, 일찍이 지방의 과거시험(鄕試)을 포기하시고 집을 지어서 사셨는데 날이 밝도록 단정히 앉아서 책을 읽으셨고 부모님을 새벽과 황혼에 모시었고, 아침저녁으로 물을 갖다 드리며 보살폈습니다. 오직 부지런히 하셨는데 고향 마을에서 효행(孝行)과 청렴(淸廉)한 사람으로 추천하였으나 버리셨으며 선공감봉사(繕工監奉事)에도 나아가시지 않으셨고, 섬나라 오랑캐의 난(임진왜란)으로 작은아버지 일장(日將)을 모시고 눈물을 흘리시며 기계를 수리하는 모병(募兵)에 대장이 되시어, 현혹게 함과 기묘하게 공격하는 무기를 만드셨는데, 엎드려 있다가 옆에서 적(賊)을 공격하여 많이 베었습니다. 월성(경주)에서의 전투에서 같은 진(陣)의 의사(義士) 17인이 창칼과 화살을 무릅쓰고 싸우시다가 같은 날 함께 목숨을 다하셨고, 사촌 아우 득봉(得鳳)이 옷과 띠로 장사(葬事) 지냈습니다. 그때의 사람들이 일록(日錄) 중에 이르는 말이 있는데, "이공(李公)의 여러 아저씨와 조카의 의기(義氣)는 정충헌(貞忠軒) 천지(天地)에 있고 해와 달 같이 빛나며 또, 이르기를 정기(正氣)는 한 집에 모였도다." 초유사 김성일이 아뢰어 한성부판관(漢城府判官)을 주셨습니다.

—『충현록』에 이경증의 유사, 이천영의 행장, 유연귀의 삼의사묘하비명 게재

증 봉훈랑 한성부판관 대제 이공(贈 奉訓郞 漢城府判官 大霽 李公)

공의 휘(諱)는 득린(得隣)이시고 자(字)는 성상(聖祥)이시며 아버지의 휘(諱)는 일취(日就)이시고 봉사(奉事)를 지내셨습니다. 공께서 평소에 일이 없이 지내실 때는 마음속 품으신 생각이 활달하시며 여유로우셨고 또한 무리하지 않으셨습니다. 임진년(壬辰年)에 왜구(倭寇)가 갑자기 침입하여 영읍(영천)은 적(賊)의 중요한 지점의 길이 되므로 공께서 강개(慷慨)하시어 눈물을 흘리시며 계부(季父)인 일장(日將)과 종형(從兄)인 득룡(得龍), 계제(季第)인 득봉(得鳳) 및 같은 군(郡)의 여러 의사(義士)들과 힘을 합하여 본성(영천성)의 적(賊)의 소굴을 없애셨고, 또 박연(朴淵)과 자인(慈仁)에서 기습(奇襲)하여 적을 물리치셨고 전장(戰場)을 옮기시어 동도(경주)에서의 전투에서 같은 군(郡)의 17인이 일시(一時)에 목숨을 다하시어 돌아가셨습니다. 득봉(得鳳)이 옷과 띠로 초혼(招魂)하여 장사(葬事)를 지냈습니다. 초유사 김성일이 아뢰었고 한성부판관(贈漢城府判官)을 주셨습니다.

—『충현록』에 이경증의 유사, 이천영의 행장, 유연귀의 삼의사묘하비명 게재

남계실기 제2권(南溪實紀 卷之二)

- 충현록(忠賢錄) 서(序)
- 충현록(忠賢錄) 발(跋)
- 충현록(忠賢錄) 후지(後識)
- 충현록(忠賢錄) 후서(後敍)
- 추모사 사적(追慕祠 事蹟)
- 고천 순국사 사적(古川 殉國祠 事蹟)
- 고천서당사적(古川書堂事蹟)
- 고천서원 사적(古川書院事蹟)
- 묘도수갈시 고축문(墓道竪碣時 告祝文)
- 고천 서원 묘우 단청 시 환안(還安)고유문
- 고천서원 승호시운(陞戶 詩韻)
- 충현록(忠賢錄)간역(刊役)시운(詩韻)

남계실기 제2권(南溪實紀 卷之二)

충현록[37] 서(忠賢錄 序)

금성(錦城) 정범조(丁範祖)[38] 찬(撰)

임진왜란에 왜구를 한 명도 남기지 아니하고 무찌른 한산도 대첩과 행주대첩에서 전사한 이들과 동래부(東萊府) 진양(晉陽)에서의 일꾼과 이순신 장군과 권율 장군의 충용(忠勇)과 지략(智略)은 보통 사람보다 뛰어났다. 그래서 오히려 한직에 맡겨졌으나 병권을 장악하고 힘과 기세를 펴서 적을 제압한 송 부사(宋 府使: 송상현 동래부사)와 최 절도사(崔 節度使: 최경희 경상우도 병마절도사) 등 모든 사람이 의(義)로써 순국(殉國)을 맹세하였다. 이는 진실로 두려울 정도로 기이하였다. 가히 이 땅을 수호함은 책임을 짊어지고 악착같이 지켜내는 일이다. 그리하여 17 의사의 의(義)는 영천 복성 승리와 경주 전투의 죽음으로부터 진정 벗어나지 못하게 되었다. 곧 여러 공께서 어찌 난을 보고 말하지 않겠는가.

낮에 김 사문 정수(鼎受: 소곡 김대해의 6세손)가 바야흐로 『충현록』 1권을 가져왔는데 제가 어찌 한마디로 경주에서 의를 위해 돌아가신 여러 공 무릇 17인을 덮을 수 있겠습니까? 『충현록』 중 두드러지신 10인을 비교하여 저술하는데 절반도 읽지 못하고 책을 가리고 크게 한숨 쉬고 눈물 흘리며 이르노니 오호! 열렬하도다. 여러 제공 선생들은 흰 얼굴의 서생일 뿐으로 본디 향리의 자제로 적의 노략질에 대비하지 않았었다. 집에서 간직하던 사병들이 분연히 떨치고 불꽃처럼 일어나 약속한 것처럼 관할청으로 모여들었다. 표범과 호랑이 입술 모양을 하고 다다랐으니 두려움에 달아나거나 할 의로운 모양이었다.

작은 봉토를 지키려고 진퇴하에 내가 있은 것이 아니었다. 흉한 불길이 오니 모두 후일을 도모하

---

37) 충현록 : 임진란 때 창의, 경주전투에 참여하여 적에 맞서 싸우다가 순국한 영천 출신의 의사 17인 중 10인의 행적을 기록한 책. 목판본, 영천 고천서원 발행, 정조 21년 정사년(1797년) 김정수 편집, 2권 1책 四周 雙邊 半郭 18.9cm*14.9cm, 有界, 10行 20字, 上下 內向 2 葉 花紋魚尾; 책 크기 26.3*19.2cm. 서문 1781년(정조 5년) 금성 정범조, 1797(정조 21, 발문 사수 목만중, 후지 기계 유한모, 내용 영천 10현 기록 활동 사항. 소장처: 한국국학진흥원, 미국 버클리대학교 동아시아 도서관(청구기호: 2293.5378)

38) 정범조(1723-1801) : 본관은 나주, 자는 법세, 호는 해좌로 조선 후기 형조판서, 예문관, 홍문관 제학 등을 역임한 문신. 해좌집 39권이 있음. 1781년『충현록』서문을 쓰다.

는 것이 어떨까 하는데 그 누가 말하기를 "아니 됩니다. 주인을 모신 사람으로서 누가 이 몸을 알아 줍니까? 그래서 목이 잘리고 배가 갈라져도 무릎 쓰고 싸우다가 같은 날 후회 없이 죽읍시다." 그리하여 충성이 더욱 격해졌다. 무릇 충과 의는 같은 것을 임금을 위해 떳떳하게 죽는 것을 순(殉)이라 한다. 임금을 위해 떳떳이 죽는다면 그것은 아름다운 것이다. 당시 전해지기를 지아비를 위해 굶고 훔치는 괴이함이 있었다. 진실로 일방적으로 임금을 위해 순절하는 것은 손가락을 꼽을 수 없으니, 영남이 최고이니 어찌 말할 수 있겠는가? 이르노니 유림의 어짊이 시간이 지나옴에 잠긴 바 되었으니 슬프도다. 저가 한스러워 부득이 십 현의 묘에 칼을 꽂고 술을 부어 강신하오니 혼백이시여 굽이 살피시어 별과 무지개 같이 빛내어주소서. 오늘 붓을 적시어 증 정랑공 6세 손인 정수(鼎受) 씨가 편집 중인『충현록』이름에 보태어 그 뒤에 쓰게 되니 또한 다행이로다. 정조 왕 5년 신축년(서기 1781년) 중하(仲夏)에 통정대부 전 승정원 우승지 금성(錦城) 정범조(丁範祖)가 쓰다.

충현록(忠賢錄) 발(跋)

사수(泗水) 목만중(睦萬中)[39]

속인들의 전하는 말로 영남(嶺南)은 유학을 숭상하고 관서북(關西北)은 무인을 장하게 여긴다. 평생 관서북의 난에서 쓰임을 본받아 그 공을 거두었다. 오늘 영천『충현록』을 읽으니 얕은 뉘우침이 부당하지 않다는 견해가 생긴다. 용사(龍蛇: 임진년과 계사년)의 불길이 전국에 타오르고 왜구가 서경(西京: 평양) 관서(關西: 평안도)를 움켜잡고 있어 대적할 건아(健兒)가 없었다. 그 칼날은 관서 여러 백성에게 이르렀는데 우두머리를 죽이고 적에게 투항하는 자가 있으니 어찌 무(武)로써 지킬 수 있겠는가?

영남은 실로 먼저 동래 울산이 적병들에 의해 피해를 보니 영천 경주는 마땅히 충격이 왔다. 그리하여 옷을 꿰매어 겨드랑이에 끼고 거친 나무판을 갈았다. 고을에서는 적병이 어지러이 날뛰고 관아의 우두머리에게 형구로 목에 씌웠다. 감히 함부로 마음대로 하지 못하게 하고 이틀에 한 끼로 견디고 평일에는 농사짓고 누에 치고 가짜 광대소리를 내었다고 한다.

39) 목만중((1727~1810년) : 조선의 문신으로 본관은 사천, 자는 유선, 호는 여와(餘窩)이다. 1759년(영조 35) 별시 문과에 병과로 급제하고 1786년(정조 10) 도사로서 문과중시에 장원급제함. 태천 현감을 거쳐 1797년 (정조21) 병조참의, 승지를 지내고 1798년 종2품 가선대부에 올랐다. 1801년(순조1) 신유 사옥때 대사간, 1806년 (순조6) 동지 돈녕부사, 1807년 지중추부사가 됨.

영천의 여러 군자 중『호수실기』후서를 쓴 김만철(金萬喆)이 앞장서 상소를 올렸다(復踵). 청하건대 “동도(경주)의 전투에서 싸운 역군 중 같은 날 돌아가신 17인의 이름과 성을 모두 함께 갖추어 구비하여 전하신 분은 학봉(鶴峯) 김 문충공(文忠公: 김성일)으로서 올린 글 중에 여섯 분은 후손이 없어 그 행적이 매우 미미합니다. 백암(柏巖) 정공(정의번)께서 이미 손수 별도로 보고『호수실기』를 장차 발간할 때 붙여넣게 하였습니다. 우리의 조상 노항공(김연)께서 같이 돌아가신 9현과 홀로 그 일이『충현록』에 있음을 돌아보고 자손에게 한마디 이르기를 “선비가 의로운 뜻이 없음을 근심하랴. 뜻을 세우면 기운이 따르고 의를 높게 하면 용기를 배로 하면 약하지 않다. 우려하는 성패는 부당하니 논하자면 군자 7척의 몸으로 날카로운 칼과 독을 품은 무리에게는 부족한 것으로 개미가 모여 벌에 저항하고 고향을 지키지 못하면 애통하고 분하게 그 고기를 먹고 계략 없이 충성스럽게 임금을 섬기는 마음으로 의롭게 빽빽하고 세찬 왜군을 바라보며 만약 백 개의 칼날과 쏘는 활을 피하지 않고 크게 소리 지르며 나아가며 죽음이 있을 뿐이다. 후퇴하지 않으면 살 것이고 후퇴하면 장수와 백성이 아니다. 계율을 잃은 관군이 먼저 무너지고 곧 추한 죽임을 당하였으니 성을 탈환하였고 북이 울리며 끝을 맺었다. 기특하고 빛나는 자취를 남기게 되니 어찌 영천의 한번 대첩으로 그치겠는가? 바람이 불어 풀이 움직여 숨어있던 뱀이 나오고 크게 여가를 내어 공을 따져 상을 내리는데 저 혼자 어찌 거드름을 피우고 거만하게 있겠는가?” 하셨다.

애석하도다. 세상 사람들은 견문과 견식이 부족하도다. 진실로 벼슬이 높은즉슨 진요(震耀: 악곡 이름) 이름이 높고 관직 추천이 있으나 포의(布衣) 입은 선비는 허리에 금붙이와 머리에 옥붙이를 얻을 수 없네. 공을 능히 헤아릴 수 있음인데. 아하! 하늘이 어찌 영남에 복을 내리지 않는가? 기호지방으로 가면 빈틈없는 수풀 골짜기에서 적의 칼날로부터 당하지 않게 그 꼬리를 잡아당길 수 없으니 부리 떨어진 군자가 되었다.

여러 군자께서는 어찌 지혜롭게 용기를 내어 도모하지 않느뇨. 위난을 끝낼 수 없고 한 몸을 아끼어 위급한 존망을 좌시할 수 없지 않습니까? 그래서 힘을 내어 초간에서 구차하게 살아가는 처자식 무리가 스스로 살아갈 방도를 얻도록 해 보호하고 위로해주고 세찬 불꽃이 여러 군자의 뜨거운 피를 토하게 함을 알지 못하는가. ‘정 씨의 노비 억수(億守)와 이 씨의 종복 몽석(夢石)’[40]도 주인의 말 안장을 잡고 곁에서 죽었다. 그의 의기가 대단히 매섭도다. 어찌 가히 천인이라고 그 이름을 나타내지 않겠는가? 그래서 말미에 기록하여 붙여넣는 것이 마땅하니 나라에서 영을 내려 태평한 수백 년을 중하게 살며 암혈(巖穴)에 받들어 비로소 적는다. 그러나 절의를 흠모하는 자가 없음으로 스스로 세

40) 억수와 몽석 : 억수는 백암 정의번의 사내종(奴)으로 1592년 8월 21일 주인과 함께 순절함. 그의 묘는 정의번의 산소(시총) 가까이에 있음. 몽석은 쌍계 이영근의 마부(僕)로 1592년 8월 21일 주인과 함께 순절함.

상에 두텁게 보이고자 함이며, 이 말로써 선비의 인 끈을 순박하게 하고 여러 군자께서 당시의 일을 알지 못하여 내가 먼저 적어놓는다. 모진 바람에도 꺾이지 않는 풀처럼 절개 있는 사람이 아니겠는가 아!

충현록(忠賢錄) 후지(後識)

기계(杞溪) 유한모(兪漢謨)[41)]

임금과 신하의 의리는 하늘의 떳떳함에 따른다. 그리고 옛 문서를 보면 사람을 신하로 뽑아 쓸 때 벼슬과 녹봉과 의식은 임금에게서 나오는 것이다. 평화롭게 무탈하게 지내다가 난을 만나게 되면 능히 떨쳐 자신의 몸을 돌보지 아니하고 희생하며 항거하는 자가 드물었다. 하물며 사람이 주인(임금)을 알지 못하는 상황에서랴. 당나라 장순과 허원과 같이 천하에 한두 사람이 있을 뿐이다. 오히려 벼슬을 지키고 자리를 지키려 한 것이다. 만약 풀대로 이은 집과 베 옷을 입는 선비가 있어 의를 위해 순절한 사람은 어찌 천백 년에 한 사람도 없는가? 천하는 넓고 천백 년 길게 가도 많이 얻을 수 없다.

이와 같으나 우리 동쪽 영천 한 군에서 17명의 의사가 하루에 순절하였으니 동경(東京: 경주)의 역군(役軍:군사)이 어찌 위대하지 않겠는가? 이에 우리 조정에서 절의를 숭상하고 장려하며 선비를 양성함에 옥돌같이 함이 있어야 한다. 또 한 가히 볼 것 같으면 영남은 동쪽의 제나라 노나라이다. 대저 사람의 정은 가난하게 살다가 죽기를 싫어하고 도리와 정의를 지극히 하고자 하나 그렇지 아니하는 것이 천성이다. 그러나 사람이 도리와 정의는 진실로 꾸밈없이 말하지 아니한다. 실제로 본 것 같으면 난이 급작스럽게 닥쳐 조용하게 의를 잃지 않고 자연스럽게 하기가 드물다. 오늘 『충현록』을 살펴보니 여러 군자가 부모에 대한 효도와 형제간의 우애가 돈독하고 의리를 말하는 선비이다.

왜적의 난을 당하여 겁을 먹고 진을 지키지 못하고 적이 있는 곳에 임금을 버려두었으나 서로 무리를 거느리고 적을 토벌하고자 의를 부르짖으며 일어났다. 선생들은 초야에 살았는데 그 친척과 처자식을 버리고 나라의 위난에 처하여 자신의 몸을 바쳤다. 최 공 모친께서는 며느리에게 의를 사랑으로 가르치시고, 이 공의 대인(大人: 어른)께서는 늙고 쇠약해 병이 드셨으나 자식에게 순국을 이르

41) 유한모(1734~1816) : 자는 여직. 초명은 유한경(兪漢敬) 문과, 경산 부윤, 참판. 형조판서. 정조 19년 서기 1795년 후손인 경산 부윤 유한모가 기계 현 현지 노인의 말을 듣고 옛날 유 씨들이 사용했다는 우물터에 시조 유허비를 세우다. 『충현록』(목판본 1930)에 후지가 있다.

며 죽음을 추천하였다. 또 한 영예스러운 것은 불꽃같이 열렬한 제공의 뜻으로 의거가 가능했던 것을 알 수 있다.

손공에 이를 것 같으면 천으로 만든 깃발을 날리며 충성스럽고 의롭게 돌아가심을 모두 알겠다. 이 어찌 이백 년 배양된 교화가 아니겠는가? 그리고 열 곳 읍의 습속이 아름답구나. 영천 전성의 승리를 실제로 묘사하고 영남 여러 읍을 얻어 보전하는 토대가 되고 씩씩한 적의 세력을 꺾어 마음대로 하지 못하게 한 전공이다. 또 한 경주에서의 일이 비록 권 장군이 적을 가볍게 본 것이나 박 우두머리의 규율을 잃음으로, 경주성 1차전을 이기지 못하고 또한 반 이상이 죽임을 당하였다. 후일 비격뢰(飛擊雷: 충격 폭탄)가 와서 공(功)을 거두었지만 맛보지 못하고 왁자하던 제 군자가 무리로 죽었을 뿐이다. 여러 군자의 절개가 굳고 뛰어났다. 그 기특한 공은 특히 빛나니 내가 외람되이 어찌하겠는가? 명을 받들어 지키고 다스리려 이 땅에 와서 운다.

남기신 그 업적을 어루만지니 홍감이 흐른다. 영천의 선비가 『충현록』을 가지고 와서 청하니 내가 한마디 말로 후세에 교훈이 될 만한 말을 못 하겠네. 내가 말로서 어찌 여러 군자의 빛나는 업적의 경중을 족히 가릴 것인가? 중하게 살피어 소감을 말한다. 여러 공께서는 평소에 세간에 계실 때 학문을 배우고 효와 의를 스스로 중히 여기지 않으신 분이 없었다. 그런고로 그 떨쳐 일어나는 충절이 그와 같이 뛰어났다. 오늘 여러 공의 후세가 여러 공의 빛나신 자취를 우러러 받드는 것이 마땅하다. 각자 면려(勉勵)하고 효제(孝悌) 충순(忠順)하여 게으르지 않게 하면 곧 어찌 빛남이 없겠는가? 선열의 『충현록』에서 또 혹시 상세함이 생략되었거나 후손이 없는 여러 공 들의 그 평소의 훌륭하신 행동이 대개 보건대 이러한 병선(兵燹: 전쟁)으로 문헌이 흩어지고 없어졌다. 그러나 오히려 나라에서 전부 내지는 약간 없어진 것을 알고 부득이하게 하나의 사당을 만들어서 사람에게 영을 내려 같이 제향하게 하였다.

아아! 충성스럽고 떳떳한 혼백이 의로움을 떨치고 그날의 살신성인 뜻을 지니고 있구나. 어찌 바라만 보고 갚지 않으랴. 후손이 고인을 조문하면서 모자라는 느낌이 없어야 하겠다. 다시금 비분강개 슬픔을 느낀다. 부족하나마 소감을 적어 후세에 알린다. 정조 21년 정사(1797년) 초여름 부윤 기계 유한모 적다.

충현록(忠賢錄) 후서(後敍)

문소(聞韶) 김도화(金道和)[42)]

천지의 빛나는 기운이 만고에 서로 번갈아들고 사람에게서는 줄어들지 않고 그리하여 충렬로 용감히 돌아가신 선비이시다. 중국 제나라 획 읍의 왕촉[43)]과 당나라 수양성의 장순[44)]이 있었다면 우리 조선에는 동국에는 영양(영천) 의사 17현이 계시는데 모두 뛰어나신 분으로 기록되어 있는데 그 10현의 발자취이다.

문충공 김성일 선생이 당시 초유(난리가 났을 때 백성을 타이르는 말)의 임무로 특별히 포상하신 분들이시다. 말씀 올리기를 영천의 유생들이 몸을 바쳐 죽음으로 달려 나갔는데 충성됨이 극히 빛나고 씩씩하여 부끄러움이 없었다. 옛사람이 이르기를 아! 선생의 한마디가 귀중하여 만세에 쇠나 돌처럼 변함이 없는 법전이로다. 이는 하늘과 땅이 닳아 해지지 않는 기록으로 경중을 의심함이 없을 것이다. 선생의 빼어내어 올림은 특별한 것이다. 후세 사람이 그 상세한 기록을 어찌 얻을 수 있으랴. 잠시 그 기록을 봐도 어찌 합당하지 않으리오. 선조 임금 때에 왜적의 횡행을 팔도가 새 짐승과 쥐가 썩어 문드러져도 방도가 없었다. 진실로 살려고 하면 누가 능히 맨몸으로 많은 적의 칼날과 싸우려 할 것인가?

그때 소곡 김 공(김대해)께서 변란을 들으시고 비분강개하시어 떨쳐 나오셨는데 초야에 흩어진 재산과 부족한 집의 하인과 생계 대책이 없이 싸움터로 나간 동지를 위해 약속해 주셨다. 자줏빛 저고리에 스스로 맹세를 붙이시고 흰 칼날을 밟는 듯하며 그 뜻을 굳게 매섭게 하며 싫증 내지 않았다.

노항 김 공(김연)께서 또 소곡(김대해)을 일러 웅어취사(熊魚取捨: 곰의 발바닥을 취하고 물고기를 버릴 줄 아는 분별심-목숨보다 의를 택함)를 안다고 하셨다. 총탄과 칼이 수많은 선비를 고무시켜 일어나게 하고 속마음을 떨쳐 실천하였다. 집안의 사람들 얼굴 보기를 원하지 않고 마침내 아들만을

---

42) 김도화(1825~1912) : 조선 후기 척암 문집을 저술한 학자. 의병장. 본관은 의성. 자는 달민, 호는 척암. 안동출신. 1893년 의금부도사에 임명. 1895년 을미사변과 단발령에 항거 의병장 추대. 1896년 태봉 전투 참가. 그 뒤 노환 은거하면서도 일제 항거 운동 전개. 저서로는『척암문집』이 있으며 1983년 건국포장, 1990년 애국장 추서.

43) 획 읍의 왕촉(王蠋) : 기원전 3세기 민왕 때 제나라의 획읍(劃 邑)의 덕망 인물, 연나라 명장 악의(樂毅)가 귀순 권유를 물리치고 거절하고 고을 주민을 살리기 위해 자결함. 충신불사이군(忠臣不事二君, 烈女不更二夫의 유래를 남긴 충신의 대명사.『명심보감』입교편에 등장

44) 수양성(睢陽城) 장순(張巡) : 당나라 현종 때 안록산의 난을 맞아 왕이 촉나라로 도망가고 회양태수 허원과 진원령 장순이 수양을 10개월간 사수하며 성을 지키다가 끝내 성이 함락하자 용감하게 정의롭게 장렬하게 죽었다는 고사를 인용함. 1만의 병력으로 20만 반란군의 남하를 저지하다가 중과부적, 양식이 떨어지자 쥐를 잡아먹고 쥐가 덜어지자 사람까지 잡아먹었다네요. 식량이 떨어지자 장순은 그의 애첩을 죽여 부하들에게 먹였다. 안록산과 사사명을 합쳐 안사의 난이라함.

불러서 한 조각 흰 명주 천에 성명 두 글자를 새기었다. 장홍(萇弘: 풀 종류)같이 붉은 피가 점점이 묻은 것은 충의가 쌓인 자취이니, 능히 이처럼 옳지 아니한가?

만정 최 공(최인제)의 정성스러운 효의 바탕은 어지신 어머니의 가르침이 있었고 스스로 만취명정(晩翠名亭)이라 하고 그 뜻이 우뚝하고 뛰어났다. 그리하여 진실로 왜적을 맞이하여 비분강개 눈물을 흘리며 어머니의 명대로 의병 대열에 달려 나가서 고향 사람 아무개 아무개와 경주의 전쟁에서 같은 날 돌아가시었음이 아닌가. 어머니의 가르침이 아니었으면 공께서 어찌 그 뜻을 이룰 수 있었겠는가! 가히 올바른 어머니가 계시고서 올바른 아들이었음이었다.

충효에 이르게 되면 정 공(충효재 정석남)이 뛰어나며 국가적 명현(이름난 어진 선비)의 후손이다. 평소 뛰어난 기개가 있었는데 적개심의 대의로 화왕산(火旺山)의 맹약으로 떨쳐 일어나 영천에서의 대승을 거두었다. 그곳에서 꺾어 패하게 하니 또한 천하의 끝에서 말을 빨리 먼저 타고 돌아가시니 후회 없이 빼어난 기상과 늠연한 그 충효의 큰 절개를 보고 훈수(塤叟) 정만양 선생이 글을 지어 묘갈에 갖추어 족히 천고에 전한다.

또 쌍계 이 공(이영근)과 사촌 이 공(이지암)은 두터운 효의 자질을 지키며 고을 어르신의 뜻을 존중히 이어받아 말에게 채찍을 휘둘러 진으로 달려갔다. 그리고 웃으며 형포지도(荊布之設)라 답하고 눈물을 뿌리며 조정에 청하였다. 이는 한 몸의 존망을 마음에 새겨 두지 않고 의견을 같이하며 함께 하여 죽어야 그치는 것이었다. 곧 뛰어난 한 몸의 충렬인 것이다.

또 한 남전 이 공(이일장) 및 추계(이득룡)와 대재(이득린) 두 이 공은 같은 집안의 숙질이며 형제이다. 간혹 무흘서당(武屹書堂: 한강 정구가 세운 무흘구곡의 서당)에서 강습을 받거나, 완정(浣亭: 인조때 문신 이언영의 호)의 집에서 종유(從遊: 학식이나 덕행이 높은 사람을 좇아 더불어 사귀고 노닒)하기도 하였으나 평상시에는 면강(勉强)만이 지켜야 할 두 글자로 여겼다. 변고가 일어났음을 전해 듣고 숙부가 조카들을 부르니 형과 동생이 달려왔으며 서로 손을 부여잡고 죽음의 땅을 향하여 나아갔다. 이처럼 달려 마침내 잃었던 것을 거두어 회복하였으니 그날의 기록이다. 이른바 바른 기운은 푸르고 한 집의 재물을 덮는 것이었다.

또 남계 손 공(손응현)은 계성군(鷄城君)의 후손이며 경절공(景節公)의 방손(傍孫)이다. 집안 대대로 충효를 전해 받았는데 임금이 나라 밖으로 몽진했다는 소식을 듣고 애통해하며 이에 화살마다 적을 맞추겠다는 중심전전(中心箭箭) 네 글자를 긴 장대에 달고 죽지 않고서는 돌아가지 않겠다는 신표(信標: 증거 물건)로 삼았다. 무릇 이처럼 하는 것은 어찌 사람으로서 다른 사람에게 영향을 능히 끼침이 아니겠는가?

오호 10현의 뜻이 이에 같도다. 그 일이 같고 그 돌아가신 날이 같도다. 그 땅(장소)이 또한 같도다. 문충(학봉 김성일) 선생이 한 장의 종이에 같이 열거하여 아뢰어 영천의 선비를 함께 한 사당에 모시어 오늘에 이르고 있다. 서천의 물은 파도 쳐 슬퍼 목이 메고 만 번을 꺾는다고 해도 같이 함께 돌아가심의 기세였다.

아! 뒤이은 자손이 그것을 수록하고 남기신 자취를 오래 전하니 또한 어찌 적게 얻겠는가? 그리하여 그것을 둘로 하는데 하나로 편집하여 기록하지 못하였도다. 이에 여러 집안의 사람들이 그것을 거두어 그 해(年)를 통합하고 융합하여 나란히 빛나게 하고 날로 사람들이 그 기록을 읽게 함이다. 욕심 없이 말을 몰아 앞으로 나아가 그 몸을 나라에 죽게 하니 곧 이는 그것을 밝혀 서술하는 것이다. 역시 위대하지 않으랴. 정연도(鄭淵道) 군의 기록은 이미 이루어졌고, 김준희(金俊熙) 군이 와서 나에게 한마디 청하니 나는 진실로 그것을 감당할 수 없음이라 그래서 지난 일을 추념하고 어루만지노라.

추모사 사적(追慕祠 事蹟)

임란 2주갑(周甲)이 지난 뒤 무자년(1708년, 숙종 34)에 고향 사람이 순절하신 여러 선생을 모시는 사당(충현사)을 자양 일견봉(日見峰) 아래 세우게 되니 가치가 매우 컸었다. 그러나 갑오년(1714년, 숙종40)에 나라에서 제향 금지령을 내려 더 유지할 수가 없게 됨에 따라 그 남은 재산들을 후손들이 포부를 가지고 여러 해 계획하여 신유년(1741년, 영조 17년)에 분설 서재(分設 書齋)를 만들었다.

호수공(정세아) 자손들은 선원리 환구(環丘)[44]에서, 한편 여러 선생의 자손들은 고천리에서 각각 사당(祠堂) 및 서당(書堂) 건립을 모색하였다. 영조 23년 정묘년(1747) 고천서당(古川書堂)의 강당 상량 시 동주(동장) 박평(朴枰)이 상량문을 지었으며, 경오년(1750)에 강당 완공 후 첫 강습이 시작되었다. 나라의 법률이나 법규가 해결되지 않아 감히 기존 사당(숙종 34년(1708)에 건립한 자양의 충현사)을 옮기지 못하고 오늘에 이르렀다. 후에 와서 국내에서 여러 대를 행세해온 집안에서 비슷하게 모두 모방해서 했다는 고사가 있다. 자손의 집안에서 제사를 지냈던 예이다.

정유년(1777년 정조 원년)에 시작된 묘우(廟宇: 고천 순국사를 이름) 건립은 '추곡(追谷) 손공 후

44) 환구 : 환구세덕사가 위치한 임고면 선원리 언덕 이름, 임진란 시 영천 의병장인 호수 정세아(1535~1612) 선생과 그의 아들 정의번(1560~1592)의 충절을 기리기 위해 선원리 환구 언덕의 문중 서재(1720년 건립) 뒤에 충현사(정조 1년: 1777년)를 지어 환구세덕사라 불렀으며, 향사하고 강학의 도장으로 사용하여 왔다. 정조 8년 1784년 충효정려각으로 사당 좌측에 충효각이 건립됨.

손과 추곡(楸谷) 이공 후손'[45]이 일을 의논하여 시작하게 되었다. 삼 년이 지나 경자년(1780년 정조 4년)에 완공을 보게 되니 이는 모두 절개의 본보기를 이루었도다. 대산(大山) 이상정(李象靖) 선생께서 십 현(十賢)을 봉안하러 이곳 고천리에 오셨는데 하나의 사당 내에 사호(사당 이름)를 이르며 추모하고 모두 같은 날에 돌아가셨는데 절개의 영령을 한자리에 모셔 제사를 지냈다. 그리고 또한 여러 후손이 각 조상의 근본을 잊지 않고 정성을 들이니 이르기를 그때 도내 사림에서 와서 모인 사람이 수백 명이었다.

고천 순국사 사적(古川 殉國祠 事蹟)

유림입사소략(儒林立祠疏略)

승지(承旨) 권부(權孚)[46]

숙종 31년 을유년(1705) 12월 영천 유학 이익승 등 2백여 인의 사당 건립 상소문 요약문은 아래와 같습니다.

충렬 하심을 따라 어진 왕께서 정사하심에 정려각(旌閭閣)에 제사를 지내게 하셨는데, 근본과 도리를 피하고 좋은 규정을 그만두어 덮게 하심은 돌아가신 분의 땅에 우로(雨露: 비와 이슬)를 내려 그 혼을 위로함을 그만두게 하는 것입니다. 슬프다 하사하신 약조가 어려움을 만나니 천하의 선비들은 넓게 생각하여 권면(勸勉: 권하고 격려함)하여야 할 것입니다. 성상(聖上: 임금)께서 무릇 나무를 심어 바람 소리를 듣게 하심은 절의를 배양하고 가르치시어 더욱 뜻을 더하는 것입니다. 여러 조정에서도 그 법을 어찌 끝내지 못하고 그것을 베풀었습니다. 서호의 여섯 신하(사육신: 박팽년, 하위지, 성삼문, 유응부, 이개, 류성원)와 한강 남쪽에 많은 선비가 충렬을 밝히었습니다. 임금님께서 성동에서 시를 짓게 하시며 술을 올려 병사들의 안녕을 기원하였으며 충신들이 보고 느끼어 축단을 절 밖에 쌓게 하시어 친히 신령에게 몸을 굽혀 제사를 지냈습니다. 이에 지사에게 기운을 더해 주시고

45) 추곡의 손 씨와 이 씨 : 1777년 정유년에 추곡리(追谷里)에 거주한 대표적인 월성(경주) 손씨로는 남계공의 7세손인 유걸 (1739-1795), 창걸(1746-1819)을 들 수 있다. 추곡(楸谷)은 추곡(追谷)과 같은 지명으로 쓰이며 대제촌(大才村)에 벽진이씨들이 여러 집 거주하였음. 현재 고경면 용전리는 과거 추곡면(追谷面) 대추동(大追洞)에 해당함.

46) 권부(權孚) : 숙종시 39년 증광시로 등과, 영조 때 승지

여러 전장에서 돌아가신 장사(장병)들을 위로하는 제사를 하게 해주셨습니다. 이에 한 조각 충성된 작은 노고도 들은 바를 저술하게 되었습니다.

이로 인하여 제사를 하사받는 은혜를 받아 기록 후, 사당 건립의 영예를 입지 못하게 되면 이에 신의 고장에서 옛날 창의하여 순절하신 12인이 홀로 빠지게 되어 앞뒤로 불쌍하게 되며, 규정의 순서 등급이 궁벽하고 먼 곳이라 임금께서 들 수 없으시므로 이에 이러한 것은 여기 아홉 신 등의 죄입니다. 더욱이 같은 군중에 많은 선비가 천 리를 건너와서 아홉 궁 문에 엎드려 부르짖어오니 베풀어 주시옵소서. 임금께서는 밝게 살피어 베풀어 주소서.

오호라 옛날 섬나라 오랑캐의 우두머리가 열 지은 벽을 무너뜨릴 때 신군(臣郡: 영천시를 지칭)의 진사 정세아가 분개하며 창대(昌臺: 정대임의 호)에 의지하여 일어나며 이르기를 "나라가 위기에 처해 이와 같으니 남아는 죽을 뿐이다" 하셨다. 그의 아들 생원 의번과 같은 고을의 최인제, 김연, 이영근, 이지암, 이득룡, 이일장, 정석남, 손응현, 김대해, 이정분 11인이 함께 나섰다. 나이는 적으나 재주는 뛰어나고 몸을 바쳐 죽음에 응하여 군 서쪽에 단을 설치하고 이에 천지에 맹세하고 의로운 깃발을 한번 휘날리며 장사를 따라 기계를 만들고 병사를 모집하고 기묘한 계략을 써서 노략질하거나 공격하고 혹은 매복을 세웠습니다. 그리하여 옆에서 공격하여 베거나 사로잡아 많은 숫자를 보충한 인원을 물리쳐 적은 숫자가 되어 기세가 꺾이며 보름 동안 병사들의 소리가 크게 진동하였다고 말합니다.

무릇 영천 경주 2 읍은 실로 적에게는 요충지가 됩니다. 그리하여 두 읍을 수복하여 적이 감히 다시 범할 수 없도록 한 그들의 공입니다. 아! 수양구속(睢陽舊俗)을 숭상하여 전해오는 장순(張巡)의 일이나 하삭(河朔: 중국 황하 이북)의 망국 백성을 유린하여 과경(果卿: 당나라 충신)의 죽음이 새털로 장식한 왕이 준 기의 아름다운 고사(古事)가 홀로 이르지 못하는 것이 어찌 일찍이 있었던 연유이옵니까?

이르기를 대체로 만약 김연, 최인제, 이영근, 이지암, 이득룡, 이일장, 정석남, 손응현, 김대해, 이정분이 죽음에 임해 큰 절개를 보인 것을 돌아보시고 우순사(右巡使: 우도 순찰사) 김성일 선생이 급히 오시어 그것을 돌아보시고 이르기를 전날에 영천의 승리는 오로지 이 사람 등이 창의하여 먼저 오르고 오늘 또 힘껏 싸우다가 돌아가셨다. 유생의 충절이 지극하여 칭찬하여 숭상할 만하다. 선조왕이 들으시고 그것을 기리어 정의번 정랑, 이영근 연판관, 최인제 등 여러 사람을 차례대로 난을 평정한 후 또 명을 내리시어 집을 복구해주는 은혜를 입게 하셨습니다. 조정에서 근심하는 선비의 글을 보고 백성을 가련히 여겨 지금에 이르게 한 것은 공이 많은 것입니다. 그러나 갚음은 적고 일은 멀고 이름은 쇠(衰)하였습니다. 만약 그 당당하고 절의의 열렬한 충성을 논한다면 곧 곽재우, 김천일에 사양하지 않을 것입니다. 즉 모두에게 벼슬과 시호를 내려 포상하고 그 사당에 제사를 지내는 것이 마침일 것입니다. 오늘에 정세아 등이 살아서는 공을 양보하고 돌아가셨습니다. 그러나 이에 오르지 못하신 분이 계셔 그것을 들으시고 그 사람에게 빛이 나는 포상과 은총을 내리시어 고르게 하지 못한다면 장차 죽어서 세상에 그것을 표시하지 못하니 어찌 슬프지 않겠습니까? 성세(聖世: 성군이 다스리는 시대)의 모자란 법일 것입니다.

근년 이래 서원 향사에 하나의 고질적 습관은 조정을 염려하게 합니다. 그 쌓인 폐단이 넘쳐 그 해(害)가 특별함이 있어 아룁니다. 이로써 그것을 행함에 도리를 표하고 아뢰어 사당을 세우는 것입니다. 즉 이 12신(臣)이 나라를 위하여 순절하신 것이니 어찌 가히 도리를 행함에 표시하여 지은 사람에 비교하겠습니까? 신(臣) 등이 백 년 공론을 좇아 사람을 천거한 나머지 감히 장차 사당을 세우고자 하오니 우러러 말씀드리기를 원합니다. 주광(紸纊)[47]의 아래에 엎드려 빕니다. 총명하신 임금께서 주신 것을 특사를 보내어 하나의 사당을 세우게 되니 이로써 12신의 충혼과 의백에 제사를 지내게 되었습니다. 그런즉 어찌 다만 일시를 위한 숭상 장려하는 아름다운 의식일 뿐이겠습니까? 삼가 모두 천하 후세에 말씀을 알게 하고자 함입니다. 불행이 심하거나 행이 심하여 신 등이 책임의 엄격함이 없다면 삼가 엄하게 가리어 죽음으로 사죄하겠습니다. 이에 묻고 임금님이 답하시기를 상소를 살피어 관아에서 모두 갖추라고 하고 영을 내리셨습니다.

예조 품목(禮曹 稟目)

이에 영천 유학(유생) 이익승(李益昇) 등의 상소 말을 살펴보니 용과 뱀이 어수선하고 열 지은 벽의 기와가 깨진 것 같음을 당하니 이에 본 군의 진사 정세아는 시골 구석에서 일개 벼슬 없는 선비로서 비분강개하여 창의하니 그 충의는 굳세고 족히 숭상함이 옳지 않겠습니까? 그리고 정의번 등의 살신성인 하심을 모두 나타내어 마땅히 제사를 지내게 하니 명성(名聲)이 들렸습니다.

배향의 규정을 다시 더 해 신중히 해야 하므로 명을 내려 도내의 공론을 신이 채취하였습니다. 들은 후 아뢰오니 어떻게 대비해 주십시오. 강희 사십 구년(조선 숙종 36년, 서기 1710년) 2월 28일 우승지 임윤원(任胤元) 차지(次知)가 임금님께 아룁니다. 허락하여 주옵소서

정종(정조) 대왕 육 년 임인년(1782) 이로 인해 김만철(金萬哲)이 정려각을 하사해 주실 것을 청하였다. 임금님에게 허락을 받은 예조판서 김로진(金魯鎭)이 돌아왔다. 허락받은 대략을 말하자면 김연, 손응현 등이 섬나라 오랑캐들의 난에 창의하여 적을 토벌하고 정의를 위하여 순국하셨음이 당시에 있었습니다. 규정에 따라 포상을 내리고 후일에 제사를 지내게 하여 보답하게 한 즉 조정에서 그 충의를 포상하는 방법으로 사림을 숭상하게 하였으니 또한 유감이 없어졌다. 이르기를 21년 정사

47) 주광(紸纊) : 면류관의 양쪽으로 귀에 닿을 정도로 늘이어 달아맨 누른 솜 방울

년(1797)에 고향 사람이 사당을 고천에 세웠는데 묘호를 순국사(殉國祠)라 하였다. 헌종 대왕 원년(1834) 갑오 이월에 본도를 순시한 제상 서희순(徐憙淳)이 아뢰기를 임진왜란에 본도의 창의하신 선비의 세력이 성하여 아울러 무성하게 일어났는데 수고로운 공을 알리고 그리하여 당시나 사후에 정려를 하사하시었다. 조정에서 그것을 찾아내고 방문하고 장려하고 포상하여 쓰임이 없어지지 않게 하고 알림이 이와 같았다. 혹은 동시에 정의를 위해 같이 힘을 쓰시고 앞으로 나아 가시다 돌아가시었는데 타인이 그것을 받고 맡아 칭함을 못 입으니 또한 이것은 다 어리석은 일이고 과거의 죽은 후손이 미미하여 드러내어 밝히고 더 퍼뜨리고 모으고자 함이다.

구 갑자(舊 甲子: 옛날의 갑자)가 다시 돌아오니 오래된 답답한 다툼을 가지런히 하고 공적인 의식을 통해 읍의 유림에서 문서로 알리고 뒤섞어 어지러움이 번갈아듦에 이르니 오래되고 멀리 있는 일이 되어 신이 셀 수 없습니다. 갑자기 일을 당해 모으니 실로 급할 뿐입니다. 백성이 대궐에 나아가 원통함을 임금님께 이렇게 호소합니다. 만약 그것을 밝히어 행하면 뒤섞이지 않고 실로 결백할 것입니다. 자취의 근거가 있어서 곧 그것을 갚음에 마땅히 다르지 않게 같게 하고 을간(乙干: 둘째 천간)을 그대로 따릅니다. 신이 좌우로 널리 채집하고 여러 차례 사실을 조사하여 얻었습니다. 그것을 십분 충분히 고증하여서 한 털의 의심도 없게 한 그 후에 비로소 달아내어 고르게 하고 신중히 함으로써 각 사람의 성명 및 그때의 사적을 열어 기록하여 증거로써 갖춥니다. 올라가서 바라보며 아뢰고 갑니다. 특히 더할 것은 하나의 본보기로 장려하고 포상하며 공을 권장하며 뒷사람(후세)들의 장소가 되게 함이라. 육조 중에 그 해당하는 조에 아룁니다.

봉안(奉安) 축문(祝文)

대산(大山) 이상정(李象靖)[48]

옛날에 섬나라 추한 오랑캐들이 창궐하여 여러 군을 무너뜨릴 때 임금의 수레는 울타리(국경)를 넘어가고 영천이 그것에 부딪혀 적의 소굴이 되었는데 의로운 선비들이 일제히 소리 지르며 사납게 끊고 적을 패하게 하여 멸하였으니 숨겨둔 의로운 기는 동쪽 기인데 적의 흉한 칼날을 피하기에는 중과부적으로 지탱하지 못하였으나 용감히 싸우고 힘을 다하였으나 이른 나이에 돌아가신 17 의사들의 혼과 500여 열사에게 초유사가 달려가서 아뢰었다. 주석 잔을 모아 잡고 아름답고 정성스러운 충의 절개를 여러 사람이 기리니 아! 영령들에게 전을 드리니 감응하시고 또한 경영하여 주시고 돌

48) 이상정(1711~1781) : 조선 후기 『사례상변통보』, 『심동정도』, 『이기휘편』 등을 저술한 학자. 안동 출신, 본관은 한산, 자는 경문, 호는 대산. 1735년 사마시와 대과에 급제하였으나 관직보다는 교육(대산 서당 건립)에 힘씀. 고종 때 이조판서에 추증되었으며 고산서원에 제향되었다. 시호는 문경으로 성리학의 대가이다. 퇴계의 계승자이며 곽종석 등 많은 제자를 배출함. 1780년 고천 순국사 건립시 봉안축문 등『대산선생실기』『대산문집』(1802년 69권, 1925년 목판본)

아보소서.

나라에서 고사를 지음은 또한 구름같이 많은 사당 중에 극일을 밝히고 이에 의식의 일체 자리를 마련한 창시의 별도의 사당이며 아울러 지난 일에 임하여 존경과 정성을 들임이 이와 같고 어제 같이 흠모함을 느껴 깊이 흐르고 측백나무는 이미 늙고 6현 6 후예가 그 흉년에 함께 제사 지냄에 장애가 되고 어려움에 절제함이 마땅하고 삼가 생각하오니 존령께서는 제수용 짐승과 단술을 드리오니 흠향 하옵소서. 광명이 바뀌지 말고 영세하소서.

— 1780년 고천 순국사 건립 시 봉안 축문(『충현록』 제2권에 게재)

상향(常享) 축문(祝文)

대산(大山) 이상정(李象靖)

충의를 위해 적개심으로 몸을 희생하여 나아가신 10현을 함께 전하며 한 몸같이 제사를 올린다.

강당(講堂) 상량문(上樑文)

병촉헌(炳燭軒) 박평(朴枰)[49]

몸을 버려 순국함은 나라를 위해 지탱하는 큰 강령이고 충을 존중하는 어진 분이 실로 나시는 것은 덕을 좋아하시는 공의 뜻이다. 그러므로 함께 그 절개를 우러러 참으로 이 강당 건립을 꾀한다. 제가 생각해보건대 충을 행하는 어진 여러 선생은 높은 지위의 후손들이시다. 아울러 문헌에 보면 임금에게 충성하고 애국하는 후손으로 태어나셨다. 진실로 천성의 바탕이 의를 위해 몸을 버리고 떨쳐 일어나셨고 또한 평소에 배우고 익힘이 무르익으셨다.

섬나라 오랑캐(왜적)가 맹수같이 침략하고 달려들어 강토에 북소리가 퍼지고 학살과 화염에 휩싸였다. 그리하여 먼 곳까지 달려갔으나 견고한 성은 적의 칼날을 진압하지 못하였으나 용감히 지키고 멀리 돌아 24개 군 땅이 무너지고 미문(未聞)의 안공지장(顔公之杖) 70개 성이 무너지고 드물게 왕씨의 본보기 충(忠)이 있고 하물며 저 월성 웅주는 실로 강 좌변의 보루로서 수양(睢陽)을 지키는데 이미 적에게 잃고 이에 성을 오르니 한단(邯鄲: 중국의 옛 도시)의 위기와 같았다. 구원군도 없어 장차 불과 같이 급하고 외로운 성을 수복하지 못함을 알고 여러 군이 다 죽임을 당하였다. 그것을 원수로 삼고 남쪽 오랑캐가 비록 분수 밖의 것을 탐낼지라도 흉노를 누가 업신여겨 정벌하고 공을 세움

---

49) 박평(1686~1752) : 자는 천수, 호는 병촉헌으로 영천 출신, 성세의 아들이다. 약관에 명성이 높아 정만양이 사위로 삼았다. 그리하여 자주 왕래하면서 정만양과 정규양의 문하에서 질의하며 학문에 전념하였다. 정묘년(1747년) 정조 23년 중추절 고천서당 강당 상량문 작성, 1750년 처음 강습.

니까?

이것은 참으로 위급함이 가을의 서리 같구나. 어찌 에워 싸나? 그리고 오늘 정치를 잘못한 날이 많아 가히 적의 창끝과 살을 무릅쓰고 앞에 이미 창의할 수 있었습니다. 그리하여 충을 권하며 영천 읍의 대첩을 거두었으니 어찌 또한 삶을 버리고자 함이 아니었겠습니까? 그래서 큰 도성에서 드디어 뜻을 함께하는 뛰어난 벗들이 모여 극복하는 효력으로 마침내 적개심으로 말린 밥을 식량으로 의거를 일으키시니 때에 때를 기다려 활을 당겨 적의 머리를 쏘고 몽둥이가 무기가 되었습니다. 그리하여 창을 익히고 법도에 어긋남이 있으면 군영에서 매달아 태형으로 다스렸고 여덟 번을 흐르게 하여 17 의병을 칭하자면 협심하여 가지런히 다스려 용기를 배로 하고 백만 날카로움으로 날랜 의로운 힘으로 침노한 달아나는 적을 포로로 잡고 원수를 죽이니 의를 무겁게 하고 몸을 가볍게 여기어 위태로움을 꺼리지 않고 싸우다 죽는 것이었다. 그런 고로 능히 같은 날 절개를 바쳐 항거한 것으로써 인륜을 바로잡고 뼈대를 세우는 것으로 의로운 충절을 밝히려 신이 듣고 멀리 달려갔습니다. 그리고 기백의 맥박 고동은 장사의 기운과 죽지 않는 뜨거운 선비는 분격하여 팔을 휘두르며 모두 힘을 합치고자 하며 왕이 적의 대장을 베기를 원하니 몸을 바쳐 병란에 달려가고 나를 지원하는 권력은 나라이니 나라를 거듭 회복하는 것은 참으로 선비에게 의뢰하고 먼저 불러 늘어놓는다.

포상으로부터 베풀어오던 것을 갸륵하게 여겨 특별히 더하여 벼슬을 주고 영예를 이 후손에게 주니 모두 알고 존경하여 숭상하여 다투어 사당 건립을 의논하니 잠깐 세월에 결실이 있었다. 사당을 건립하기 시작하여 중간해 즈음에 급하게 집의 경사진 부분을 다시 깔아 용마루를 놓기에 이르렀다. 이로 인해 나아가지 못하고 있는데 사림에서 이유를 대어 자문해 그것을 공론화하여 망치지 않게 되었다. 때맞춰 다시 건립하는 것이 낫고 그것을 구분해 고치는 것이라 모두 말하기를 옛것을 버리고 새로운 동네 이름인 고천(古川)을 취했다. 고천은 중국의 여덟 정 씨(八 程氏)의 마을처럼 동네 이름을 우항(愚巷)이라 불렀습니다. 하물며 성인의 명예가 있는 곳으로 아름드리 좋은 나무를 가리어 벌목하여 사당을 천천히 세우는 것입니다.

모여서 강당을 먼저 만들고 거북점을 치는 것을 모색하고 또한 집의 등마루 거는 곳은 높게 솜씨를 다하고 기교를 쓰며 여러 선비가 경전을 설명하는 그림을 바치고 관서에서 며칠 내에 정사를 돌보았다. 그리고 건축되어 올라가는 것이 마치 대단한 모습이었다. 뛰어난 풍류와 절개를 세웠던 것이고 다 옛날에 있었으니 이는 실로 드러내고 나타낼 것이다. 이것은 큰 집과 작은 집으로 선현을 존경하는 운영방식이고 진실로 격려하는 것이다. 내세에 화려하게 세우는 것으로 위태롭고 험하게 높은 곳에 길을 시작하는 것이다. 아! 항거하여 싸우는 높으신 절개에 아녀자 어린아이까지 이 생도(유생)에게 존경을 일어나게 하는구나. 그리고 있는 곳이 고전(古典)이겠다. 가히 서촉(西蜀)의 문풍과 여럿이 바라며 크게 떨치고 남강(南康)의 유술을 장차 보게 될 것이며, 크게 가는 구름과 연기를 다시 보게 되며 시절을 따라 물이 올라가는 고운 색의 빛남을 보게 될 것이다. 뒤와 앞의 산이 펼쳐짐이 두 손을 두르고 얼굴을 시샘하는 것인가?

좌우의 푸른 서리(깨끗한 절개 비유)와 흰 눈은 평소에 당신을 수양하고 대나무와 소나무는 추움에서 그때의 충절을 나타내고 그런즉 가르치고 수양하는 집의 건립과 운영은 실로 우리의 큰 누림이 될 것이다. 단지 빛남은 우리 지역(영천)만 빛나게 하는 것이 아니고 이웃 지역에까지 빛나게 할 것이다. 생각건대 오늘의 은혜로움을 축하하고 후세 사람에게 애오라지 시골 사람이 그 글을 쓰는 것으로써 마을을 돕는 장인의 들보 던지는 소리가 나고 매일 아침 동쪽에서 붉은빛이 나고 푸른 공중에서 맑고 흰 깨끗한 빛이 비치고 가는 베 일산(日傘) 같은 나랏일은 나라를 위해 몸을 던져 충성한 여러 선비와 비슷하고 대들보 서쪽 임고서원에는 큰 절개와 백이(伯夷) 숙제(叔齊)의 정신이 깃든 여러 선비가 있으니 역시 소문 들은 바 같구나. 포로를 잡아 길게 묶어 던져버린 들보의 남쪽에는 조양각에서 내려다보는 물가를 삼가 방문한다.

임금님께서 충효를 포상하시고 우두커니 신령스러운 새가 벽암(碧巖: 푸른 바위)에 버려진 것을 보셨고, 들보 북쪽으로는 우뚝 솟은 용악(龍嶽)을 갈아 다 할 때까지 그 이름을 떨치고 마음이 활달하여 함께 그것을 같이 세우며 나태함을 살피고 완고함을 던져 버리고 나라의 줄기를 바로잡아 나아가며, 들보 위로 하늘에는 영령들이 거듭 오르내리며 제사를 정성 들여 길이 모시고 쉼 없이 끝없이 엄연히 임하고 나를 내던져 성하게 일어나게 하고 들보 아래 일대는 긴 강이 흐르고 구천(저승)을 버리지 않고 다스리고 북쪽의 모래 먼지를 청소하고자 북쪽에 응해 북쪽을 향해서 물결을 일으키고 뿌린다. 엎드려 바라옵건대 상량 후에 향풍(鄕風: 고을 풍습)을 크게 고쳐 선비의 풍습이 웃어른의 뜻을 새롭게 받들어 계승하고, 임금의 마음을 함께 알아 충의의 마땅함을 떨치게 하고 고무시키고 어질게 하며 모두 벼리(뼈대가 되는 줄거리)의 떳떳함을 알게 하고 산과 평지 바다가 하늘의 많은 제사 음식이 도와주고 이지러짐이 현악기를 타고 집에서는 노래하고 마땅히 덕업의 빛나는 문장을 오래 있게 하고 어질고 똑똑한 나라, 충효가 무너지지 않는 풍습을 있게 하소서.

고천서당 사적(古川書堂 事蹟)

강당중수 상량문(講堂重修 上梁文)

옥산(玉山) 장석신(張錫藎)[50]

흰 칼날을 무릅쓰고 맹수처럼 모인 우두머리 10현의 의열은 붉게 칠한 기둥에 순절이 아울러 빛나고 나르는 날개 깃털을 갈아 백 년의 폐허를 여러 사람의 마음으로 새롭게 하고 그리하여 같이 살고 같이 돌아가신 여덟 채 집이고 우러러 그리워하고 풍경이 그치니 제가 서천에서 돌아가신 충과 밝음을 갖추신 동료이시고 남쪽에서 높이 드러난 문벌의 후손으로, 나이가 젊으셨고 뜻과 기운과 풍채와 의기가 당당하셨고 사람 됨됨이와 쓸모 있는 바탕을 쌓으셨으며 과거에 급제하지 못하셨으나 세상에 즐거운 낯빛이셨으며 공경하고 사랑하시고 양순하시고 인정이 두터웠으며 매번 전투에서는 용감하게 싸우신다는 생각을 하시지 않음이 없었다. 어버이에게 효도하시고 옛글(서적)을 읽으셨고 천성과 천명을 겸하여 다스리고 용과 범의 날카로움을 감추시고 마음이 질박(수수)하셨으며 의리를 바로잡고 두루 삼가 익히며 웅어(熊魚:곰 발바닥과 물고기)의 가벼움과 무거움을 헤아렸고, 용감하고 날랜 기병이 마음대로 날뛰며 금(金) 같은 나라에 즉위하였으나 임금이 도성을 떠나 피란하였으니,

아! 물가에서 분노하여 용감하게 벼슬을 하지 못한 사람 신분으로 용감하게 싸우시고 날쌔게 전쟁터로 가자는 편지를 매우 빨리 달려 보내시고 붉은 피(뜨거운 충성)로 의병을 모집함을 알리시고 자주색 저고리로 시체를 검사하고 노항(魯巷) 김연(金演)이 창의(倡義)를 펴서 장차 나아갈 때 이름을 흰 명주에 써서 그 아들에게 주며 말하기를 이것으로 내 시체를 전장에서 찾으라 하시었고, 소곡(召谷) 김대해(金大海)는 전장에서 죽은 후 그 아들이 시신을 찾을 때 자주색 저고리로 그것을 찾으셨다 한다.

장하도다. 그 뜻의 빠른 결단이여. 가는 활로 모시를 쌓아서 불로 공격하고 나무를 꺾어서 마음의 기(旗)로 하였다. 도천(道川) 정석남(鄭碩男)께서는 영천에서 성에 있는 모시풀에 화공으로 공격하셨고, 남계(南溪) 손응현(孫應晛)께서는 나무 깃대에 중심(中心)이란 두 글자를 기면(旗面)에 쓰셨

---

50) 장석신(1841~1923) : 대한제국기 통정대부, 비서원승 등을 역임한 관료. 본관은 인동. 출생지는 칠곡군 약목면 각산리이다. 일명 동한. 자는 순명, 호는 과재 또는 일범. 아버지는 장시표이며, 어머니는 정완의 딸이다. 족대부 장복추의 문하에서 수학하였다. 독립운동가 회당 장석영(1851~1926)의 형이다. 1882년(고종 19) 사마시에 합격하였고 ,1893년 문과에 병과로 급제, 홍문관 수찬. 사헌부정언을 거쳐 1898년 통정대부(정삼품 상계)에 오르고, 1900년 비서원승(祕書院丞)이 되었다. 1901년 관직에서 물러나면서 9조의 소를 올렸는데 모두 시사의 급무였다. 1905년 국권이 상실되자 가야산으로 들어가 두문불출, 후진양성에 전념하였다. 저서로는 『과제문집(果齋文集)』11권 5책이 있다. 과재문집은 권말에 손진수(孫晋洙: 손후익의 부)가 쓴 발문이 있으며 고천서당 강당중수상량문(권7에 포함)이 들어있다.

다.

신묘한 기략과 헤아릴 수 없는 응변(應變)은 아버지의 뜻에 따르셨고 어머니를 받들어 모시며 가르침을 받으셨고 쌍계 이영근, 사촌 이지암은 모두 그 아버지 명에 따라서 나오셨고, 만정 최인제는 그 어머니가 창의를 허락하셨다. 충효를 함께 갖추셨다. 연못에서 적의 머리를 베시어 모조리 무찔렀는데 어머니의 성숙하심이 크셨다. 아재비와 조카가 함께 창의하셨는데 남전 이일장과 그 조카 추계 득룡, 대재 득린이 동시에 창의하셨는데 전장을 옮기어 박연에 이어 자인에서 경주 서천에 이르렀고 김노항과 여러분이 함께 돌아가셨으니 열 분이셨다.

불행하게도 임금께서 마침내 옥좌를 버리는 지경에 이르러 여러분께서 몸을 버리시니 혼은 살아계시고 영(靈)은 돌아오시기를 하늘에 바라고 하느님께 빈다. 그리하여 정신과 육체를 더럽힌 오랑캐를 죽이고 여러 곳에서 오신 분의 복수를 잊지 않겠다. 그리하여 나라를 떠받치고 빈객(賓客)을 위하여 패하지 않기를 맹세하고 화성(和城)의 전투에 뛰어들어 창으로 칼 든 적병을 죽이고 선비들이 함께 달려 나아가 싸우시다가 돌아가셨다.

다시 보면 담주(潭州: 담양)의 연정(煙井) 경림(經林)에서 의로운 소리가 위로는 구중궁궐(九重宮闕)에 통하고, 아울러 돌아가신 뒤에 벼슬을 내려 주셨다. 공개적인 의식과 의논을 격렬하게 거쳐 살핀 후 순국의 사원을 짓기 시작하였다. 차례대로 높여 벼슬을 주시기를 임금에게 아뢰고 고르게 제사를 지내시게 하니 성하게 일어날 징조로 많은 선비가 마음에 탄복하시며 많이 춤추시노라. 오호라.

조상의 명령이 서로 일어나고 그치게 하는 것은 유도(유학)의 나타남이 어둡거나 밝음에 메여 있는 바로 무성하게 풀이 나고 사람이 없던 집에 전(鱣; 상어 고기)을 올리고 궐리(闕里: 공자를 모시는 사당)를 고치고 마을에서 먼 곳 대숲 임지에서 스스로 대나무 베어 광주리와 비를 만들고 한 세대의 풍류와 운치가 오랫동안 적막하기에 이르고 열 집이 의논하여 높이니 이에 같이 모색하여 펴니 즐거이 생각을 짜내어 고천(古川: 임고면 고천리)의 무너진 터에 길을 열었다.

일찍이 현인들의 과거사를 본 따 추모 사당을 열어 남기신 법을 따르고 그것을 섬기는 것이다. 하필 어찌 담장과 가린 처마를 고치겠는가? 그리고 각각 베풀며 자제에게 거문고를 타고 시를 읊도록 익히도록 전하고 비석을 늘어놓고 계단을 이가 어긋나게 하고 주인이 손님맞이 예를 나누어 열고 겸손하게 손 모아 인사하고 돌아다니다 황강촌(黃岡村: 임고면 황강리)에 이르면 구름과 연기가 멀리 곱게 보이고 푸른 돌 두둑의 냇가는 풀과 나무에 흐르고 수원지에 있는 사당으로 활발히 흘러 흘러간다.

뒷날(후일)을 기다려 장차 건립할 때 혹 채소밭을 만들어 마을 사람들이 이야기하며 대대로 사귀어 온 정의가 서로 미쁘고 능히 유림의 성함을 도탑게 하는 이유로 제공께서 정성을 다하고 길게 수명하도록 힘을 다하시니 후세 사람들이 부러워하며 칭찬하시고 이에 육율(六律)을 지으시고 고용하여 돕는 많은 일꾼의 노역을 버리시고 들보 동쪽 운주산 머리에서 해가 밝게 떠오르는 아침은 선명하구나.

아 어둠 속에 굳센 넓은 슬픔의 구름 속으로 던져버리고 들보 서쪽으로는 팔공산 멀리에서 비가 처량하게 내리는 것이 마치 열 분의 공께서 나라를 그리워하는 눈물이 흘러 핏속으로 스며 흐르고 울부짖는 소리에 던져버리고 들보 남쪽으로는 백척의 밝고 깊은 물의 용담의 풍우가 때때로 떨쳐 일어나 오랑캐의 성가퀴에 울부짖노라.

들보 북쪽으로는 보현산(普賢山: 1,124m)이 우뚝 솟아 하늘을 만지고 북산에 이른다. 또한 한양성엔 사람은 가고 산은 비어 있구나. 스스로 마음의 애통함을 던져버리고 들보 위로는 해와 달 중간에 하늘 높이 솟은 해, 달, 별(북두칠성)의 대의가 다투어 빛나고 선비가 오랜 세월 흘린 눈물이 못을 이루는 것을 던져버리고 들보 아래로는 고천 동쪽으로 흐르는 서천 개펄로 고개를 돌리면 가련하도다. 전장의 터는 의병의 마른 뼈가 쇠하여 벌판에 쌓여있고 엎드려 원하옵건데 상량 후 그 터의 기초를 공고히 하고 소나무와 대나무의 푸름을 빛나게 하는 집을 지어 시냇가 골짜기의 아름다움을 더하소서.

옛 사당을 추억하여 길이 사모함이 완연하고 정신과 영혼의 오르내림이 양양하여 이름난 가문의 계획을 더하였는 것 같고 후세의 계승이 빛나고 선비들이 뒤따라 홍하게 일어나고, 눈으로 보고 느림을 의지하여 윤리 인륜의 뼈대의 근본과 근원을 마을의 풍속으로 권하고 장려하며 혁신하여 충의의 떳떳한 성품을 세차게 합시다.

— 무오년(1918년) 한가위 통정대부(通政大夫)원임은대승선(原任銀臺 承宣)[51] 수동 장석신(壽同 張錫藎), 고갑자 저옹(著雍; 戊) 돈장(敦牂; 午) 가배일(嘉排日; 한가위)

51) 원임(原任)은대(銀臺)승선(承宣) : 1894년(고종31년) 갑오개혁 이후 승정원이 승선원(承宣院)으로 개칭되어 왕명출납의 의무를 수행하는 도승지 아래 관리(은대)를 말하며 원임은 전직을 말함. 승정원은 조선시대 왕명의 출납을 관장하던 관청으로 정원, 후원, 은대(銀臺), 대언사등으로 불리웠다. 속아문으로 설치된 승지방(承旨房)은 承旨와 承宣으로 직책이 나누어지며 도승지(都承旨)가 수장이다. 고종 31년(1894) 갑오개혁이후 승정원이 승선원으로 개칭되었다.

강당중건기(講堂重建記)

문소(聞韶) 김헌주(金獻周)[52]

당나라에서 안녹산(安祿山)의 난에 쌍절(雙節)[53]의 사당을 변주(汴州)에 지었는데 우리나라에서는 섬나라 오랑캐의 난(임진왜란)에 십현의 사당을 영천에서 시작하였는데 천지 간에 열렬한 기운이 한결같아 사람에게서 그 닿음이 수없이 많고 이와 같이 그 죽음도 많다. 이와 같이 세참이 옛날이나 오늘날에 둘도 없는데 아홉 개의 바깥 바퀴살에 하나의 중심이 있다. 그리하여 쌍절의 사당은 철거되지 않았는데 천지자연의 도리인가 아닌가? 고천은 운주의 나머지를 지탱하노니 지세는 움평하고 강이 굽이쳐 흐르고 영화가 떠서 돌아온다. 엎드려 앞에는 조대치(釣臺峙) 바깥으로 임고(臨皐)와의 거리는 불과 몇 리에 있고 스스로 이루어진 다른 하나의 하늘에 잇닿아 있는 곳이다.

여러 현인들이 큰산이 땅을 서로 둘러싸고 있고 바둑을 두는 것 같다. 그런고로 이름난 분의 은덕을 숭상하여 있고 꾸짖어 내뿜는 기운이 여기에 완연하게 있고 이 구름 수레(雲車)가 바람과 비 내리는 저녁에 더욱 붉고 서리와 이슬이 올 때 슬슬 거닐어 돌아다니니 어찌 그곳이 없겠는가? 그리하여 그것에 부치어 사모하노라. 임진년의 난(亂)에 소곡 김공께서 집안의 재산을 모아 집안 심부름하는 사람을 시켜 동지들과의 약속을 저고리에 붙여서 보내고 스스로 맹세하고 싸우시다가 머리를 북쪽으로 향하시고 적에게 돌아가셨다. 노항 김공은 소곡의 집안 친척이시다. 활과 칼을 떨치시고 명주옷에 성명을 찍어 박으셨는데 괭이밥의 핏빛이고, 만정 최공은 만취명정(晩翠名亭)으로 그 뜻이 탁월한 선비이셨다. 그의 모친께서 명(命)하여 의병진으로 달려 오셨는데 그 뜻을 이루어셨고, 충효제 정공께서는 삽혈(歃血: 짐승의 피를 나누어 마시며 맹세함)하시며 화왕(火旺: 창녕군 화왕산)에서 맹세하셨다. 오호! 영양(영천)에서의 승리 말미에 채찍을 휘두르며 말에 먼저 올라타시고 자신의 몸을 희생하시고 후회하지 않으신 쌍계 이공, 사촌 이공이 모두 그리하셨는데 아버지의 명에 따라서 집단의 뜻에 서로 응하여 돌아가셨다.

이미 남전 이공 및 추계, 대재의 두 이공께서는 같은 집안의 숙질(아저씨와 조카)이며 형제이셨다. 혹 무흘(武屹)의 자리나 혹 완정의 집안에 따라가 노닐었는데 충효 두 글자로 분수에 맞는 일을 하셨으며 도리를 듣고 깨우치심을 아저씨와 조카가 서로 매일 형과 아우로 불렀다.

---

52) 김헌주(1866~1936) : 일제 강점기 유학자. 자는 경명이고 호는 기암이다. 본관은 의성이고 출신지는 안동 구미이다.. 구와 김굉의 후손으로 조부는 김도화이다. 어려서부터 영특하고 품행이 단정하여 조부로부터 많은 사랑을 받으며 자랐다. 장성하여서는 유필영의 문하에서 수학하며 경전공부에 힘썼다. 교유한 인물로 장석영, 이상용, 조세환, 권상규 등이 있다. 동생 김만주와 함께 문명(文名)으로 이름이 높아 여기저기서 서(序), 기(記), 장(狀), 갈(碣) 등을 받으러 오는 사람이 끊이지 않았다. 전하는 문집으로 14권 6책의『기암문집』이 있으며,『척암문집』등을 간행하였다. 1920년의 간찰이 있다. 송파 손상각의『송파유집』만사(挽詞)가 들어있다.

53) 쌍절(雙節) : 당나라 장순과 허원의 절개를 이름

남계 손공께서는 막대를 깃대로 삼고, 깃발의 중심을 마음의 화살이라고 특별히 쓰시고 죽지 않고서는 돌아가지 않겠다는 믿음으로 살았으니 무릇 이러하였다. 모든 공께서 아내와 자식을 보호하고 계시는데 그 일을 도모하심에랴. 오호! 이에 생각건대 10현 선생의 그 뜻이 같도다. 그 일이 같도다. 그 죽는 날이 같도다. 그 땅이 같도다. 이런 까닭으로 문충 김선생(김성일)이 초유의 임무를 맡으시고 특히 포상을 아뢰는 글을 한 장의 종이에 쓰셨는데 영천의 인사를 (승진하여) 올리고 같은 사당에 차례에 맞게 제기를 서서 제사를 올렸다. 그 어찌 성하지 않았겠는가?

불행하게도 한 두번 액(戹)이 돌아와 문서가 훼손됨과 깨끗이 청소한 땅에 해바라기와 보리가 도리어 흔들려 움직이고 읍양(揖讓)한 터에 조수(새와 짐승)가 도리어 머뭇거리며 돌아오게 하고 동네 입구 문을 두려워하며 지나간다. 상심하고 애통해하며 방황의 느낌이 일어나고 참지 못하고 간다. 곧 어찌 대수롭지 않게 여기고 버릴 것인가? 정사년 세모 봄에 사림에서 먼저 부르고 후손들이 협력하고 따라 옛터를 열었다.

그리하여 올려 쓰는 것에는 새 목재를 사용하고 나무를 베어 네 칸 용으로 만들었으며 물러나서 동서 방향의 중간에 집을 지었다. 사당을 지음에 모두 낱낱이 질서 조리 법도에 맞게 산과 물의 중앙에 지었으며 그리하여 다시 옛날의 빛남을 보게 되었다. 곧 어찌 우리들의 다행이 아니겠는가?

아! 강은 존중하는 사나이를 잃고 구천의 하늘에서 다시 돌아오시지 못할 그 이름을 이르노니 고천 서당은 그 몸을 버리시고 나라를 위해 돌아가신 분의 다하지 못한 한이 서린 곳이라 은연중에 이렇게 기둥에 의지하여 가히 생각하노라. 어찌 나라가 쇠망함에 그 생각을 얻을 수 있겠는가? 사당에 기록함이 없는 것을 꾸짖지 않을 수 없으며 불녕(不佞)이 그 일을 알고 가만히 생각해보니 옛날에 저의 조부이신 척암(김도화 선생)에게 『충현록』의 발문을 부탁받은 바가 있었다.

그리하여 그 글에 실린 글의 비장함이 있었다. 저도 그 일(『충현록』)을 하였습니다. 어찌 글이 거칠고 어그러짐의 꾸짖음이 없겠는가? 처음부터 끝까지 글에 대한 일을 김사문 춘희께서 말해 주셨다.

상장(上章) 돈장(敦牂) 가평절(嘉平節) 문소(聞韶) 김헌주(金獻周)

1930년 경오년 납일 의성 김헌주(金獻周)

고천서원 사적(古川書院 事蹟)

통문(通文)

달성도회소 통문

임진(1832년 순조 32) 11월 16일

공사원(公事員) 인동 장봉상(張鳳祥)·칠곡 이천(李天) 지어서 알림

대구 손정환(孫廷煥) 베껴 써서 알림

당신의 고향 고천사는 의사 여러분의 주검에 대해 다섯 번째 비는 곳이다. 그러나 오늘날까지 아직 승격하지 못하였고 우리들의 고천사가 무던히 있었는데 이 어찌 슬프지 아니하리?

하물며 올해는 곧 옛날 갑자(甲子)가 다시 돌아오는 때이다. 조상의 무덤이 가까이 있는 고을로 이름난 분의 자취를 우러러 사모하고 지나가신 땅에 남은 향기가 가히 남아있으니 곧 이로써 모든 군자가 존현의 절의를 숭상하고 반드시 여럿이 의논함을 기다려 나타나게 함이 있어야 할 것이다. 이에 도회의 자리에서 글로 나타내어 알린다. 엎드려 바라옵건대 빨리 이름을 승격하여 법도에 떳떳하게 도울 수 있는 것이 여러 선비가 심히 바라는 것이다.

영천 향교 통문

계사(서기 1833년) 2월 초 3일

도유사 서윤보 장의 류혜진 정예억

서원과 사당은 모두 존 현의 넋을 평온히 모시는 곳이다.

그리하여 사당에서 시작하여 서원에서 마치는 것이다. 작은 것에서 시작하여 점차 큰 것으로 차례대로 가는 일이다. 엎드려 생각컨대 본 사당은 십현의 충성과 굳센 절개가 하늘과 땅 사이에 기운이 일어나 산과 물 해와 달에 밝게 빛나도다.

곧 보관하고 연구하는 장소로 며칠 내로 서원이 되는데 사당이라는 것은 둘째가는 법이다. 오늘 이름 승격의 행위의 책임은 사림에게 있는 것으로 어찌 가히 머뭇거리며 옛 모양과 같이 변함이 없어 오랫동안 쳐다보니 개탄스럽다. 엎드려 바라옵건대 정중하게 논의하여 새로운 이름을 널빤지에 걸어 다시 보게 되기를 원한다. 천백 세후에도 퍽 다행한 일일 것이다.

입암서원 통문

계사년(서기 1833년) 2월 23일

서각 정대곤, 권묵, 손종률, 김련상 등

소중한 사당의 이름을 걸어 올리는 것은 여러 사람의 논의를 거쳐 나와야 하는바, 이처럼 같은 땅의 고을에서 3현을 비슷하게 하는 뜻은 오랜 세월 동안 하나의 예로 충성된 넋과 꿋꿋한 혼이 내세에 더욱 빛나니 무릇 사림에서 벌려야 하는 것으로 누가 받들어 축하하지 않을 것입니까? 엎드려 원하옵건대 삼가 처마 밑에 걸어 올리는 큰일을 행함을 빛나게 하면 천만다행이겠습니다.

송곡서원 통문

계사년(1833) 2월 1일

원장 김세묵, 유사 이동백 조대경

충을 포상하여 밝히고 조정에서 성대하게 의식을 행하니 덕을 숭상하여 거룩하게 여겨 떠받들어 제사를 모시니 사림이 덕을 사모하여 우러러봅니다. 생각건대 나의 영천 땅 고천사는 곧 임진년 순절하신 10현의 신령이 평온히 계시는 곳으로, 마지막으로 사당으로 이름을 칭하는 것이라 실로 거룩하게 떠받들어 모시는 둘째가는 의식으로 오늘이 옛날 갑자(甲子)가 돌아오는 때로 서원으로 승격하는 뜻이 있고, 어리석은 생각을 간략히 말하고자 하니 모름지기 여러분을 삼가 성대한 의식의 장소에서 바라오니 천만다행입니다.

도잠서원 통문

계사년(1833) 2월 15일

원장 서정보, 유사 안승원 조경한

귀 사당의 이름 승격의 이야기는 오늘 후학이 논의를 시작한 것이 아니고 모두 고을의 선배들께서 이야기하여 정하신 것입니다. 뒷사람을 기다리신 군자이십니다. 군자 고을의 일은 매번 머뭇거리고 선뜻 내키지 않아 침체하여 오늘에 이르러 쓸쓸하니 저는 늘 개탄스럽습니다. 저 10현 여러 공께서는 세상에 나지 않을 의열을 떨치어셨는데 옛날의 순일한 충성으로 보전하고 가꾸며 평안하게 누리는 곳입니다.

그것을 일러 서원이라 하겠습니까? 그것을 일러 사당이라 하겠습니까? 서원입니다. 사당이란 존경하여 우러러 본받은 것으로써 곧 하나로 같다고 말하겠습니다. 가볍고 무거움으로 곧 구별이 됩니다. 당당한 충절이 존경받는 곳으로는 같은 것입니다. 서원의 이름에 어찌 가히 족하지 않겠습니까? 하물며 10현을 늘 함께 제사 지내는 곳으로서 사당으로 불러야 하겠습니까? 엎드려 원하옵건대 여러분께서 삼가 공회를 하여 날을 정하고 이름 승격을 하여 높임으로써 사람이 우러러 바라는 것이 합당하겠습니다.

임고서원 통문

계사년(1833년) 정월 2일

원장 이원흠, 유사 정철휴 최지화

우리의 영천은 절의(節義) 고장입니다. 문충공 포은 선생은 충장공 대전 선생(이보흠)이 나시기 전에 일깨워 주셨고 후에 저 임진년 섬 오랑캐(왜적)의 변란으로 한 지경에서 충성스러운 분들이 적을 토벌하고자 창의하시어 영천을 수복하시고 마침내 동도(경주)에서의 싸움에서 순절하시었다. 오호라, 17인의 살신성인이 어찌 성하지 않겠습니까? 그 충성이 진실로 열렬합니다. 문충공(정몽주 선생) 문장공(이보흠 선생)의 고향 마을로 마땅히 후세 사람이 그 제사를 받아 지내야 하며 곧 우리의 고향에서 귀 사당이 다시 돌아감이 있어서는 안 되며, 그리하여 사당이라 말하고 서원이 아니라고 말함이 없어야 하겠습니다.

또 한 건립을 시작하는 초기에는 어려움을 의논하여 처리하며, 그리고 사당을 서원으로 부르는 예는 허다한즉슨, 두 글자를 승진시킴으로써 올리어 곤란함이 없게 하며 삼가 10현을 나란히 제사하는 곳이니, 고향 마을의 후인들이 격양된 마음으로 뒤늦게 정성을 갖추게 되어 제가 하는 수 없이 간략하게 말합니다. 저의 견해로는 여러분께서 모두 살펴 그것을 처리해주시면 퍽 다행이겠습니다.

승호시 고유문(陞號時 告由文)

계사년(1833년) 2월 지쉬(고을수령)

홍기섭

순절하신 10현을 한 자리에 함께 제사 지내는 데 사당입니다. 서원이라고 말하는 것은 선비들이 같이 의논하여야 하는 바, 이에 새 현판을 좋은 때를 맞춰 걸어 올리니 오랜 세월 쇠하지 말게 하시고 고천(서원)이 바야흐로 더욱더 나아갈 수 있도록 삼가 고하며 덕을 사모하여 우러러 봅니다.

품관유장략(稟官儒狀略)

병진년(1836) 월 일

서유겸(徐有謙)[54] 등

54) 서유겸(1784~1835) : 순조 3년(1803) 증광시 진사 2등 대구출신 유림, 순조 25년(1825) 을유 식년시 을과 4위

임금님의 명령으로 편액의 의식을 머뭇거려 거행하지 못함은 산남 사람의 책임입니다. 이에 생각건대 몇 칸의 사당 건물에서 사림의 의논을 세워 경건하고 정결하게 제사를 지낸 지가 몇 년 되었습니다.

그래서 향을 피우고 짐승의 고기로 제사를 지내옴이 이미 이와 같사오니, 심히 슬피 개탄하지 않을 수 없습니다. 충렬의 사당은 이미 향사(鄕社) 10현과 다릅니다. 아울러 서원에서 제사 지내는 것은 다른 곳과 더욱 구별됩니다. 엎드려 비옵건대 관아로 달려가시어 전달해 알려주십시오. 궁전의 섬돌에 향을 피워 축문하고 짐승의 고기로 정성을 한 번 드리고, 또 고을 수령의 권한에 있사오니, 특별히 처리하시라고 분부하셨습니다.

관제(官題)

의사가 같은 날 순절하신 것은 충과 의가 남보다 훨씬 뛰어나신 것으로 사람이 존경을 불러일으키는데 머뭇거리며 급하지 않으면 누가 어리석지 않겠습니까? 편액을 내리시는 의식을 이미 하여 사원에서 향을 피우고 제사를 지내야 하는데 관가에서 도장을 찍어 봉함하여 못하게 함이 있어서는 아니 될 것입니다.

기적비명(紀績碑銘)

향산(響山) 이만도(李晩燾)[55]

「고천서원 순국사 기적비명 병서(古川書院殉國祀紀蹟碑銘幷序)」 재인용[56]

영양(永陽)의 고천서원에 순국사가 있으니, 이곳은 곧 형조정랑에 추증된 소곡(召谷) 김 공 대해(金公大海)와 한성부판관에 추증된 노항(魯巷) 김 공 연(金公 演)과 생원으로서 호조정랑에 추증된 만정(晩亭) 최 공 인제(崔公 仁濟)와 공조정랑에 추증된 충효재(忠孝齋) 정 공 석남(鄭公 碩男)과 한성부판관에 추증된 쌍계(雙溪) 이 공 영근(李公 榮根)과 한성부판관에 추증된 사촌(沙村) 이 공 지암(李公 之馣)과 의빈부도사(儀賓府都事에 추증된 추계(楸溪) 이 공 득룡(李公 得龍)과 한성부 판관에

55) 이만도(1842~1910) : 한말의 학자.본관은 진성. 자는 관필, 호는 향산. 아버지는 대사성 휘준이며, 휘철에게 입양되었다. 1866년(고종 3년) 정시문과에 장원급제하여 성균관전적. 병조좌랑.사간원정언을 지냈다. 이후 홍문관 부수찬. 장령. 지평. 병조정랑. 교리. 응교. 사간. 집의등을 역임했다. 1876년 양산 군수를 거쳐 1878년 홍문관 사헌부 사간원의 요직을 역하였으며 1882년 통정 대부,공조 참의에 임명, 동부 승지에 제수되었으나 부임하지 않았다. 1905년 을사오적 공박 상소. 1907년 한일병합단행시 유서를 쓰고 단식 순국하였다. 1962년 건국훈장 국민장 추서. 1899년 고천리에 고천서원의 유래를 전하는 기적비의 비명을 찬하고, 정미년(서기 1907년)에 고천서원 복향시 고유축문을 쓰다.

56) 한국고전종합DB(http://db.itkc.or.kr/)의 이만도(李萬燾), 『향산집(響山集)』제12권 <고천서원 순국사기적비명 병서(古川書院殉國祀紀蹟碑銘幷書)> 번역 재인용.

추증된 대재(大齋) 이 공 득린(李公 得麟)과 의빈부 도사에 추증된 남계(南溪) 손공 응현(孫公 應晛) 등 열 분 선현(先賢)의 신령을 모시기 위하여 지은 것이다.

금상(今上) 무진년(1868, 고종5)에 불행히도 서원 철폐령으로 훼철(毁撤)되어, 공들의 혼령이 의지할 곳이 없음을 걱정하였는데, 이제 그 폐허에 비석을 세워서 사모한 마음을 표하는 곳으로 삼고자 하니, 이것은 진실로 많은 선비의 그만둘 수 없는 지극한 정성의 발로이다.

옛날 임진년(1592, 선조25)의 변란 때에 영남이 제일 먼저 적병에게 도륙되었는데, 영천과 경주는 그 피해를 더욱 크게 입었다. 초유사(招諭使)와 안집사(安集使)들이 와서 독려하니, 관군 이외의 의병들이 앞장서 일어났는데, 영천 고을은 포은(圃隱 정몽주(鄭夢周)) 선생의 충렬이 남아있는 곳이라서 사람들이 오로지 임금을 위해서 목숨을 바치는 것만을 알았다. 고을의 무리를 모아서 마음과 힘을 합쳤으니, 한번 떨쳐 일어나서 본성(本城)을 수복하고 박 연(朴淵)과 자인(慈仁)에 흩어져 있는 적들을 소탕하였고, 다시 떨쳐 일어나 동도(東都 경주(慶州) 서천(西川)에서 전투를 벌였다. 이때 여러 의사(義士)는 혹 어버이의 명령을 받들어 달려오기도 하고 혹 갓 태어난 자식을 내팽개치고 오기도 하였다. 붉은 저고리와 흰 명주 띠로 각자 그 몸에 표시하고 적병과 더불어 죽었으니 모두가 오로지 충성에 물든 것이었다. 관군이 먼저 무너지고 적군이 그 기세를 타고 들어오자 그들과 더불어 몸으로 부딪쳐 싸우기 수십 합에 전원이 힘이 다하여 죽었으니 그때가 8월 21일이었다. 학봉(鶴峯) 김선생(金先生: 김성일(金誠一)께서 열일곱 명으로 장계를 올리니 임금께서 포상하고 증직(贈職)하였으며 후손들의 조세와 부역을 면제하셨다. 그 뒤에 절도사(節度使)가 또 특별히 아뢰니 추증과 면제를 먼저와 같이하셨다.

이것이 적개심에 불타 나라를 위해 목숨을 바친 사실인데, 같은 사당에서 함께 제사를 받는 분이 십현(十賢)에 그친 것은 유감이 아닐 수 없다. 그러나 옛날 건양(建陽)의 사현(四賢)이나 강산(江山)의 오군자(五君子)와 견주어 보면 참으로 이것도 혁혁하게 많은 숫자라고 하겠다.

그분들의 평소 행적에 대해서 말해 보면 다음과 같다.

김소곡(金召谷)은 평소 지혜와 용기가 있어서 사람들이 큰 그릇이 될 것이라 칭송하였다.

김노항(金魯巷)은 어려서 부모님의 상을 당하였으나 마치 성인처럼 상례를 집행하였으며, 날마다 반드시 의관을 엄숙하게 하고 조용한 곳에서 책을 읽었다.

최만정(崔晩亭)은 유복자(遺腹子)로서 모친의 가르침을 공손히 받들었으며, 문사(文詞)가 일찍 트여 젊어서 성균관에 들어갔다.

정충효재(鄭忠孝齋)는 한평생 《효경》과 《소학》을 공부하여 3년 동안 여막을 짓고 시묘살이를 하면서 지나칠 정도로 애통하고 슬퍼하였으며, 예서(禮書)를 고증하여《상중잡기(喪中雜記)》를 지었다. 후손들이 그가 시묘살이하던 재실을 충효재(忠孝齋) 라고 불렀다.

타고난 자질이 빼어나서 여덟 살에 경사(經史)를 통달하였으며, 계모를 지극정성으로 섬기고 손가락을 잘라서 부친의 병을 낫게 한 분은 이쌍계(李雙溪)이다.

아량이 넓고 두터우며 처신이 편안하고 점잖았는데, 심지를 독실하게 하여 학문에 힘쓴 분은 이사촌(李沙村)이다.

한강(寒岡) 정 선생(鄭 先生) 정구(鄭逑)의 문인으로서 성리(性理)의 학설을 배웠고, 부모님을 잘 섬겨 한 번도 부모님의 뜻을 어기지 않았던 분은 이남전(李藍田)이다.

남전의 조카로서 가학을 몸에 익혀 학문에 뛰어났으며, 형은 효렴(孝廉)으로 천거되고 아우는 강직(剛直)함으로 칭송받은 분은 추계(楸溪)와 대재(大齋)이다.

어려서부터 영특하고 고매한 기상을 지닌 분은 손남계(孫南溪)이다.

대개 제공(諸公)의 타고난 아름다운 자질과 돈독한 학업은 평소에 겉으로 드러났고, 웅장(熊掌)은 취하고 물고기는 버릴 줄 아는 분별심은 이미 어린 시절부터 살펴서 터득한 것이다. 효도하고 우애하는 행실을 미루어 옮겨서 국가가 위급에 처했을 때 충성을 다함으로써 우주를 떠받치는 동량(棟梁)이 되고 거친 물결 속의 지주(砥柱)가 되었으니, 어찌 그리도 위대한가!

아아, 저 새와 짐승처럼 달아나 숨어서 몸과 목숨을 보전한 자들은 굳이 말할 것도 없지만 제공의 의열(義烈)을 애모(愛慕)하는 자들도 한갓 그것이 일시적인 강개(慷慨)에서 나온 줄만 알았지 인의(仁義)의 교화(敎化) 속에서 배양되어 흠뻑 무 젖어 배어 나온 것이어서, 근본을 둔 데가 있는 것인 줄은 전혀 모른다. 이것이 이 사원(祠院)을 짓지 않을 수 없는 이유이니, 그것은 의열을 사모하는 자들이 먼저 그들의 학업의 실체를 배워서 선후의 순서를 잃지 않도록 하여, 입교(立敎)를 실증하고 명륜(明倫)을 실증하기 위해서이다. 어찌하여 고벽(古壁)의 생황 소리는 더 들리지 않고, 다만 끝없이 펼쳐진 드넓은 모래벌판만 보인단 말인가. 그런즉 우리의 유도(儒道)가 사라지는 아픔을 하늘에 호소하려고 하여도 어떻게 할 방법이 없는 것이다.

이에 무성한 잡초 사이에서 예악(禮樂)과 문교(文敎)를 수습하여, 한 조각 돌의 표면에 삭은 실낱 같고 희미한 그림자 같은 사실을 기록하는 것이 진실로 답답하고도 서글프다. 다만 이 마음으로 당우(堂宇)를 지나가면 공손하게 종종걸음으로 지나가고 유허지(遺墟地)를 지나가면 흠모하는 마음을 일으킬 것이니, 애초에 사당이 있거나 없거나 간에 이로 인하여 흠모하는 마음에 차이가 있는 것은 아니다. 하물며 사적을 상세히 기록하여 놓았으니 그들을 높이고 경모하는 것에 어찌 전후의 다름이 있겠는가.

아아, 장순(張巡)과 허원(許遠)이 수양(睢陽)에서 죽으매 이에 힘입어 숙종(肅宗)이 영무(靈武)에서 중흥하였다. 우리나라가 다시 살아나게 된 것도 사람들이 모두 말하기를 천병(天兵)의 공이요, 우리나라 여러 공신의 힘이라고 한다. 이것은 참으로 맞는 말이지만, 진실로 당시에 충의로써 목숨을 바친 선비들이 그사이에 끊임없이 일어나서 윤리를 붙들어 세우고 의기를 고취하여 떨치지 않았더라면, 다급한 상황 속에서 사태를 수습하여 되돌리는 공적을 어떻게 이룰 수 있었겠는가. 동도(東都)로 말하자면 성을 수복한 공적이 그 후의 여러 의병의 손에서 나왔지만, 제공들의 충성스럽고도 꿋꿋한 혼백이 분노의 함성을 내질러 앞뒤에서 도와주지 않았더라면 어찌 그 크고도 기이한 공적을 이룰 줄 알았겠는가. 해자로 둘러싸인 굳건한 성은 비록 대재앙을 당하여도 아무 탈이 없지만, 피폐(皮幣)와 주옥(珠玉)으로 섬긴 적이 맹약을 배반하는 염려가 없을 수 없는데, 서로 권유하여 일어난 영웅들이 북문(北門)의 자물쇠가 됨으로써 우리나라 억만년의 기틀이 공고하게 된 것인가?,

돌아보건대 보잘것없는 후생인 내가 사실을 기록해 달라는 정연도(鄭淵道) 군과 김준희(金俊熙) 군의 부탁을 감당할 수는 없지만, 나 자신도 선무공신(宣武功臣)의 후예로서 마음속에 남모르는 감개가 있으므로 그 일을 이렇게 서술하고 명문(銘文)을 짓는다. 명은 다음과 같다.

내 대태[57]를 조문하지도 못하였고 / 我不及臺駘之弔
쌍묘[58]도 배알하지 못하였네 / 又不及雙廟之拜
주자께서 정충민절비[59]를 쓰신 붓을 빌려 / 願借朱夫子旌忠愍節碑之筆
고천서원의 순국한 열 분의 사적을 써서 / 以古川十殉國之蹟
영원토록 윤리 강상의 경계를 삼고자 하네 / 而爲萬古綱常之戒

위의 (고종) 36년 기해(1899) 중양절 앞에 통정대부 승정원 동부승지 겸 경연 참찬관 춘추관 수찬관 진성 이만도 삼가 짓다.

복향시 고유축문(復享時 告由祝文)

향산 이만도

생각건대 이수(二水: 영천을 지칭)의 충현(忠賢)은 포은 선생의 남은 향기가 큰 산에서 내려와 무

57) 대태(臺駘) : 분수(汾水)의 신이다. 대태는 소호 김천씨(少昊金天氏)의 자손으로서 대대로 수관(水官)의 장(長)을 지냈다. 전욱(顓頊)이 분천(汾川)에 봉하였는데, 그 뒤에 분수의 신이 되었음.

58) 쌍묘(雙廟) : 안녹산의 난에 순절한 당나라의 충신 장순(張巡)과 허원(許遠)의 사당이 수양(睢陽)에 나란히 세워졌는데, 그것을 쌍묘라고 함.

59) 정충민절비(旌忠愍節碑) : 송나라 정강(靖康)의 변에 순절한 충문공(忠文公) 장숙야(張叔夜)와 금군(金軍)이 섬서(陝西)를 침략했을 때 삼진(三秦)의 한성(韓城)을 지키다가 순절한 위민공(威愍公) 정양(鄭驤)을 모신 사당을 신주(信州)에 세웠는데, 나라에서 '정충민절묘'라고 사액하고 주희(朱熹)가 그 비문을 썼음.

리의 남자에게 아름다운 은택을 주시어 용사(龍蛇: 임진왜란)에 그 10현이 있으셨습니다. 아울러 웅어(熊魚: 곰과 물고기)를 한 번에 구분하여 취하시고 같이 순절하시니, 수양에서 순절한 허원 같았는데 수십 개의 바다 가운데의 섬에 오백 개의 추상같은 늠연함이 고천 사당의 서적에 밝게 비추고 있습니다. 아울러 사당에서 축문하고 제사 지냈는데 서원에 재앙이 있어 사당집을 없애게 하니 그리워하는 마음 둘 곳이 없었는데, 여러 선비께서 목련과 국화를 가져오셔서 울창하게 가꾸셨고 황무지에 새롭게 서까래를 올리고 꾸몄습니다. 오늘 이에 뼈대를 쌓고 향산(響山: 이만도)의 큰 붓으로 옥돌같이 굳은 지조로 백 세 동안 향기롭게 하며 곡식과 고기로 지패(紙牌: 지방)를 다시 진열하고 제사를 지내니 푸른 물가의 산수 좋은 땅에서 옛날의 법식으로 차례를 기다려 의식을 갖춥니다. 중추 정미(서기 1907년) 이에 제물을 올리며 공경하며 참마음으로 아룁니다.

묘도수갈시 고축문(墓道竪碣時 告祝文)

달성(達城) 서규석(徐奎錫)

삼가 생각건대 우리의 공께서 하늘이 주신 뛰어난 재주와 빼어낸 기개와 기특한 기운의 굳셈이 오래되었습니다. 대략 일찍이 가정의 가르침을 이어받아 충효의 습관과 독서, 옛것을 우러러 이름난 절개(節介)를 연마하였습니다. 그러나 난(難)에 이르게 되었습니다. 임금의 수레가 울타리를 넘어 피난하게 되니 비분강개하여 눈 같은 눈물을 흘리며 공께서는 구차하게 살지 않으려고 창의하시어 동지를 규합하여 의병을 일으키시고 깃발에 중심(中心)을 쓰고 죽기를 피 흘려 맹세하시고 영성(영천성)을 다시 찾음을 효시(시초)로 하여 자인, 경산의 적을 추격하여 토벌하고 월성(경주)에 모였으나, 관병(官兵: 관군)이 규율을 잃어 의병이 패하게 되고 전투의 기세가 꺾이게 되었으나 16인의 공께서는 발길을 돌리시지 않고 함께 전사하시니 공의 나이는 29세로 열렬하신 굳은 넋은 임금이 신하에게 명예를 주시도록 수양의 그 절개를 학봉 선생께서 달려가시어 글로 아뢰니 어찌 상 주지 않으셨겠습니까?

벼슬로서 포상하고 사림에서 은덕을 갚고자 음식과 의복을 갖추어 사당에서 제사를 지냈습니다. 아직 표갈(表碣: 무덤 앞의 동그란 작은 비석)에 미약한 자손들은 삼백여 년 오랫동안 업신여김을 당하였습니다. 오늘부터 시작하여 일꾼을 모집하여 돌을 채취하고 권공(영가 권상익)께서 잘 쓴 글로 검고 어둡게 번쩍번쩍 빛나게 묘비에 새기고 드디어 완벽한 글이 되고 색을 더하게 하였습니다. 이에 상로에 마음속 깊이 사모함을 다 합니다.

고천 서원 묘우 단청 시 환안(還安)고유문

신해년(1911년) 2월 5일

생각건대 영양(영천)은 산맥의 남쪽 중간에 있는데 어진 자는 산을, 지혜로운 자는 물을 좋아하며 종소리가 맑고 정성을 쌓아 옛것을 따르니 현인이 배출되고 하늘이 돌아보아 빼어난 유학자 포은 선생께서 나시어 충(忠)을 부르짖어 가르치며 나아가시니 세상 유학자의 으뜸이 되셨습니다. 중엽에 이르러서는 10현(十賢)께서 이어서 흥하게 하시며 나라를 위하여 몸을 버리시니 조정에서 의식을 갖추어 공손하게 사당에 제사를 지내시고 하늘에 경외심을 쌓으며, 존재하고 없어지는 것은 때가 잇닿아 있으니 마땅히 나라에서 돕고 보호해야 하지 않겠습니까? 또 한 떳떳한 충심으로 진사 단청을 붉게 칠하고 새로운 모양을 바르게 갖추며 삼가 헤아려 영세토록 편안함이 돌아오게 하시옵소서. 삼가 술과 과일을 드리오며 떳떳이 사정을 고합니다.

고천서원 승호시운(陞戶詩韻)

고을수령(主倅) 홍기섭(洪耆燮)

서원에 우뚝하게 새 이름을 걸었네, 십 현의 충혼 고천 물가에 있네. 봄가을 제사로 마땅히 은덕을 갚네. 하나 된 유림의 의견을 다시 보겠네.

또 고천서원 승호시운

양주(楊州) 조기희(趙夔熙)

더러운 티끌 한 번 씻어내니 영양(영천)이 새로워졌네! 포로(포은 정몽주를 지칭)의 근원은 고수 물가에 있네. 그해 십 현께서 순국하시었네. 운잉(雲仍; 자손)에게 백세토록 전하세.

또 고천서원 승호시운

귀산(龜山) 박필찬(朴弼燦)

옛날 갑자(甲子)가 다시 돌아와 새 서원을 열었네. 산남의 좋은 철에 우리나라의 물가가 있네. 의로운 넋에 오래도록 은덕 갚음을 전하세. 냇물에 비친 찬 달(寒月)을 보니 내 심장 같네.

또 고천서원 승호시운

남평(南平) 문봉래(文鳳來)

고천서원 이름 오늘부터 새로워졌네. 순수한 충의, 해와 달이 물가에 비추네. 살기를 꾀하기 어려우니 의롭게 순국하셨네. 십 현이 같이 죽으니 한마음이었네.

또 고천서원 승호시운

귀산(龜山) 박태관(朴泰觀)

십 현의 크신 자취 백 년에 새로워졌네. 고천의 물과 바람은 물가에 이르지 못하네. 후학은 숭상하여 선하고, 제사로서 예를 다하세. 사림이 가까이하며 사모함이 본래의 참모습이네.

또 고천서원 승호시운

10세(十世) 손상각(孫相珏)[60]

순국의 높은 이름 서원에 새롭네. 임고 동쪽의 줄기에 고천 물가가 있네. 십 현 동지께서 함께 하실 때 나이는 한 움큼 이었다네. 여러 후손은 삼가 도리를 지키세.

또 고천서원 승호시운

11세(十一世) 손영희(孫永喜)[61]

임진의 난(難) 세월은 영양(영천)을 새롭게 하였네. 만고의 물소리는 고천 물가에 절개를 세웠네. 어진 임금께서 예전의 제사를 다시 열어 주셨네. 백 년의 도리를 사림에 전하세.

또 고천서원 승호시운

11세(十一 世) 손영복(孫永復)[62]

의기의 풍도(風度), 만고에 새롭게 밝히셨네. 고천의 냇가 같은 집(서원)에 십 현이 함께 계시네. 남은 생애 더욱 감사하게 은덕을 갚으세. 절의를 심으시니 조정의 기장(旗章)을 참으로 보네.

---

60) 손상각(1828~1900) : 자는 겸옥, 호는 송파. 남계공 손응현의 10세손이며 농와공의 독자임. 영천 추곡면 대추동 출생, 한학자로 대추서당을 창설하여 많은 유학자를 배출. 족질 손영희와 더불어『남계실기』를 편집하였으며 <『송파유집』을 남김. 산소는 고경면 용전리 종상곡에 위치함.

61) 손영희(1846~1882) : 자는 노만. 남계공 손응현의 11세손으로『남계실기』지(識)를 쓰다.

62) 손영복(1855~1914) : 자 경칠, 호 송암, 한학자, 남계공 11세손, 문집으로『송암집(松菴集)』(3권 114항) 있음.

또 고천서원 승호시운

방예(傍裔) 손홍수(孫弘秀)

당당한 충의는 마땅히 더욱더 새롭네. 어느 해에 고천 물가 서원에 십 현을 모시었네. 백세토록 우러러 경모하고 추모하는 터이네. 고산(高山)은 길이 맑은 도리를 보고 있네.

묘우(廟宇) 단청(丹青) 시운(時韻)

이천(利川) 서석철(徐錫轍)

삼백여 년 이 서원 찾았네. 고천의 송백 저절로 빽빽하네. 비각에 비친 창은 더욱 빛나네. 여덟 개 구멍 산샘에서는 곡을 연주하네. 의로운 절개로 한 전쟁터에서 함께 순국하셨네. 열 집(十賢)에서 힘을 합쳐 성심을 보이셨네. 오래도록 많은 선비 십 현을 높이 우러르는 터이네. 엄숙하고 장함이 마음에 솟아오름을 금할 수 없네.

충현록(忠賢錄) 간역(刊役) 시운(詩韻)

벽진(碧珍)이종기(李宗基)[63]

옛적에 막대 칼로써 연맹하던 때에 산림에서 같이 즐겁게 오래 살았네. 영웅호걸이 만날 기회였었네. 집 안과 나라를 다스릴 의로운 포부로 가셨네. 장순(張巡)을 사람들이 다투어 칭송하여 전하네. 쌍묘(雙廟)에는 아침 햇빛이 떨어져서 떠오르고, 남기신 기록 책으로 이름이 늦었도다! 바라건대 우리들이 서로 도와 의지하며 일하세.

---

63) 벽진 이종기(1900~?) : 자는 찬경(瓚卿), 호는 우파(愚坡), 본관은 벽진이며 영천에 살았다. 『우파선생문집』, 속집이 있다. 영천이씨 농암(이현보)종택에 보낸 시문 등 다수. 자모의 병환을 단지 수혈로 병간호했던 효자로서, 1954년 최석기와 더불어 『명암집』을 편집, 간행하였다. 1963년 계묘년 중추절에 송파 손상각의 행장을 쓰다.

부(附) 생원공(生員公) 묘도수갈시(墓道竪碣時) 고유문(告由文)

의성(義城) 김응하(金膺河)

삼가 생각건대 생원공은 돌아가신 계성군의 착한 아들 양민공의 난제(難弟: 조심스러운 동생, 난형난제) 이시며 충효의 옛 가문이십니다. 시와 예를 세상에 전하시고 구슬 같은 글을 추구하시고 옥을 다듬듯 하시니 이어서 성균관에 입학하시었습니다. 연대가 오래 이어져 왔는데, 들불로 다락에 있던 전해오던 경서(經書)와 문(文) 적(蹟)을 잃게 되었습니다. 문천(文川)의 식(寔)공의 집에서 세심히 돌보지 못하였습니다. 운손(雲孫)과 잉손(仍孫: 먼 후손)에 와서 화석(花石)으로 거처를 옮겼습니다. 거주하는 사람을 지키지 못하였습니다. 이름난 분이 쉬셨던 지점을 가리키며 아무개 언덕, 아무개 물, 풀, 나무의 뛰어난 풍채입니다. 잇몸을 늘어세운 것 같이 이어진 북쪽 산기슭에 책을 넣어두는 상자에 책을 건향(乾向: 정북과 정서의 사이) 방향으로 칼을 손방(巽方: 남동) 방향으로 같이 넣어 봉하여 언덕에 두었습니다. 청산의 조각들은 오래도록 그 아름다움이 있고, 여러 후손은 사당과 묘전(墓田)을 삼가 갖추어 경영을 도모하고 이미 옛터를 다시 찾아 옥돌같이 굳은 충정을 새기어 나타냅니다. 또 법도에 따라 예절에 쓰일 물건을 조금 갖추었습니다. 혼백을 섬김에 참으로 특별함이 있어 쉬게 함에 이르게 되었습니다. 상로(霜露)의 철에 더욱 사모함을 느낍니다.

— 남계실기 2권 종(終) —

지(識)

월성(月城) 손영희(孫永喜)[64]

우리의 선조 남계공께서 남기신 일이어라. 오호! 나의 선계 신라 대수부에서 시작하여 나에게 이르렀다. 계성군을 지나면서 파가 각 고을로 분산하였다. 위성(威城: 군위와 의성)에서부터 갑현(甲峴: 영천 신녕과 군위 화수 사이 고개) 이남 영경(永慶: 영천과 경주) 울타리를 넓혀왔다. 또 한 지위와 이름이 높이 드러났으나 오직 우리 집 육칠 세대는 의롭고 미미하고 부진하였으나 오직 비유하여 보면 고을과 나라의 사림지간(士林之間)에 있는 자는 우리의 남계공(南溪公)으로 시작하였으니 조상의 덕업 충절이 있어 망하지 않고 존재해온 연고이다.

오호 집안에 복이 비어 혹독했다. 삼백여 년 남기신 유적이 하룻밤 사이에 사라져 답답하고 외롭게 되었다. 남은 후손들은 잔인한 몸의 고통을 당하였다. 그나마 다행스러운 것은 당년에 포상으로 받은 보배로운 묵장(墨藏; 책장)에서 우리 조상의 책 꾸러미를 보게 되었다. 이 모든 것이 우리 선조의 열렬하고 빛나는 횃불이 되었다. 감히 멸망하지 않게 한 것은 하늘이 또한 촛불이 되어 후세를 망하지 않게 하고자 함이 깊이 드러났다. 고을에 고하기를 집안을 세운 뒤 선고의 뜻을 수습하고 가정에 기록을 전하였고, 또한 여러 선생의 모은 것 흩어져 전해진 것 중에서 오래 전해진 것에서 허락되었고 오직 외롭고 더러움에서 오히려 찾고 상고하는데 넓지 못하고 잠깐 감히 책을 만들어 이른다. 11세손 영희(永喜) 적다.

후서(後叙)

월성(月城) 손규호(孫奎鎬)[65]

우주의 순수한 벼리(剛)는 사람에게 이르러서는 바른 기운을 주시었고, 충신 의사로서 나라를 바

64) 손영희(1846~1882) : 자는 노만(魯晩) 한학자. 남계공 11세손. 운호공(손상혁)의 3남. 영천 출신. 산소 고경면 부동. 종숙인 손상각을 도와 남계공 관련 자료 수집 및 실기 편집에 참가.

65) 손규호 : 경주인 1904년생, 자는 숙여 양민공 손소의 18세손, 한학자.

로 잡을 수 있게 하였고 난이 일어나 위기의 때에는 임금을 지키며 무릇 사회와 집의 태양입니다. 이것이 큰 충성입니다. 그 맡은 바의 직분을 다하는 것입니다. 옛날이나 오늘이나 천하에 변란이 어느 대 어느 나라 묻지 않고 일어났습니다. 그리하여 태평한 날에 나니 갑자기 손을 쓸 수 없는 지경에 장차 이릅니다. 적을 막아야 하는데 성(城)에는 신하가 없는 틈을 타 적이 제압하여 이겨 버리고 참모의 우두머리만 모두 바라보다가 바람같이 달아나니 무너져 버리고 새와 쥐 같이 숨어버렸습니다. 이에 이르니 분격하여 충성의 눈 같은 눈물을 흘리시며 막대기 창에 천으로 깃발을 만드시고 굳세게 막을 것을 맹세하시며 한 하늘 아래 같이 살 수 없다고 하시었습니다. 순수한 굳셈을 받으시어 바른 기운에 이르지 아니함입니까? 이는 그 기량을 보이신 것으로 실로 백천(百千) 가운데 하나를 능히 할 수 있다는 얻기 어려운 것이었습니다. 내 곁의 선조 남계공의 크심은 조상께서 충성을 다해 공을 세운 집안에서 나왔습니다. 책을 읽으시며 몸가짐을 삼가심으로써 효와 의를 행하시며 부친의 유업을 이으시고, 시와 예를 닦으시고 친척과 노인을 공경하시고 집이 가난하여 몸소 경작하셨습니다. 역사서를 읽으시고 수양을 하셨는데 왕촉(王蠋: 전국시대 제나라 충신) 장순(張巡: 당나라 안사의 난 때 충신)의 의로운 죽음에 손뼉을 치시고 칭찬하시며 일찍이 이르시기를, 그 공의 죽음은 죽음터에서 몸이 비록 죽음이 한때에 죽는 것이지만 이름은 만세에 죽지 않는 것으로 어찌 죽었다고 이르겠습니까? 죽지 않고 살아있는 것입니다. 또 읽기를 왕륜(王倫: 송나라 건강인, 금나라가 맹약을 위배하자 적정을 살피라고 간청함)과 진회(秦檜: 송나라 강녕인, 금나라와 화의를 주장하고 회복을 반대하여 충신 악비를 살해하였음)가 초유로사(招誘虜使)로 왔을 때 분노한 눈과 머리카락을 세우며 가을 서리와 뜨거운 해와 같이 늠름함이 기둥 같았으며 그 빼어난 기상을 그 당시의 사람들이 볼 수 없는 한 고을의 인재로서 마땅히 맡아 다스려 평안케 하였는데, 왜구가 여러 읍을 어지럽게 하여 열흘 이내에 무너뜨리고 마침내 임금의 타는 수레가 서쪽으로 이어서 피난 가게 되니 나라가 장차 오랑캐의 땅이 되는 것을 면하기 어렵게 되었습니다.

공께서는 일찍이 한 줌의 증표도 없이 나라를 지키는 책임을 맡으시고 또 타이르는 적의 말에 따지지 않고 항거하시니 벼슬이 없는 포의(布衣)로서 하늘을 우러러 나아가셨습니다. 이르기를 그 임금의 땅의 것이 아니면 죽게 되어도 먹지 않겠다 하셨습니다. 적을 공격하신 그곳을 제가 마땅히 갔는데 남기신 게 하나도 없으시고 적을 치러 가실 때 부탁하신 어린 아들과 동생을 부탁하시고 집안일은 어진 아내에게 부탁하셨습니다. 이로써 후사(後嗣)를 준비하시고 같은 고향의 의사들이 외치며 일어났습니다.

의사들은 먼저 승냥이와 이리의 입을 타격하고 그 후에는 살모사와 뱀의 꼬리를 잘라서 큰 승리를 거두었습니다. 불행하게도 월성(月城: 경주)의 큰 전투에서 절개를 지키다 돌아가셨습니다. 오호! 충신의 몸속 피가 마침내 모래펄에서 굳어졌습니다. 앞뒤 큰 전투 작은 전투에서 공적을 남기셨습니다. 모든 선배께서 행장, 묘갈명, 서(序) 발(跋)의 글을 써주셨는데 어찌 떳떳하지 않은 혹이 되겠습니까?

아! 하늘이 처음부터 공을 낳게 하시어 나라가 위난할 때에 동쪽에서 싸우시게 하고 서쪽에서 공격하시게 하여 적의 머리를 베어 잃었던 땅을 다시 찾게 되니, 곧 마땅히 이처럼 임금께서 절월(節鉞: 손도끼)을 내려 주시고 성문 밖의 일을 맡아 다스리게 하시었고 그 순절하신 후에 이르러서는 포상의 의식이 있었는데 초상이 겨우 운대(雲臺) 의빈부(儀賓府) 도사(都事)였으니 미치지 못하였습니다. 임금께서 어찌 겨우 그렇게 하심에 머무르십니까?

비록 고천의 서원이 높고 크며 천고(千古: 오랜 세월)의 향기를 품고 끊어지지 않음은 공께서 그날 의(義)를 취하기를 태산같이 중하게 하고 목숨 맡기기를 기러기의 털 같이 가볍게 하셨습니다. 이 모든 것은 진실로 오랑캐를 막고 지키려고 흉노족의 전미(饘糜: 거친 죽)을 먹으며 '19년 동안 절개'[66]를 지키다가 남쪽으로 돌아와 기린각에 그림이 그려진 것이 마지막이었다. 과연 누가 대단하고 누가 늠름하시었습니까?

그 후손 손수은 씨가 소매 속에서 실기 책 한 권을 보이시며 이르기를 "이것은 나의 대부(吾大父: 운은공 손상혁을 이름)와 백형[67](伯兄: 맏형인 우송공 손수락을 이름) 두 세대의 노고로 마음의 정성을 다한 것입니다. 그러나 일이 절반도 안 되어 아랫세대는 애석하고 근심함이 어찌 다 하겠습니까? 내 장차 뜻을 이어서 일을 이루려 하니 여러분 씨족께서는 새겨주십시오." 하니 이에 집의 일은 곧 한 집안사람의 일이니 어찌 책 끝부분에 한마디 없을 수 있겠습니까? 사양하기 말기를 원하였습니다. 저 또한 떳떳한 충심의 격함을 이기지 못하여 느낀 것 중에서 간략하게 적습니다. 이로써 사랑하는 자손의 청을 산처럼 우러러 정성으로 쓰고 설명하겠습니다. 공의 선조의 대대로 내려오는 아름다운 덕과 여러 글을 살펴보면 높으며 집안 아저씨께서 지으신 공의 행장에 상세히 적으셨습니다. 또 그것을 아름답게 저 소자가 갖추는데 어찌 감히 거듭하여 겹치게 하겠습니까? 앞으로 어떤 날 혹 의(義)를 좋아하고 강개(慷慨: 분개) 하는 군자가 있다면 옛날의 서천 모래 갯벌이 끝없는 땅끝에서 조문하는 사람이 아니겠습니까? 방후예(傍後裔: 직계가 아닌 후손) 손규호(孫奎鎬) 삼가 적습니다.

---

66) 19년의 절개 : 사신으로 갔다가 흉노에서 감금되어 19년간 양치기를 한 한나라 사신 소무(蘇武)가 사명을 완수하고 한(漢)왕조로 돌아온 고사.

67) 오대부(吾大父)와 백형(伯兄) : 손수은의 조부인 손상각의 종형되는 손상혁과 맏형 손수락을 이름. 손상혁(孫相奕 1824~1899)은 자가 국서, 호는 운은이며 남계공 9세손인 손성엽(1795생)의 장남. 영천 고경면 용전리에서 출생(당시 추곡면 대추동). 과거시험 낙방 후 운둔 차 군위 고로로 이사. 한학자로 『운은집(雲隱集)』을 남김. 산소는 영천시 화북면 소일리에 위치함.

후지(後識)

재전(在田) 손수은(孫秀殷)[68]

슬프다. 전에 현인이 이르되"조상의 선함이 있는지 밝게 드러남을 알지 못하네. 가히 두렵지 아니하랴. "옛적 나의 백증왕고(伯曾王考(돌아가신 큰집 증조부 휘 성엽)께서 영천에서 군위로 이주하셨는데 몇 집인가 우연히 불이나 가구가 소실되어 보관한 고서적들이 아울러 사라짐에 따라 후손들은 답답하고 우울한 고통을 감내해야만 했다. 그러나 불행 중 다행히 당시 포상으로 받았던 보묵장(寶墨藏)에 들어있던 귀한 서책은 고스란히 보존되었다. 이것은 하늘이 충신의 굳센 자취를 화재로부터 없어지지 않게 함이라. 그 후에 나의 조부 송파공(松坡公: 손상각)이 종질인 손영희(孫永喜)와 더불어 화재 시 수습된 서적 상자를 인수 보관하면서 여러 선생이 모은 것을 오래 보고 후세에 전하고자 문장들을 분석하고 정리하셨다.

타고난 수명이 부족했던 백형 수락(秀洛)[69]씨가 선조의 뜻을 계승하여 각 가정에서 옛날부터 구전되어오던 자료들을 모아 책을 만들게 되었다. 이리하여 후세에 전해지고 또 선조의 비석에 그윽한 덕을 나타나게 하였다. 큰 힘을 들여 비석에 나타내는 것은 다만 오랫동안 잊히지 않게 함이로다. 그러나 책자에 매번 싣지를 못하고 불초 수은이 아직 이 일을 논하여 매듭짓지 못함을 어찌 아깝지 아니하랴. 집안의 복이 벗겨져 수락 백형이 불행히 일찍 세상을 떠날 임종에 불초 수은이 말하기를 이 일은 빈곤이 막아 불가한 것이라 하고 울음을 삼키며 형님의 수명이 짧은 것을 애통해하였다. 오직 두려운 것은 세월이 변천해 이어오면서 먼지 낀 상자는 백어(白魚: 뱅어 또는 좀) 입술 모습이 되었다. 이제 완성하지 못하는 걸 후손들에게는 어찌 기대할 수 있겠는가? 이에 함께한 수룡(秀龍)[70], 중진(仲晋)[71]과 상의하니, 모두 말하기를"일이 되고 안 되는 것은 참여자 성의에 달렸거늘 지레 두렵게 안 된다고 여길 수가 있겠는가? "하면서 추진 의지를 강력히 내비치었다. 이리하여 각자 재산을 출연

---

68) 손수은(1912~1994) : 자는 덕윤, 호는 재전, 고경면 용전리 출생, 남계공 손응현의 12세손이자 송파공 손상각의 손자. 고경면장. 임고서원 원장. 『재전문집』,『유거운』저자, 『남계실기』,『송파유집』편집 간행. 산소는 고경면 용전리 양지산에 위치하며 비석이 있음.

69) 손수락 (1909~1955) : 자는 덕중, 호는 낙포, 명암 이태일 문하. 『우송유고』. 송파 손상각의 손자. 남계공 손응현의 12세손. 『남계실기』 보완작업을 주도하다 46세에 졸. 산소는 경주 아화리에 위치하며 비석이 있음.

70) 손수용(1920~2010) : 자 명오 남계공 손응현의 12세손. 의성사곡 출생으로 고경면 용전리로 이사. 남계공 숙부인 추모사업에 공헌한 바 큼. 산소는 영천 고경면 부리에 위치함.

71) 손중진(1936~) : 일명 범진(氾晋), 자 문옥 호 청고, 남계공 손응현의 13세손. 청송 문천리 출생. 『가사 명심보감』『사모곡』 저작, 성균관 대구유도회 사무국장, 성균관 부관장(2021-)역임.

하여 뜻을 새기고 세상 군자의 말씀을 새기노라. 이런고로 나의 조상 충절을 알게 하고자 이에 감히 한마디 말을 권말에 나타내어 조상과 아버지, 형이 이어온 것을 계승하여 이를 더욱 돈독히 하고자 한다.

불초 12세 손수은(孫秀殷) 눈물을 흘리며 삼가 후지를 쓴다.

제3권(第三卷) 부록(附錄)

제1절(第一節) 게재문(揭載文)

부록1. 11대 조비(祖妣) 숙부인(淑夫人) 조씨(曺氏) 묘갈명(墓碣銘)

부록2. 영천의 충렬지사 손응현(孫應晛) 선생

부록3. 남계공(南溪公) 손응현(孫應晛) 의사(義士) 기적비명(紀積碑銘)

부록4. 충렬지사 남계공

11대 조비(祖妣) 숙부인(淑夫人) 조씨(曺氏) 묘갈명(墓碣銘)

글. 재전 손수은 / 국역. 양승률 박사

숙부인(淑夫人) 창녕조씨(昌寧曺氏)는 승지(承旨) 휘 상명(尙明)의 후예로 청백리(淸白吏) 정우당(淨友堂) 휘 치우(致虞)의 현손(玄孫)이고 첨정(僉正) 휘 이관(以觀)의 따님이며 문간공(文簡公) 휘 호익(好益), 호는 지산선생(芝山先生)의 종손녀(從孫女)이다.

나이 18살에 순국공신(殉國功臣) 증봉훈랑(贈奉訓郎) 의빈부도사(儀賓府都事)로 고천서원(古川書院)에 배향된 남계(南溪) 손응현(孫應晛)에게 시집갔다. 손응현은 그 선조가 경주인(慶州人)으로 신라(新羅) 대수부촌장(大樹部村長)의 후예이고 증순충적덕보고공신(贈純忠積德輔祚功臣) 병조판서(兵曹判書)로 계성군(雞城君)에 봉해진 사성(士晟)의 현손(玄孫)이다. 숙부인은 시부모 섬김에 효도로써 하고, 동서 간에는 화목으로서 하고 제사를 받들고 손님을 접대하는데 풍성하고 정갈하게 하는데 힘을 다했다. 시부모 상을 당해서는 예법에 따라 삼년상을 마쳤고, 자식 하나 가르치는 데는 위엄을 병행해서 공부를 놓게 하는 일이 없었다. 항상 온화하고 순한 안색으로 가르치심에 정성스럽게 하니 마을에서 칭송하였다. 무릇 나라의 운명이 불운해서[百六歲] 임진왜란[龍蛇島夷侵掠]을 당하여 짐승 같은 것들이[獸蹄鳥迹:倭] 나라에 가득차고 왜놈 속된 말[鴂舌俚音]이 없는 곳이 없었다. 왕의 가마[鑾駕]는 도성을 떠나고[去邠] 종사(宗嗣)는 장차 폐허가 될 지경이었다[將屋]. 남계공이 몹시 분하여 이를 갈며 하늘에 맹서하기를, "내 죽을 곳을 얻었다. 사력을 다해 임금에게 충성하는 것은 예나 지금이나 다르지 않은데, 예전에 허원(許遠)과 장순(張巡: 중국 安史의 난에 죽은 장수)만 어찌 가장 찬미 하는가!"라고 하였다. 깃대를 들고[揭竿] 한번 외치고 의병을 일으키니 씩씩한 용사들은 일당백의 용사들이 아님이 없었다. 전쟁에 나가기로 기약한 날에 부인에게 이르기를, "내가 반드시 살아서 돌아온다고 할 수 없으니 어린 자식 잘 길러서 대를 잇기를 도모하시오."하니 부인은 태연히 일어나 절하며 말하기를, "싸움에서 돌아서지 않는 것은 대장부의 당연한 일입니다. 어찌 감히 부군의 큰 뜻을 거슬리겠습니까. 삼가 현명한 가르침을 받들어 다행히 처자식으로 해서 마음 쓰다가 나라 일을 그르침 없으니 다행입니다."라고 하였다. 드디어 의병을 이끌고 영천성(永川城)을 수복하고 자인(慈仁)의 적을 토멸하고 동도(東都:경주)에 다다라 적을 막고 목을 벤 것이 매우 많았다. 그 서천(西川)의 전투에서 우리 쪽 수는 적고 적은 많아서 혈전(血戰) 끝에 순국하였으니 즉 임진(壬

辰:1592) 8월 21일이다. 순국한 소식이 들린 날에 부군의 아우 첨지(僉知) 손응(孫應昌)은 어린 독자 위(暐)를 이끌고 싸움터에 달려가 보니 시체가 산처럼 쌓여있고 피가 흘러 내를 이루었고 파리는 차가운 뼈를 침노하고 여우는 상처 난 피부를 뜯고 있어 누가 장수이고 누가 부하인지 분간하기 어렵고 시체를 찾을 수 없어서 유의(遺衣:죽은 사람 옷가지)로 초혼(招魂)하고 청송(靑松) 문천리(文川里) 증조고(曾祖考) 생원공(生員公) 묘 우측 세등(細嶝) 유좌(酉坐)의 언덕에 반장(返葬)하였다.

오호라! 하늘이 큰 충성스런 이를 내고 이름을 후세에 드리웠으니 그 체백(體魄)이 온전히 고향에 돌아옴이 마땅한데, 끝내 충신의 피로 하여금 마침내는 모래톱을 기름지게 하였으니 하늘은 무슨 마음인가!

경주는 문천과 2백 여리 떨어져있고 험한 바위와 골짜기에 좁고 꼬불꼬불하고 험한 길[鳥道羊腸]으로 하물며 칡과 등나무가 무성하여 실로 발을 움직이기도 어려웠다. 부인이 하늘을 가리키며 맹세하기를, “내 남편은 능히 신하된 본분을 다하고 그 죽을 곳에서 죽었으니 죽음에 남은 유감이 없습니다. 내가 지아비 죽은 날에 따라죽지 못하고 구차하게 천지간에[覆載之間] 눈뜨고 살아있는 것은 남은 독자를 보호하여 온전히 대를 잇게 하기 위한 까닭입니다. 어찌 초목이 무성하여 길을 막는다고 꺼릴 것입니까?” 하고는 결심하고 힘차게 걸었다. 산소를 봉하여 쌓고 직접 스스로 점검하여 조금도 유감이 없게 하였으니 어떻게 그렇게 열렬하던가! 천명대로 거처에서 돌아가시니 임술(壬戌)에 나셔서 신묘(辛卯) 2월 2일에 돌아가시니 향년 69세로 영천(永川) 고경(古鏡) 아래 이동(梨洞) 성황(城隍) 북쪽 진좌(辰坐)의 언덕에 장사지냈다. 자손이 뿔뿔이 흩어져 봄 이슬과 가을 서리 같아서 묘소에 향을 피우는 연기의 그림자가 없어진 지 거의 4백여 년에 이르렀다. 산과 골짜기가 거칠어지니[荒山冷谷] 어찌 언덕과 골짜기가 서로 바뀌는 근심[陵谷之患]이 있지 않다고 알겠는가! 불초 소손(小孫)과 족제(族弟) 수룡(秀龍)이 각처 종족(宗族)을 일일이 순방하고 고하기를, “이동(梨洞) 선영(先塋)이 오랜 세월 제사를 모시지 않았으니[闕畧] 자손된 자 그 책임에서 도망가기 어렵고 천하에 어찌 뿌리 없는 나무가 있으며 근원이 없는 물이 있겠는가? 제종(諸宗)이 이미 실현됨을 잘 알기를 생각하면 어찌 (은덕에)보답하기 위한 제사의 방책으로 생각되지 않겠는가?”하였다. 다 이르기를, “그렇다. 이 일은 늦었도다. 늦었도다.”하고는 파회(派會)를 설치하고 그 쓰임을 헤아려 그 역량에 따라 돈을 내어 크게 묘역을 수리하고 그 묘역 언덕을 넓히고[楸原] 그 제전(祭田) 채우고 수태(秀台)·수해(秀海)가 이에 특별한 뜻을 써서 돌을 새겨 비를 세우니 (선조의) 잠덕(潛德)을 크게 들어내고 그 산천을 다시 보게 하니 어찌 신과 사람이 서로 기뻐하고[胥豫] 다 그 아름다움을 온전히 한 것이 아니랴! 아! 공경하리로다.

조비는 한 아들을 낳았으니 손위(孫暐)로 훈련부정(訓練副正)이고 이 분이 두 아들을 낳았으니 종선(宗善)과 종검(宗儉)이다. 종선은 후사(後嗣)가 없어서 통덕랑(通德郞) 종의(宗義)의 큰아들 대겸(大謙)을 대를 이을 자식으로 삼았다. 따님은 파평(坡平) 윤세거(尹世擧)에게 시집갔다. 종검은 한 아들을 낳았으니 대영(大楹)이다. 대겸의 아들은 여성(汝成)이고 대영의 아들은 여만(汝萬)이고 이하 나머지는 기록하지 않는다. 명(銘)에 이르기를,

여자에게 여행(女行)이 있으면
여사(女史)에 전할 만 하네
그 행실이 어떠하였던가
지아비 잘 받들고 따랐네
지아비가 국난(國亂)에 죽었는데
유언[遺命]은 귀에 남아있네
온갖 어려움 다 삼키고
후사를 보전하기 도모하였네
마음의 천성[心天]은 곧고 고요하고(貞靜)
지니신 자질 [資地]은 그윽하고 한가하였네
몸은 옷을 이길 수 없는 듯 하시고
말씀은 문밖으로 나가지 않았네
밤에 수레 소리가 들리면
문득 공임을 아셨네
문을 열고 더불어 말씀을 하시면
계자(季子) 예를 올리네
하늘(天根)이 문득 재촉하니
좋게 무덤[眞宅]으로 돌아가셨네
(가)운이 좋지 않음을 만나니
자손이 쇠락하였네
묘소에 제사를 모시지 못하기를
거의 반 천년이었네
원숭이는 새벽 산봉우리에서 울고
갈까마귀는 사양(斜陽)에 울부짖네
적막한 묘역에

자손 묘소는 연이어 언덕을 이뤘네
혼백[精靈]이 서로 의지하리니
거의 어두운 중에서[冥冥:저승)일 것이다
하늘이 길한 운으로 돌아와
비로소 비석[貞石]을 캐다가
크게 밝은 명(銘)을 새기고
묘역을 좋게 꾸미었네
천만년에라도
(비석은)닳아서 얇아지지 않고 깨지지 않으리로다

단기 4314(갑자)년 10월, 12세손 수은 근찬병서(글을 짓고 더불어 쓰다)
서기 1984년, 재전공 당년 73세

— 출처 : 『재전문집』(손수은 저, 도서출판 청우, 2001), 『유거운』(손수은 저, 오늘의 문학사, 2019)

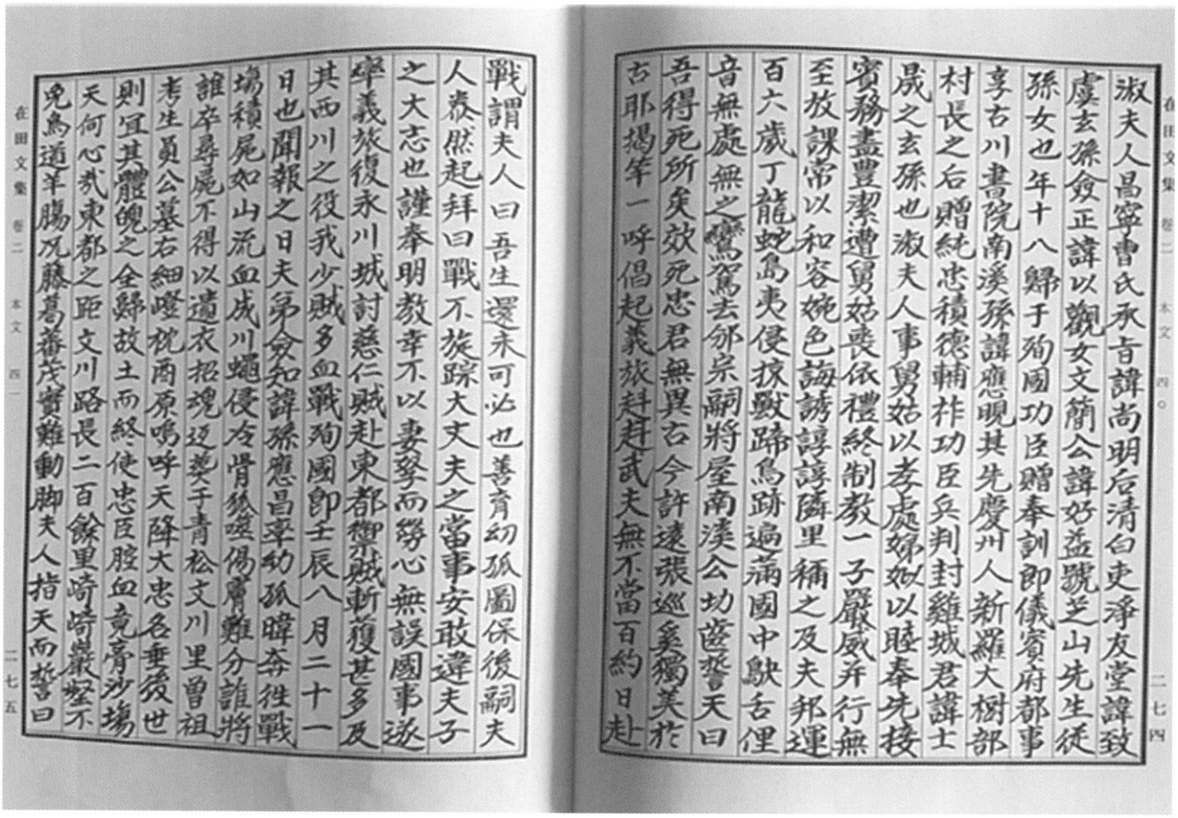

在田文集 卷二 本文 四〇 二七四

淑夫人昌寧曹氏永吉諱尙明后淸白吏淨友堂諱致
虞玄孫僉正諱以觀女文簡公諱好益號芝山先生從
孫女也年十八歸于殉國功臣贈奉訓郎儀賓府都事
享古川書院南溪孫諱應晛其先慶州人新羅大樹部
村長之后贈純忠積德輔祚功臣兵判封雞城君諱士
晟之玄孫也淑夫人事舅姑以孝處娣姒以睦奉先接
賓務盡豐潔遭舅姑喪依禮終制教一子嚴威幷行無
至放課常以和容婉色諭誘諄諄隣里稱之及夫邦運
百六歲丁龍蛇島夷侵掠獸蹄鳥跡遍滿國中鴃舌俚
音無處無之鑾駕去邠宗嗣將蹙南溪公功蓋誓天曰
吾得死所矣效死忠君無異古今許遠張巡奚獨美於
古耶揭竿一呼倡起義旅赳赳武夫無不當百約日赴

在田文集 卷二 本文 四一 二七五

戰謂夫人曰吾生還未可必也善育幼孤圖保後嗣夫
人黍然起拜曰戰不旋踵大丈夫之當事安敢違夫子
之大志也謹奉明教幸不以妻孥而縈心無誤國事遂
擧義旅復永川城討慈仁賊赴東都禦賊斬獲甚多及
其西川之役我少賊多血戰殉國卽壬辰八月二十一
日也聞報之日夫弟僉知諱孫應昌率幼孤曄奔往戰
場積屍如山流血成川蠅侵夜骨髏嗟傷骨難分誰將
誰卒尋屍不得以遺衣招魂返葬于靑松文川里曾祖
考生員公墓右細壟枕丙原嗚呼天降大忠名垂後世
則宜其體魄之全歸故土而終使忠臣股血竟膏沙場
天何心哉東都之距文川路長二百餘里崎嶇巉峻不
兇鳥道羊腸況藤葛蕃茂實難動脚夫人指天而誓曰

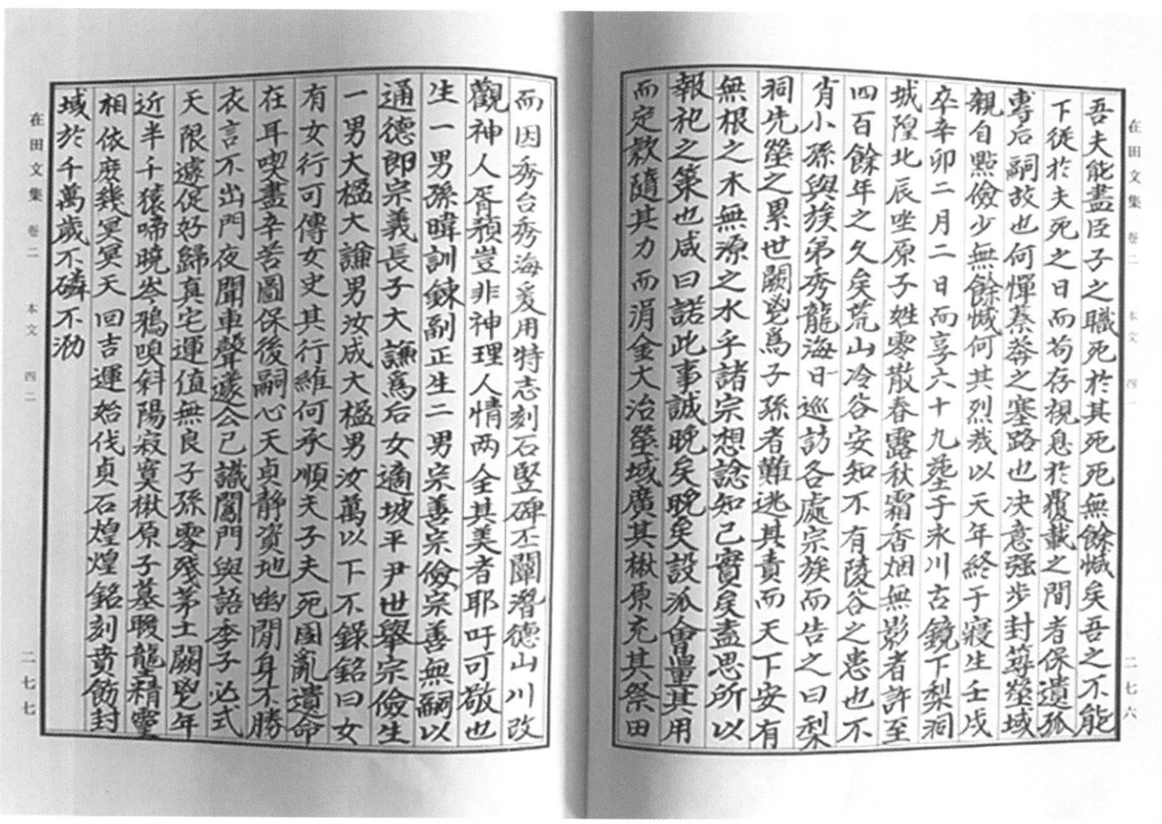

在田文集 卷二 本文 四一 二七六

吾夫能盡臣子之職死於其死死無餘憾矣吾之不能
下從於夫死之日而苟存視息於覆載之間者保遺孤
專后嗣故也何憚蓁莽之塞路也決意强步封築塋域
親自點檢少無餘憾何其烈哉以天年終于寢生壬戌
卒辛卯二月二日而享六十九瘞于永川古鏡下梨洞
城隍北辰坐原子姓零散春露秋霜香烟無影者許至
四百餘年之久矣荒山冷谷安知不有陵谷之患也不
肖小孫與族弟秀龍海日巡訪各處宗族而告之曰梨
洞先塋之累世闕墓爲子孫者難逃其責而天下安有
無根之木無源之水乎諸宗想諗知己實矣盡思所以
報祀之策也咸曰諾此事誠晩矣晩矣設一會量其用
而定款隨其力而涓金大治塋域廣其楸原充其祭田

在田文集 卷二 本文 四二 二七七

而因秀台秀海爰用特志刻石豎碑丕闡潛德山川改
觀神人胥賴豈非神理人情兩全其美者耶吁可敬也
生一男孫曄訓鍊副正生二男宗善宗儉宗善無嗣以
通德郎宗義長子大謙爲后女適坡平尹世擧宗儉生
一男大樞大謙男汝成大樞男汝萬以下不錄銘曰女
有女行可傳女史其行維何承順夫子夫死國亂遺命
在耳喫盡辛苦圖保後嗣心天貞靜資地幽閒身不勝
衣言不出門夜聞車聲遂含已識閨門與語李子必式
天限遽促奄歸眞宅運值無良子孫零殘茅土闕塋年
近半千猿啼曉岑鴉喚斜陽寂寞楸原子墓贖龍精靈
相依庶幾冥冥天回吉運始伐貞石煌煌銘刻賁飾封
域於千萬歲不磷不泐

재전문집(손수은 저, 도서출판 청우, 2001), 유거운(손수은 저, 오늘의문학사, 2019)
저자(손수은) 근찬 묘갈명 〈11대 조비 숙부인 조씨〉 재전문집 p.173-177

上左_ 저자(손수은) 근찬 병서 : 증 숙부인 (남계공 휘 응현)묘갈명
上右_ 월성손씨 세덕지비(남계공 후예) 묘갈명 (저자 서)
下_ 묘비 건립 당시(1984년 저자(앞줄 좌로부터 2번째)

영천의 충렬지사 손응현(孫應晛) 선생

이은영(李恩英) 성균관대학교 초빙교수

Ⅰ. 머리말

1592년(선조 25) 4월 13일, 조선이 일본에서 요구한 정명가도(征明假道)를 거절하자 약 20만 왜군으로 부산포를 침략해오면서 임진왜란이 시작되었다. 건국 후 200년간 큰 외세 침략 없이 태평 시절을 보내던 조선에서는 그에 대한 대비책을 강구하지 못한 상태에서 급작스럽게 일본의 침략을 당했던 것이다. 그로인해 조선은 부산진 전투에 이어 동래성, 김해성 전투 등에서 왜군에게 거듭 패하고 말았다. 급기야 충주에 배수진을 치고 있던 신립(申砬)마저 패전한 뒤 자결하였다는 소식이 조정에 전해지자 선조는 4월 30일 도성을 떠나 의주로 파천하였다. 그리고 파죽지세로 밀고 올라오던 왜군은 한반도에 발을 내디딘 지 20일 만에 아무런 저항도 없이 서울까지 내주고 말았다. 이에 조선의 힘만으로는 왜군을 격퇴시킬 수 없다고 판단한 조선의 조정에서는 5월에 명나라에 지원군을 요청 하였다. 그로인해 6월 명나라 지원군이 조선에 들어왔고, 이후 조·명 연합군이 형성되면서 조선군은 다시 기력을 되찾게 되었다.

처음 임진왜란이 발발하였을 때 손응현은 자신들의 목숨 부지를 위해 달아난 지방 관료들의 모습을 보고 포의(布衣)[1]신분으로 창의하였다. 이는 평소 모시던 임금을 위해 목숨을 바친 포은 정몽주의 정절(貞節)을 사모하던 손응현이 국난을 당해 몽진을 떠난 임금을 위해 창의를 한 것이었다. 그리고 그해 5월, 손응현은 팔공산에서 열읍 의장들과 모여서 창의 회맹을 가졌다. 이후 손응현은 7월에는 박연 전투와 영천성 수복전에 참전하여 왜군의 머리를 배는 등의 전공을 세웠다. 그리고 8월에는 제1차 경주성 탈환전에 참전하였다가 29세의 나이로 순절하였다.

이러한 사실은 초유사 김성일이 올린 장계로 인해 조정에 알려지게 되었다. 이에 조정에서는 송응현의 공적을 기리기 위해 봉훈랑 의빈부도사에 추증하였다.

그런데 임진왜란이 끝나고 안정을 찾아가던 조정에서는 1604년과 1605년에 임진왜란 때 공적을

1) 포의(布衣) : 벼슬이 없는 선비를 이르는 말

세운 사람들을 상대로 대대적인 시상을 벌였다. 이때 손응현의 이름은 명단에서 누락되었다. 그로 인해 현재의 손응현의 임진왜란 때의 행적은 세상에 널리 알려지지 않았다. 그 후 손응현은 경주성 탈환전에서 함께 순절한 영천의 십의사와 함께 고천서원에 배향되었고, 후에 『충현록』이 간행되면서 행적이 일부 알려졌지만 여전히 그의 이름과 공적을 알리기에는 미흡한 상태다.

따라서 본고에서는 모시던 임금을 위해 목숨을 바친 포은 정몽주의 정절을 사모했던 영천의 충렬지사(忠烈之士) 손응현의 임진왜란 때의 행적에 대해 살펴보기로 하겠다.

Ⅱ. 가계와 생애

1) 가계[2)]

손응현(孫應晛[3)], 1564~1592)의 자(字)는 자임(子任)이고, 호(號)는 남계(南溪)이다. 본관은 경주(慶州)로, 출신지는 청송(青松)이다.

경주는 경상북도 남동부에 위치한 지명으로 기원전 57년에 6촌이 연합하여 고대국가를 형성, 국호를 서라벌(徐羅伐) · 사로(斯盧) · 사라(斯羅)로 하고, 수도를 금성(金城)이라 하였다. 65년(신라 탈해왕 9) 시림(始林)에서 김씨 시조가 탄생하자 국호를 계림(鷄林)으로 칭하기도 하였으나, 별칭으로 사용하였다. 그리고 307년(기림왕 10)에 최초로 국호를 신라(新羅)로 정하였다. 고려 때인 935년(태조 18) 신라 마지막 임금인 경순왕이 왕건에게 항복하자 경주로 개칭한 뒤 식읍으로 주고, 그를 사심관으로 삼았다. 비로소 처음으로 경주라는 명칭이 생겼다. 이후 987년(성종 6) 동경(東京)으로 개칭하고 유수(留守)를 두어 영동도(嶺東道)에 속하게 하였다. 1008년(목종 11)에는 낙랑군(樂浪郡)이라 별칭 하다가 1030년(현종 21) 삼경(三京) 제도가 실시되자 동경(東京)을 설치하고 충렬왕 때 계림부로 개편하였다. 1202년(신종 5) 경주 야별초의 반란으로 지경주사(知慶州事)로 강등되었다가 1219년(고종 6) 다시 동경으로 환원되었다. 조선 때인 1413년(태종 13) 계림부를 경주부로 개칭하였고, 1637년(이조 15)에는 속현인 자인현이 분리 독립되었다. 1895년(고종 32) 군면 폐합으로 경주군이 되었고, 1955년 경주읍과 내동면 전역, 천북면과 내남면 일부가 통합되어 경주시로 승격했으며, 경주군은 월성군으로 개칭되었다. 그 후 1989년 월성군이 다시 경주군으로 개칭되었고, 1995년 경

---

2) 『경주(월성)손씨생원공파보(慶州(月城)孫氏生員公派譜)』, 손응현과 관련된 자료를 모은 『남계실기(南溪實紀)』, 한국역대인물 종합정보시스템(http://people.aks.ac.kr)의 〈경주손씨〉 등을 기저로 서술하였음.

3) 자료에 따라 현(晛)의 한자가 '睍'으로 되어 있는 것도 있으나, 문중 자료에 '晛'으로 되어 있음.

주군과 통합하여 시로 승격하였다.

우리나라에서 손씨가 시작된 유래에 대해 『삼국사기(三國史記)』에서는 삼한시대(三韓時代) 진한(辰韓) 사로(斯盧) 6촌 촌장들이 박혁거세(朴赫居世)를 왕으로 추대하여 신라 건국에 공을 세우고, 서기 32년(유리왕 9) 육부(六部)의 이름을 고치고 성(姓)을 하사할 때 대수부(大樹部)는 점량부(漸梁部)가 되었고 손씨(孫氏) 성을 하사 받았다고 기록되어 있다. 또 『삼국유사(三國遺事)』에서는 무산대수촌장(茂山大樹村長) 구례마(俱禮馬)가 손씨 성을 하사 받았다고 기록되어 있다. 이로 인해 오늘날 손씨는 구례마를 원조로 모시고 있다.

경주손씨의 시조는 효행으로 이름난 손순(孫順)이다. 그러나 이후의 기록을 알 수 없어서 고려조에서 봉익대부(奉翊大夫) 판밀직사사(判密直司事)를 지낸 손경원(孫敬源)을 1세로 하여 세계(世系)를 이어오고 있다.

경주손씨 대표 인물은 다음과 같다. 2세 손현검(孫玄儉)은 고려조에서 가정대부(嘉靖大夫) 검교중추원부사(檢校中樞院副使)를 지냈다. 3세 손등(孫登)은 고려조에서 감찰대부(監察大夫) 행 서북도도지휘사(行西北道都指揮使)를 지냈다. 4세 손사성(孫士晟)은 문과 급제 후 병조참의(兵曹參議)를 지냈고, 사후 병조참판(兵曹參判)에 추증되고 계성군(雞城君)에 봉해졌다. 5세 손소(孫昭)는 적개공신(敵愾功臣)으로 계천군(雞川君)에 봉해지고 양민(襄敏) 시호(謚號)를 받았다. 6세 손중돈(孫仲暾)은 문과급제 후 이조판서(吏曹判書) 등을 역임하였으며, 습작(襲爵)으로 월성군(月城君)에 봉해지고 경절(景節) 시호를 받았다.

손응현은 경주손씨 8세로, 고조는 손사성으로 일찍이 영천(永川)에서 벼슬을 지냈으며, 청도(淸道)에서 벼슬할 때에는 청덕(淸德)으로 일컬어졌다. 그는 상주(尙州)로부터 청송으로 이주해온 입향조(入鄕祖)이기도 하다. 증조는 성균생원(成均生員) 손흔(孫昕)이고, 조부는 충순위(忠順衛) 어모장군(禦侮將軍) 손세돈(孫世暾)이다. 부친은 충순위 손희(孫曦)이고, 모친은 참봉(參奉) 김태년(金台年)의 딸 월성김씨(月城金氏)이다.

위의 사실을 통해서 경주손씨는 고려조와 조선조에서 누대에 걸쳐 충훈(忠勳)과 절의(節義), 문학(文學)과 덕업(德業)으로 이름난 가문이었음을 알 수 있다.

따라서 이러한 가문에서 나고 자란 손응현이 임진왜란을 당하자 창의한 뒤 자신의 몸을 돌보지 않고 왜군을 격퇴시키다 29세의 나이로 순절한 일은 가문에서 대를 이어 내려온 충훈과 절의의 가르침과 평소 포은 정몽주의 정절을 사모하던 손응현의 충렬지심(忠烈之心)이 국난을 통해 자연스럽게 발로된 것임을 알 수 있다.

2) 생애

손응현은 1564년(명종 10) 10월 13일 부친 손희와 모친 월성김씨 사이에서 경상도 청송부(靑松府) 문천리(文川里) 집에서 4남 중 셋째로 태어났다. 형으로 손응명(孫應明)과 손응광(孫應曠)이 있고, 동생으로 손응창(孫應昌)이 있다.

어려서부터 품성(稟性)이 조심스럽고 행동거지가 단정하고 무거웠으며, 기우(氣宇)가 뭇 아이들과 사뭇 다르고, 영특하고 고매한 기상을 지녔다. 체격과 용모 또한 뛰어났다. 어려서부터 부친으로부터 충효(忠孝) 2자에 대한 가르침을 받았으며, 총명하여 학문을 시작하자 쉽게 깨닫고 이해하여 나날이 학문의 발전이 있었다.

1578년(선조 11) 15세 때 척장(戚丈) 김몽기(金夢麒) 문하에서 수학하면서 행의(行義)가 더욱 돈독하고 학문에 힘써 사우(師友)가 모두 추중(推重)하였다. 당시 대부분의 선비들이 과거공부에 힘썼으나, 손응현은 과거공부에 매달리는 일을 달갑게 여기지 않았다. 그래서 경전(經傳) 공부에 힘쓰며 곤궁함을 괴로움으로 여기지 않았다.

1584년(선조 17) 집안이 매우 가난했지만 강습(講習)을 하는 틈틈이 손수 낚시질을 하고 땔감을 마련하고 밭을 갈아 부모를 정성껏 모셨다.

1587년(선조 20) 24세 때 포은(圃隱) 정몽주(鄭夢周)의 유허(遺墟)를 지나다가 옛 비석을 어루만지며 강개하여 눈물을 흘리며 말하기를 "사람이면 마땅히 이와 같아야 하는 것 아닌가?"라고 하였다. 이는 정몽주가 모시던 임금을 위해 정절을 지키다 순국한 것처럼 사람이라면 자신의 임금을 위해 목숨을 바칠 수 있어야 한다는 뜻으로 한 말이다.

1588년(선조 21)과 1589년(선조 22)에는 부친상과 모친상을 연이어 당하였다.

1590년(선조 23) 부친의 상복을 벗었다.

1591년(선조 24) 모친의 상복을 벗었다. 그리고 영천군(永川郡) 거여리(巨余里)에 있는 시내(溪) 남쪽으로 거주지를 옮겼다. 일찍이 정몽주를 사모하여 영천에 있는 정몽주를 모신 사당 임고서원(臨皐書院)과 정몽주가 낚시를 즐겼다는 조옹대(釣翁臺)를 자주 왕래하다가 그 곳에 거주지를 정한 것이다.

1592년(선조 25) 29세 때 거주하던 거여리 시내 남쪽에 정사(精舍)를 짓고 자호(自號)를 남계거사(南溪居士)라 하였다. 그리고 아침저녁으로 경사(經史) 읽는 것을 즐거움으로 삼았다. 일찍이 당감(唐鑑)[4]을 읽다 당나라 현종(玄宗) 때인 755년 안녹산(安祿山)이 어양(漁陽)에서 반란을 일으킨 장안(長安)을 향해 파죽지세(破竹之勢)로 밀고 올 때, 수양(睢陽)에서 안녹산 반란군을 맞아 싸우다가

4) 당감(唐鑑) : 송나라 범조우(范祖禹)가 당나라 역사를 추려서 자기의 비평을 가하여 지은 책

장렬하게 전사한 장순(張巡)과 허원(許遠) 두 장수의 일에 이르면 손바닥을 치며 감탄하지 않은 적이 없었다. 이때 손응현은 "선비가 난세(亂世)를 당하면, 마땅히 이와 같이 해야 한다"고 하였다.

그해 4월 임진왜란이 일어나자 창의하였다. 그리고 그해 5월 열읍(列邑) 의사(義士)들과 대구(大邱)의 팔공산(八公山)에서 회맹을 갖고, 왜군을 격퇴시키다 죽을 것을 맹서하였다.

7월[5] 박연(朴淵)에서 처음으로 왜군과 접전을 벌였다. 이때 죽기를 각오로 싸워 크게 이겼다. 이어서 7월 26일에는 영천성(永川城) 수복전(收復戰)에 참전하여 왜군을 물리치고 영천성을 회복하는데 많은 전공(戰功)을 세웠다.

그 후 8월 7일에는 자인(慈仁)에 주둔하고 있던 왜군을 공격하는 경주판관(慶州判官) 박의장(朴毅長)을 돕기 위해 병사들을 거느리고 자인으로 가서 자인 등지의 초기 방어전에 참전하여 왜군을 격퇴시키기 위해 힘썼다.[6] 그리고 8월 21일에 벌어진 제1차 경주성 탈환전에 참전하여 혈전(血戰)을 벌이며 왜군을 토벌하던 중 장렬하게 순절하였다.

그해 9월 제2차 경주성 탈환전이 조선군의 승리로 끝나면서 왜군이 물러갔다. 그러자 그의 동생 손응창과 아들 손위가 싸움터로 달려가 쌓인 시신들 가운데 손응현의 시신을 찾았으나, 이미 많은 시간이 흘러 모두 부패하여 시신을 수습할 수가 없었다. 이에 남겨진 옷을 가지고 돌아와 혼을 불러서 장사를 지냈다.

묘소는 청송 현서(縣西) 평촌(坪村) 문천리 증조 묘 왼쪽 세등봉(細嶝峯) 유좌(酉坐) 언덕에 자리하고 있다.

사후 초유사(招諭使) 김성일(金誠一)이 경주성 탈환전에서 손응현 등 영천 의사 17인[7]이 순절한 일에 대해 조정에 알렸다. 이에 조정에서는 손응현에게 품계 봉훈랑(奉訓郎)과 관직 의빈부도사(儀賓府都事)를 추증하였다.

부인은 조이관(曺以觀)의 딸 숙부인(淑夫人) 창녕조씨(昌寧曺氏)로, 슬하에 아들로 훈련원부정(訓練院副正) 손위(孫暐)를 두었다.

---

5) 손응현과 관련된 자료를 모은『남계실기(南溪實紀)』「연보(年譜)」에는 6월로 되어 있으나, 박연 전투는 7월에 있었으므로, 7월로 수정하여 서술하였음.

6) 손응현과 관련된 자료를 모은『남계실기(南溪實紀)』「연보(年譜)」에는 손응현이 자인 전투에 참전한 것이 7월로 기록되어 있다. 그러나 자인 전투는 7월에 있던 영천성 수복전이 일어난 뒤인 8월 7일에 있던 전투이므로, 영천성 수복전 뒤의 전투로 수정 서술하였음.

7) 당시 초유사(招諭使) 학봉(鶴峯) 김성일(金誠一)이 장계로 이름을 올린 17명은 최인제(崔仁濟), 정의번(鄭宜藩), 김연(金演), 이득린(李得麟), 이호인(李好仁), 이영근(李榮根), 이순복(李順福), 이지암(李之馣), 유복홍(柳福興), 전억주(田億疇), 이득룡(李得龍), 한득의(韓得義), 전홍제(田興霽), 손응현(孫應晛), 이일장(李日將), 유원걸(柳元傑), 이정분(李廷芬)이다.『충현록(忠賢錄)』권2「무실(撫實)」참조.

1705년(숙종 31) 경상도 유생(儒生) 이익승(李益昇) 외 200여 명이 공론(公論)으로 손응현 등 영천 의사들을 제향하기 위한 사당(祠堂)을 세워줄 것을 청하는 글을 임금에게 올렸다. 그로인해 손응현은 현 경상북도 영천시(永川市) 임고면(臨皐面) 고천리(古川里)에 창건된 고천 순국사(殉國祠)에 십의사(十義士) 중 한 사람으로 배향되었다.

경주전투에 참전하였다가 순절하여 순국사에 배향된 영천 십의사는 손응현 외에 김대해(金大海, 1544~1592), 김연(金演, 1552~1592), 최인제(崔仁濟, 1560~ 1592), 정석남(鄭碩男, 1561~1592), 이영근(李榮根, 1564~1592), 이지암(李之馣, 1559~1592), 이일장(李日將, 1564~1592), 이득룡(李得龍, 1567~1592), 이득린(李得麟, 1570~ 1592)이다.

1708년(숙종 34) 충현사(忠賢祠)를 세웠다. 그로부터 7년 후인 1714년(숙종40) 영천의사들의 제향을 나라에서 금하여 제향을 그만두게 되었다.

1781년(정조 5) 임진왜란 때 의병을 일으킨 뒤 경주성 탈환전에 참전하였다가 전사(戰死)한 영천의사(永川義士) 17인 중 손응현을 비롯한 10인의 순절을 기록한『충현록(忠賢錄)』이 간행되었다.

1782년(정조 6) 영천의 사인(士人) 김만철(金萬喆)이 영천의사들을 다시 제향할 수 있도록 해줄 것을 청하는 글을 임금에게 올렸다.

1797년(정종 21) 다시 제향하면서 대산(大山) 이상정(李象靖)은 봉안축문(奉安祝文)과 상향축문(常享祝文)을 지었으며, 병촉헌(炳燭軒) 박평(朴枰)은 이때 새로 건립한 강당(講堂)의 상량문(上樑文)을 지었다.

1832년(순조 32) 경상도 유생들이 임진왜란 때 순절한 영천의사의 회갑년(回甲年)을 맞아 고천 순국사를 서원(書院)으로 높여 부를 것을 의논하는 통문(通文)을 돌렸다.

1833년(순조 33) 고천 순국사를 고천서원(古川書院)으로 높여 부르게 되었다. 이때 고을 수령 홍기섭(洪耆燮)이 이러한 사실을 혼령들에게 고하는 고유문(告由文)을 지었다.

1868년(고종 5) 서원 훼철령에 따라 제향이 철수되었다.

1876년(고종 13) 고천에 고천서원의 유래에 대해 기술한 기적비(紀績碑)를 세웠다. 이때 선무원종공신 2등에 녹훈된 이영도(1559~ 1637)의 후손인 승지(承旨) 이만도(李萬燾)가 비명(碑銘)을 찬(撰)했다.

1916년부터 영천의사들을 다시 제향하고 있다.

현재 문중(門中)에서는 손응현과 관련된 자료를 모아 1833년(순조 33) 남양인(南陽人) 홍기섭(, 1781~1866)[8]이 쓴 서문(序文)과 11세손 손수은(孫秀殷)이 쓴 후지(後識)를 붙여 발행한『남계실기(南溪實紀)』가 전한다.『남계실기』에는 조기희(趙夔熙)가 찬한 유사(遺事), 후손 손후익(孫厚翼)이 찬한 행장(行狀), 이태일(李泰一)이 찬한 묘지명(墓誌銘), 권상익(權相翊)이 찬한 묘갈명(墓碣銘)이 실려 있다. 또 〈십의사유사략(十義士遺事略)〉에 「증 봉훈랑 의빈부도사(贈奉訓郎儀賓府都事) 남계공(南溪公)」이 실려 있어 손응현이 봉훈랑 의빈부도사에 추증된 사실을 알 수 있다. 그밖에 『남계실기(南溪實紀)』의 「제현실기(諸賢實記)」에는 학봉(鶴峯) 김성일(金誠一), 한강(寒岡) 정구(鄭逑), 인재(忍齋) 최현(崔晛), 백사(白沙) 이항복(李恒福), 송암(松巖) 이로(李魯) 등의 제현(諸賢)이 영천 십이사와 관련된 일을 기록한 내용을 요약한 글들이 실려 있다.

『남계실기』에서 특히 주목할 부분은 유사(有司) 성립(成立)과 정사상(鄭四象)이 1592년 6월 10일에 기록한 것으로 보이는 「창의회맹록(倡義會盟錄)」이다. 이는 김득추(金得秋)와 관련된 자료를 모아 발행한 『구재선생실기(懼齋先生實記)』에 같은 해 4월에 기록한 것으로 보이는 「창의회맹록」과 비교했을 때, 인명에 있어 일부 출입(出入)은 했지만 『구재선생실기』에서는 보이지 않는 인명이 드러나고 있는 만큼 당시 창의한 인물들을 살펴보는데 있어 역사적 사료로서의 가치가 충분하기 때문이다.

Ⅲ. 임란시 활동 사항

1) 창의 회맹

1592년은 조선이 개국한 후 200여 년간 태평세월을 보내고 있던 때였다. 그러나 당시 일본은 도요토미 히데요시[풍신수길(豊臣秀吉, 1536~1598)]가 100여 년간의 내전을 종식시키면서 전국을 통일한 뒤였다. 이에 도요토미 히데요시는 자국 내의 불만세력과 내란의 열기를 외부로 돌리기 위해 평소 일본을 무시하던 명나라를 치러갈 계획을 세웠다. 그리고 일본은 조선에 명나라를 정벌하러 가기 위한 길을 빌려 달라는 정명가도(征明假道)를 주장하며 4월 13일 조선을 침략해 왔다.

14일 부산포로 들어온 왜군에 의해 부산이 함락되고 첨사(僉使) 정발(鄭撥)이 죽었다. 다음날인 15일에는 동래성(東萊城)이 함락되고 부사(府使) 송상현(宋象賢)이 죽었다. 이어서 18일에는 양산(梁山)이 함락되고 군수(郡守) 조영규(趙英珪)가 죽었다. 임진왜란이 일어난 지 10일도 안 되어 언양성(彦陽城) · 울산성(蔚山城) · 경주성(慶州城) · 영천성(永川城)까지 연이어 함락되었다. 왜군이 휩쓸고 지나가면서 삼도(三道; 경상 · 전라 · 충청)가 수비를 잃자, 4월 30일 선조(宣祖)는 의주(義州)로

8) 홍기섭(洪耆燮), 1781~1866) : 조선 후기 문신으로 자(字)는 수경(壽卿)이고, 본관은 남양(南陽)이다. 부친은 현감(縣監) 홍병채(洪秉寀)이다. 아들로 익풍부원군(益豊府院君) 홍재룡(洪在龍)이 있으며, 손녀딸이 헌종(憲宗)의 계비(繼妃)인 명헌왕후(明憲王后)이다. 1818년(순조 18) 진사시에 합격한 뒤 음직(蔭職)으로 관직에 나아가 1858년(철종 9)까지 황해도관찰사·공조판서·형조판서·판의금부사·상호군 등을 역임하였음.

파천하기에 이르렀다. 그러나 왜군이 지나는 길목에 자리한 각 고을 수령과 방백(傍白)은 제 목숨을 부지하기 위해 달아나기 바빴고, 관군은 무기력하기 짝이 없었으며, 백성들은 숨을 곳을 찾느라 허둥댔다. 이렇듯 각 고을이 무너져버리는데도 누구하나 왜군과 대적할 사람이 없었다.

이에 분개한 손응현은 포의 신분으로 의병을 일으켰다. 그런데 그해 5월 손응현은 열읍 의사들과 함께 대구 팔공산에서 회맹을 갖고, 왜군을 격퇴시키다 죽을 것을 맹서한 것으로 전해지고 있다. 이때 손응현이 팔공산에서 가진 회맹에 참여한 열읍 의사가 누구인지 정확히 확인할 수는 없다. 그러나 1596년 명·일간의 강화회담이 결렬된 후 왜군이 재침략해올 것에 대비해 1596년 3월과 9월에 가진 제1,2차 팔공산 회맹과는 다른 회맹인 것만큼은 확실하다.

현재 손응현이 1592년 창의 회맹에 참여한 사실은 아래『남계실기』의「창의회맹록」을 통해서 확인되고 있으나, 이것이 대구 팔공산에서 1592년 5월에 가진 회맹 명단인지는 확인되지 않고 있다.

倡義會盟錄

『남계실기(南溪實紀)』
「창의회맹록(倡義會盟錄)」

위의 1592년 6월 10일에 기록한 것으로 보이는「창의회맹록」에는 영천에서 의병을 일으킨 정세아(鄭世雅), 정대임(鄭大任), 조이함(曺以咸), 조이정(曺以鼎), 정사상(鄭四象), 조경(曺瓊), 노기종(盧起宗), 서도립(徐道立), 조이절(曺以節), 이득봉(李得鳳), 김연(金演), 이일장(李日將), 손응현(孫應晛), 조덕기(曺德驥), 정의번(鄭宜藩), 정안번(鄭安藩), 전삼성(全三省), 정수번(鄭守藩), 곽영택(郭永澤), 이희복(李希福), 성립(成立), 박언국(朴彦國), 전익(田益), 김호(金浩), 이몽성(李夢成), 최산룡(崔山龍), 최인제(崔仁濟)의 이름이 실려 있다.

그런데 아래 1592년 4월에 기록한 것으로 보이는『구재선생실기』의「창의회맹록」과 비교해 보면 인명의 출입이 있음을 확인할 수 있다.

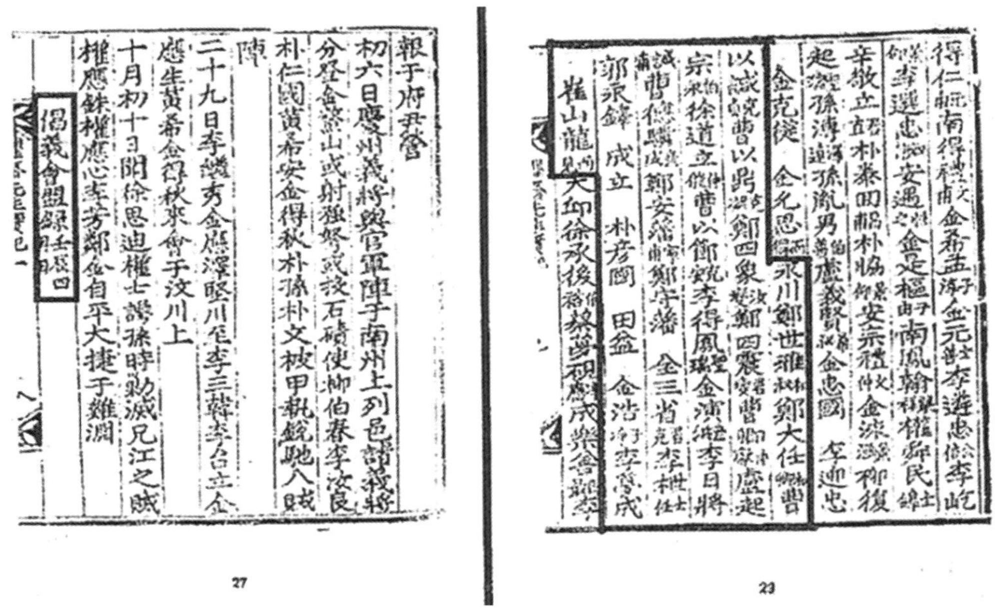

『구재선생실기(懼齋先生實記)』의 「창의회맹록(倡義會盟錄)」

위의 두 자료를 비교해 볼 때 『구재선생실기』의 「창의회맹록」에는 정사진(鄭四震)과 이설(李楔)의 이름은 기록되어 있고, 손응현과 이희복, 최인제의 이름이 누락된 것을 알 수 있다. 이와는 반대로 『남계실기』의 「창의회맹록」에는 정사진과 이설의 이름이 누락되고, 손응현과 이희복, 최인제가 추가된 사실을 알 수 있다.

그리고 다른 지역 의병들의 이름 순서에도 두 책의 내용에 큰 차이가 없이 일부 인명의 출입만 있는 것으로 보아 『남계실기』의 「창의회맹록」은 『구재선생실기』의「창의회맹록」을 바탕으로 기록된 것임을 유추해볼 수 있다. 그러나 인명 출입이 분명히 있는 만큼 두 책을 아울러서 본다면 당시 영남 지역 의병에 참여한 인원의 규모를 좀 더 확실하게 파악할 수 있을 것이다.

2) 박연 전투[9]

1592년 4월 임진왜란이 일어난 뒤 조선은 조선군만으로는 왜군을 격퇴시킬 수 없다는 판단에 따라 5월에 명나라에 지원군을 요청하였다. 그리고 6월 명나라 지원군이 도착하여 조·명 연합군이 형성되고 두 나라가 협공 작전을 펼치면서 조선군의 기세가 올랐다. 그러는 가운데 경상도 지역에서는 왜군에게 빼앗긴 영천성을 수복하기 위한 움직임이 있었다.

9) 『임란기 경상좌도의 의병항쟁』, 최효식, 국학자료원, 2004, 176~177쪽 등을 기저로 서술하였음. 현재 손응현(孫應晛)의 『남계실기(南溪實紀)』연보(年譜)에는 6월에 박연 전투에 참전한 것으로 기록

당시 영천성에는 1천여 왜군이 점령한 채 안동(安東)에 주둔하고 있던 왜군과 내통하고 있었다. 이때 영천성을 거점으로 삼고 있던 왜군은 성 밖으로 나가 사방에서 노략질을 일삼았기 때문에 주변 고을 가운데 왜군으로부터 피해를 입지 않은 고을이 없었다. 그러자 영천의 사민(士民)들은 다른 곳에 주둔하고 있던 의병진의 도움을 받아 영천성을 수복할 기회를 엿보고 있다가 경상좌도병마절도사(慶尙左道兵馬節度使) 박진(朴晋)에게 지원군을 요청하였다. 이에 박진은 신녕(新寧)의 의병장인 별장(別將) 권응수(權應銖)에게 영천성을 수복하려는 영천 시민들을 돕도록 하라는 명을 내렸다. 박진의 명에 따라 권응수가 군사들을 거느리고 영천성을 향해 진군하던 중 영천의 박연(朴淵; 일명 박소)에서 갑자기 왜군과 마주치게 되면서 7월 14일 박연 전투가 벌어졌다. 박연은 영천 북쪽 신녕 지역에 위치한 곳으로 안계(安溪), 의흥(義興), 영천, 하양(河陽) 등지로 통하는 교통의 요충지였다. 그런데 당시 왜장이 조선인 옷을 입고 봉고어사(封庫御使)를 사칭하여 100여 명의 왜군을 이끌고 군위(軍威)로부터 노략질을 일삼으며 영천으로 오고 있다가 박연 가에서 조선군과 마주치게 된 것이다.

이때 손응현은 영천의 의병장 정대임(鄭大任) 등과 함께 의병진을 이끌고 박연가로 달려가 권응수 의병진과 합세하여 박연에서 마주친 왜군과 접전을 벌여 대파 하였다. 당시 살아남은 왜군 일부는 의흥 방면으로, 다른 일부는 하양 방면으로 달아났다. 그러자 권응수는 의흥 방면으로 달아나는 왜군을 추격하여 격멸시켰고, 손응현은 정대임 등과 함께 하양 방면으로 달아나는 왜군을 추격하여 격멸시켰다. 그리고 이들은 달아나던 왜군이 버리고 간 병기(兵器)들을 노획하여 의병들에게 나누어주었다. 이때 손응현은 창의 회맹에 참여한 이후 처음으로 전투에 참전하여 팔공산 회맹에서 맹서한대로 죽기를 각오로 싸워 박연 전투를 승리로 이끄는 데 많은 도움을 주었다.

당시 손응현이 참전했던 박연 전투의 승리로 의병군의 사기는 크게 진작되었다. 그러나 이와는 반대로 왜군의 기세는 크게 꺾이게 되었다. 그러자 우리 힘으로 왜군을 격퇴시킬 수 있다는 자신감을 갖고 의병진 대열에 합류하는 사람들이 늘어나 의병군의 숫자가 매우 많아졌다. 그러자 왜군은 예전처럼 마음대로 성 밖으로 나와 노략질을 일삼지 못하게 되었다.

3) 영천성 수복전[10)]

그 후 왜군에게 빼앗긴 영천성을 수복하기 위한 전투가 1592년 7월 24일부터 7월 27일까지 벌어졌다. 당시 박연 전투의 승리로 사기가 오른 권응수는 인근 고을에 주둔하고 있던 군사들을 모았다.

---

10) 『선조수정실록』25년(1592) 8월 1일 10번째기사 〈별장 권응수가 적을 격파하고 성을 회복하다〉, 『임란기 경상좌도의 의병항쟁』, 최효식, 국학자료원, 2004. 165~203쪽, 『국역 복재선생실기(國譯 復齋先生實記)』(복재선생 실기국역발행위원회, 홍문관, 1949)의 「영천복성일기(永川復城日記)」와 「영천복성기(永川復城記)」등을 기저로 서술하였음.

그리고 권응수는 경주판관 박의장과 함께 영천성을 공격할 날짜를 정했다.

이때 영천성 수복전이 전개될 것이라는 소식을 접한 손응현은 눈물을 흘리며 말하기를 "나라를 위해 순절(殉節)하는 것은 우리 가문에 대대로 전해오는 일상적인 일이다. 하물며 부친으로부터 충효의 가르침을 받았고, 지금 임금이 몽진(蒙塵)을 하였으니, 어찌 편안하게 숨기를 도모하겠느냐, 우리 예의(禮義)의 나라로 하여금 왜적이 되기를 기꺼워할 수 있겠느냐? 왜적과 함께 더불어 살수는 없다,"라고 하였다. 그리고 손응현은 동생 손응창의 손을 잡고 말하기를 "임금이 욕(辱)되면, 신하는 죽어야 하는 것인데 지금이 그 때이다. 하물며 동도(東都; 경주)는 우리 집안에서 대대로 녹봉을 받던 곳이다. 어찌 적의 소굴이 되도록 둘 수 있겠느냐. 이와 같은데도 왜적을 초멸(剿滅)시키지 못한다면 내가 선영들에게 낯을 들 수 있겠느냐?"라고 하였다. 이어서 "아들 손위(孫暐)가 아직 어리니 네가 보호하여 후사(後嗣)를 도모하도록 하라."고 하였다. 그리고 손응현은 나무를 뽑아 장대를 만들고 옷감을 찢어 깃발을 만들어 중심(中心)이라는 글자를 쓰고, 같은 고을 의병들과 함께 적진으로 달려갔다. 당시 손응현이 쓴 '중심(中心)'이라는 글자는 곧 '충(忠)'을 쓴 것으로 화살마다 모두 적의 심장에 맞혀 충을 이루겠다는 의미를 가진 것이다.

그리고 손응현은 싸움에 패한 뒤 살아남은 병사들을 불러 모아 영천성 수복전에 참여하기 위해 권응수 의병진으로 달려갔다. 그 후 각 지역에서 모여든 3,000여 의병은 7월 24일 아침 9시경 작전에 따라 추남평야(楸南平野; 추남들)에 진을 쳤다. 그런데 이때 수백 명의 왜군이 낙동강 지류인 남천[南川; 현 금호강(琴湖江)]에서 말을 씻기고 있다가 의병들이 진을 치는 것을 보고 놀라 성안으로 달아나버렸다. 그러드니 왜군은 영천성 성벽으로 올라가서 성 밖에 진을 친 의병군의 동태를 살폈다. 이때 의병군은 '창의정용군(倡義精勇軍)'이라고 쓴 깃발을 높이 세우고 풀을 엮어 허수아비를 만들었다. 그리고 허수아비 손에 활과 화살을 쥐어 주어 진짜 군사처럼 위장한 뒤 의병군 진열 앞에 즐비하게 세워두었다. 그러자 의병군의 숫자가 헤아릴 수 없을 만큼 많은 것으로 판단한 왜군은 성문을 굳게 닫아걸고 두려움에 떨며 감히 공격할 엄두를 내지 못하고 있었다. 그런데 다음날인 7월 25일 새벽 경주사람 최진립(崔震立)·손시(孫時)·권사악(權士諤) 등이 수백명의 정병을 거느리고 영천으로 왔다. 이로써 당시 모인 의병군의 수는 약 4,000명에 이르는 대군(大軍)을 이루게 되었다. 그날 새벽 권응수 등은 버드나무에 올라가서 영천성 안 왜군의 형세를 살폈다. 그런데 이때 새벽 달빛 아래 영천성 안 포로로 잡혀간 수많은 백성들이 매를 맞거나 칼에 베어서 유혈이 낭자하는 등 처참한 모습이 보였다. 이에 장수들은 왜군에 비해 의병군이 수적으로 열세지만 더 이상 영천성 수복전을 미룰 수 없다고 판단하고 영천성을 진격하기로 하였다. 이때 의병군은 수적 열세를 극복할 방법으로 바람의 방향을 활용하는 화공법(火攻法)을 쓰기로 의견을 모으고 아무 날 10시경에 진격하기로 하였다. 이에 화공법에 쓸 불화살을 만들고 섶과 건초더미를 모아 성처럼 높이 쌓았다.

그리고 다음날인 26일 아침 권응수는 전투에 앞장 설 장사를 뽑고, 죽음을 각오한 용사(勇士) 500명을 골라서 돌격대를 조직하였다. 그 후 돌격대가 북을 치고 고동을 불며 일제히 진격하고, 그 뒤를 이어 권응수가 다른 의병장들과 함께 성 아래까지 진군했다. 그러자 갑자기 들이닥친 의병군의 기세에 당황한 왜군은 전열을 갖추지도 못한 채 의병군을 향해 총을 마구 쏘아댔다.

그렇게 하루가 저물고 다음날인 27일 동남풍이 불어오자 의병장들에게 "바람이 이로우니 불을 놓을 만하다,"고 하였다. 이에 의병장들은 "그렇다."라고 답하였다. 그리고 그날을 영천성 수복 완수의 날로 정하고 화공작전을 펼치기로 하였다. 그래서 의병군은 각자 준비한 화구(火具)로 성 밖에 쌓아놓은 섶과 건초더미에 불을 질렀다. 맹렬한 불길로 인해 왜군은 자신들끼리 짓밟고 엉켜 헤매느라 우왕좌왕 하고 있었다. 이때 권응수는 의병군으로 하여금 함성을 지르며 성문을 부숴버린 뒤 커다란 도끼를 휘두르며 성 안으로 달려 들어가 왜군들을 도끼로 찍어 내렸다. 이에 왜군들이 서로 먼저 달아나려고 앞 다투면서 성 안은 아수라장이 되었다. 그 때 밖에 남아있던 군사들이 북을 치고 함성을 지르며 성 안으로 힘차게 진격해 들어갔다. 이때 손응현은 앞장서서 영천성으로 달려 들어가 죽을 각오로 힘껏 싸웠다. 그러자 권응수를 중심으로 한 손응현 등의 활약에 기세가 눌린 왜군은 대항할 엄두도 내지 못하고 영천성 안의 창고로 피신하였다. 그러자 의병군은 왜군이 숨어든 창고에 불을 질렀고, 이때 성안에 있던 대부분의 왜군이 불에 타 죽었다. 이날 왜군의 시체를 태우는 불꽃은 밤을 새우고도 꺼지지 않았고, 시체 타는 냄새는 십여 리까지 뻗쳤다. 당시 성 안에 있던 1천여 왜군 가운데 살아남은 왜군들 또한 조선군에게 대부분 죽임을 당하였고, 탈출한 자는 수십 명에 불과했고, 머리를 베인 숫자는 수백 급(級)에 이르렀다. 그리고 살아남은 몇몇 왜군이 사방으로 흩어져 달아나자 의병군은 이들을 추격했다. 그러자 물로 뛰어들어 죽은 왜군 시체로 인해 물이 흐르지 못할 정도로 살아서 탈출한 자가 없었다. 이로써 영천성 수복전은 의병군의 대승으로 끝이 났다. 이때 손응현은 왜군의 머리 2급(級)을 베는 전공을 세우며 영천성 수복전을 승리로 이끄는데 많은 역할을 하였다.

영천성이 수복된 다음 날인 7월 28일 의병군의 피해를 조사해본 결과 전사자는 83명, 부상자는 238명에 불과하였으며, 말은 190여 필, 총통과 창검은 900여 자루, 안장과 보물 등속 및 비단과 베 등을 거두는 전과(戰果)를 이루었다. 이에 더해 성에 갇혔던 남녀 포로 1,090여 명을 석방시켜주었다. 이러한 일은 임진왜란이 일어난 이래 처음이었다.

영천성 수복전이 승리로 끝났다는 소식을 접한 경상좌도병마절도사 박진이 다음날인 7월 29일 한걸음에 달려와 진중을 돌아본 뒤 칭찬을 아끼지 않았다.

당시 손응현이 참전한 영천성 수복전이 조선군의 대승으로 끝났다는 소식이 온 나라에 퍼져나갔다. 그러자 영천성 안의 왜군과 내통하여 안동에 주둔하고 있던 왜군들까지 모두 놀라 상주 지역으로 달아나버렸다. 그로 인해 영천을 포함한 경상좌도 수십 고을 백성들은 일정기간 평온하게 생업에 종사할 수 있게 되었다.

그 후 손응현은 1592년 8월 7일 의병들을 거느리고 자인으로 갔다. 이는 자인에 주둔하고 있던 왜군을 공격하기 위해 자인에 온 경주판관 박의장을 돕기 위해 출격한 것이다. 손응현이 돕기 위해 달려간 자인 전투는 관군과 의병군을 합친 조선군의 승리로 끝났다. 이처럼 손응현은 자인 등지의 초기 방어전에도 참전하는 등 왜군 격퇴에 많은 힘을 보탰다.

4) 경주성 탈환전[11)]

한편 자신들이 점령하였던 영천성을 다시 조선군에게 빼앗긴 왜군은 방어력(防禦力) 증강에 힘쓰며 다른 지역에 주둔하고 있는 왜군을 경주성으로 불러들이고 있었다. 이때 의병장 김호(金虎)가 경주 노곡(奴谷) 부근에서 다른 지역에서 경주성 안으로 이동 중이던 왜군을 격퇴시켰다. 이 일로 경주성 안 왜군의 사기는 땅에 떨어졌으나 이와는 반대로 조선군의 기세는 더욱 높아졌다.

이에 앞서 동래성과 밀양(密陽)에서 왜군에게 패했던 경상좌도병마절도사 박진은 전날의 치욕을 씻기 위해 안강현(安康縣)에 주둔하고 있으면서 군사력을 모으면서 경주성을 탈환할 기회를 엿보고 있었다. 때마침 김호의 승전으로 더욱 사기가 오른 조선군은 8월 21일 경주성 탈환전을 실행하기로 하였다. 그러자 영천성에서의 승리로 자신감을 가진 권응수의 의병군을 포함해 관내(官內) 16개 읍의 의병군은 일제히 경주성 아래에 모였다. 이때 손응현은 의병장 정세아(鄭世雅)를 선봉장으로 한 영천의병군으로 참전하였는데, 당시 모인 의병군 숫자는 3만 7천여 명에 이르렀다. 이들은 8월 20일 경주성을 포위하였다. 그리고 다음날인 21일 동이 틀 무렵 경주성 부근의 민가(民家)에 불을 질렀다. 이는 경주성 안에 있던 왜군이 성 부근에 매복해 있는 조선군의 실체를 살피지 못하도록 하는 교란작전이었다. 이때 손응현은 의병들을 돌아보며 말하기를 "오늘의 전투는 전진만 있고, 후퇴는 없다."라고 하였다. 그 후 박진은 공격 명령을 내렸고 조선군은 일제히 성을 공격하였다. 그러나 성 부근에 매복하던 박진 진영 뒤에 숨어있던 왜군이 역침을 해왔다. 그러자 전세(戰勢)가 불리해지는 것을 느낀 홍해(興海)와 연일(延日) 지역의 고을 수령 등은 서둘러 퇴각해버렸다. 이에 손응현은 검(劍)을 어루만지며 하늘에 맹세하며 말하기를 "이곳은 우리집안 채지(采地)이므로 왜군을 격퇴시키지 않으면 내 발꿈치는 돌아가지 않을 것이다."라고 하였다. 그리고는 앞장서서 혈전을 벌이며 왜군을 격퇴시키기 위해 용전분투하였으나 조선군은 크게 패하고 말았다. 이때 손응현은 영천의 의병장 정세아의 아들 정의번(鄭宜藩) 등 6백여 명의 인재들과 함께 장렬하게 순절하고 말았다.

---

11) 『임진왜란기 영남의병연구』, 최효식, 국학자료원, 2003. 66~70쪽, 『임란기 경상좌도의 의병항쟁』, 최효식, 국학자료원, 2004. 116~123쪽,』『선조수정실록』 등을 기저로 서술하였음.

한편 제1차 경주성 탈환전에서 패배한 박진은 많은 희생자를 내며 패전으로 끝난 것에 대해 설욕할 기회를 엿보고 있었다. 그러던 중 박진은 화포장(火砲匠) 이장손(李長孫)이 비격진천뢰(飛擊震天雷)를 만들었다는 소식을 접하였다. 비격진천뢰의 성능에 대해 알아본 박진은 경주성 탈환전 때 투입하면 좋은 결과를 낼 것이라는 판단이 섰다. 그리고 마침내 9월 8일 제2차 경주성 탈환전이 벌어졌고 박진은 제1차 경주성 탈환전 때의 치욕을 설욕하게 되었다. 그러나 이때 손응현 등은 이미 제1차 경주성 탈환전 때 순절한 뒤였기 때문에 경주성을 탈환한 기쁨을 누릴 수 없었다.

비록 경주성 탈환전을 승리한 기쁨은 함께 할 수 없었지만 제1차 경주성 탈환전에서 달아난 지방 수령들 대신 끝까지 왜군과 맞서 싸우다 장렬히 순절한 손응현 등의 희생이 훗날 제2차 경주성 탈환전에서 승리할 수 있는 원동력이 되었음은 부정할 수 없는 사실이다.

자신의 목숨을 돌보지 않고 제1차 경주성 탈환전에서 전사한 손응현의 이름이 『충현록(忠賢錄)』에 실린 사실은 아래 『충현록』의 「증 의빈부도사 남계선생 손공 사적(贈儀賓府都事南溪先生孫公事蹟)」을 통해서 확인된다.[12]

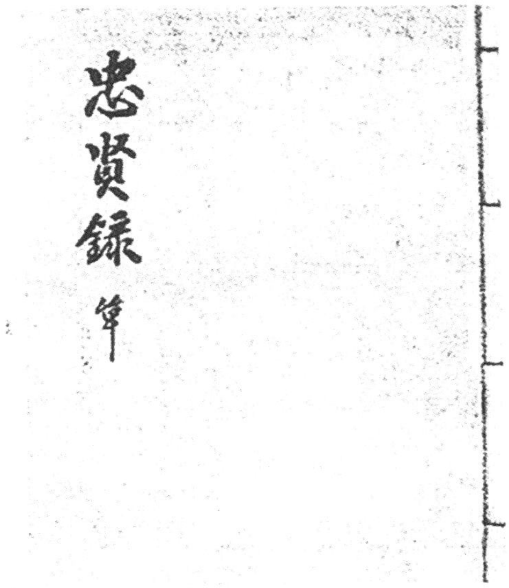
忠賢錄

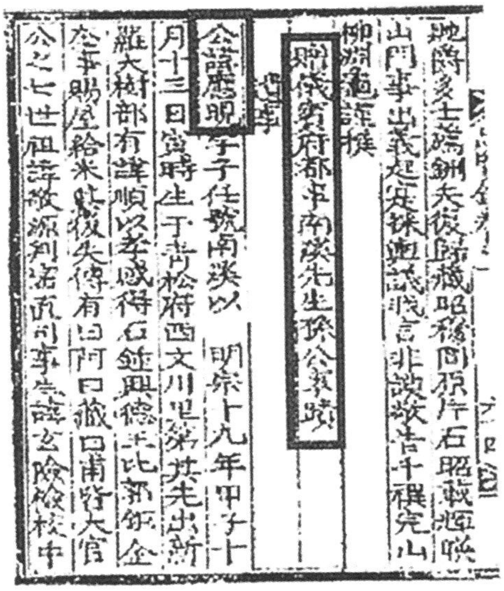
贈儀賓府都事南溪先生孫公事蹟

『충현록』「증 의빈부도사 남계선생 손공 사적」

12) 유교넷(http://www.ugyo.net)의 『충현록(忠賢錄)』 자료

Ⅳ. 맺음말

1592년 중국 침략의 야망을 실현하기 위한 발판으로 조선을 침략하여 임진왜란을 일으켰던 도요토미 히데요시가 1598년(선조 31) 왜군에게 조선에서 물러갈 것을 유언으로 남기고 병사(病死)하면서 7년간의 임진왜란은 끝이 났다.

두 차례의 왜란이 끝나고 어느 정도 안정을 찾은 조정에서는 1604년(선조 37) 6월과 1605년 3월에 임진왜란 때 공훈을 세운 사람들을 대상으로 대대적인 시상을 벌였다.

그런데 이때 영천성 수복전에서 왜군의 목을 베는 전공을 세운 뒤 제1차 경주성 탈환전에서 순절한 손응현의 이름이 누락되면서 그는 공신에 녹훈되지 못하였다. 비록 초유사 김성일의 장계로 손응현이 경주성 탈환전에서 전사한 사실이 조정에 알려졌고, 그로 인해 특별히 봉훈랑 의빈부도사에 추증되기는 하였지만 공신에 녹훈되지 못하면서 그의 이름은 세상에 알려질 기회를 제대로 갖지 못하게 되었다.

임진애란이 끝나고 100여 년 뒤 사람들의 공론으로 영천 십의사 중 한 사람으로 영천의 고천서원에 배향되고, 이후 『충현록』이 간행되면서부터 그의 이름과 행적이 일부 세상에 알려지기 시작했지만 여전히 미흡한 상태이다. 비록 공신 녹훈에는 누락되었지만 평소 포은 정몽주의 정절을 사모하였던 그가 임진왜란이 일어나자 자신의 몸을 돌보지 않고 포의의 신분으로 왜군 격퇴에 힘쓰다 29세의 나이로 순절한 일은 세상에 알릴 가치가 충분하다.

역사에 만약이라는 말은 없다고 한다. 그러나 만약 손응현이 제1차 경주성 탈환전에서 순절하지 않았다면 왜군 격퇴를 위해 임진왜란이 끝날 때까지 힘써 싸웠을 것임은 의심의 여지가 없다. 그러한 만큼 본고를 통해 포은 정몽주의 정절을 사모했던 영천의 충렬지사 손응현의 임진왜란 때의 행적이 세상에 널리 알려지길 바란다.

끝으로 손응현과 관련된 사료 가운데 두 가지 내용을 소개하며 글을 마치고자 한다.

아래는 학봉(鶴峯) 김성일(金誠一)의 『학봉전집(鶴峯全集)』 <경상우도 감사(慶尙右道監司)로 있을 적에 올린 장계>가운데 손응현과 관련된 부분이다.[13)]

> "영천(永川)에 사는 진사 정세아(鄭世雅) 등 60여 인이 5월 중에 가장 먼저 약속을 맺어 향병(鄕兵)을 일으켜 권응수와 더불어 7월 26일에 영천에 있는 왜적들을 섬멸하였으며, 8월 7일에는 또 경주

13) 한국고전종합DB(http://db.itkc.or.kr/)의 김성일(金誠一)의 『학봉전집(鶴峯全集)』속집 제3권 <경상우도 감사(慶尙右道監司)로 있을 적에 올린 장계> 번역 재인용.

의 자인현에서 왜적들을 쳤습니다. 같은 달 21일에 경주로 나아가 왜적들을 토벌하였는데, 어떤 사람이 경주로 들어가지 말라고 권했는데도, 그 말을 듣지 않고 분연히 앞장서서 깊이 들어갔다가 패하고 말았는바, 생원(生員) 최인제(崔仁濟)·정의번(鄭宜藩), 교생(校生) 김연(金演)·이득인(李得麟)·이호인(李好仁)·이영근(李榮根)·이순복(李順福)·이지암(李之馣)·전억주(田億疇), 봉사(奉事) 이득룡(李得龍), 참봉(參奉) 한득의(韓得義)·전흥제(田興濟), 품관(品官) 손응현(孫應現)·이일장(李日將)·유원걸(柳元傑)·이정분(李廷芬) 등 17인이 같은 날에 해를 당하였습니다. … 전사(戰士)들과 유생(儒生)들의 충성과 의기가 가상함이 옛사람에 비해 부끄러울 것이 없으므로 명단을 적어 계문합니다."

아래는 1868년(고종 5) 서원 훼철령에 따라 손응현 등 영남 십의사가 배향된 고천서원이 훼철된 것을 아쉬워하던 사람들이 1876년 고천서원의 역사적 사실을 기록한 비를 세울 때 이만도(李晩燾)가 찬한 「고천서원 순국사 기적비명 병서(古川書院殉國祀紀蹟碑銘幷序)」이다.[14]

영양(永陽)의 고천서원에 순국사가 있으니, 이곳은 곧 형조정랑에 추증된 소곡(召谷) 김공 대해(金公大海)의 한성부 판관에 추증된 노항(魯巷) 김공 연(金公演)과 생원으로서 호조 정랑에 추증된 만정(晩亭) 최공 인제(崔公仁濟)와 공조 정랑에 추증된 충효재(忠孝齋) 정공 석남(鄭公碩男)과 한성부 판관에 추증된 쌍계(雙溪) 이공 영근(李公榮根)과 한성부 판관에 추증된 사촌(沙村) 이공 지암(李公 之馣)과 의빈부도사(儀賓府都事에 추증된 추계(楸溪) 이공 득룡(李公得龍)과 한성부 판관에 추증된 대재(大齋) 이공 득린(李公得麟)과 의빈부 도사에 추증된 남계(南溪) 손공 응현(孫公應現) 등 열 분 선현(先賢)의 신령을 모시기 위하여 지은 것이다.

금상(今上) 무진년(1868, 고종5)에 불행히도 서원 철폐령으로 훼철(毁撤)되어, 제공들의 혼령이 의지할 곳이 없음을 걱정하였는데, 이제 그 폐허에 비석을 세워서 사모한 마음을 표하는 곳으로 삼고자 하니, 이것은 진실로 많은 선비들의 그만둘 수 없는 지극한 정성의 발로이다.

옛날 임진년(1592, 선조25)의 변란 때에 영남이 제일 먼저 적병에게 도륙되었는데, 영천과 경주는 그 피해를 더욱 크게 입었다. 초유사(招諭使)와 안집사(安集使)들이 와서 독려하니, 관군 이외의 의병들이 앞장서 일어났는데, 영천 고을은 포은(圃隱 정몽주(鄭夢周)) 선생의 충렬이 남아 있는 곳이라서 사람들이 오로지 임금을 위해서 목숨을 바치는 것만을 알았다. 고을의

14) 한국고전종합DB(http://db.itkc.or.kr/)의 이만도(李萬燾)『향산집(響山集)』제12권 〈고천서원 순국사기적비명 병서(古川書院殉國祀紀蹟碑銘幷書)〉 번역 재인용.

무리를 모아서 마음과 힘을 합쳤으니, 한번 떨쳐 일어나서 본성(本城)을 수복하고 박연(朴淵)과 자인(慈仁)에 흩어져 있는 적들을 소탕하였고, 다시 떨쳐 일어나 동도(東都 경주(慶州) 서천(西川)의 전투를 벌였다. 이때에 여러 의사(義士)들은 혹 어버이의 명령을 받들어 달려오기도 하고 혹 갓 태어난 자식을 내팽개치고 오기도 하였다. 붉은 저고리와 흰 명주 띠로 각자 그 몸에 표시를 하고 적병과 더불어 함께 죽었으니 모두가 오로지 충성에 물든 것이었다. 관군이 먼저 문어지고 적군이 그 기세를 타고 들어오자 그들과 더불어 몸으로 부딪쳐 싸우기 수십 합에 전원이 힘이 다하여 죽었으니 그때가 8월 21일이었다. 학봉(鶴峯) 김선생(金先生 김성일(金誠一))께서 열일곱 명으로 장계를 올리니 임금께서 포상하고 증직(贈職)하였으며 후손들의 조세와 부역을 면제하셨다. 그 뒤에 절도사(節度使)가 또 특별히 아뢰니 증직과 면제를 먼저와 같이 하셨다.

이것이 적개심에 불타 나라를 위해 목숨을 바친 사실인데, 같은 사당에서 함께 제사 를 받는 분이 십현(十賢)에 그친 것은 유감이 아닐 수 없다. 그러나 옛날 건양(建陽)의 사현(四賢)이나 강산(江山)의 오군자(五君子)와 견주어 보면 참으로 이것도 혁혁하게 많은 숫자라고 하겠다.

그분들의 평소 행적에 대해서 말해 보면 다음과 같다.

김소곡(金召谷)은 평소 지혜와 용기가 있어서 사람들이 큰 그릇이 될 것이라 칭송하였다.

김노항(金魯巷)은 어려서 부모님의 상을 당하였으나 마치 성인처럼 상례를 집행 하였으며, 날마다 반드시 의관을 엄숙하게 하고 조용한 곳에서 독서하였다.

최만정(崔晩亭)은 유복자(遺腹子)로서 모친의 가르침을 공손히 받들었으며, 문사(文詞)가 일찍 트여 젊어서 성균관에 들어갔다.

정충효재(鄭忠孝齋)는 한평생 《효경》과 《소학》을 공부하여 3년 동안 여막을 짓고 시묘살이를 하면서 지나칠 정도로 애통하고 슬퍼하였으며, 예서(禮書)를 고증하여《상중잡기(喪中雜記)》를 지었다. 후손들이 그가 시묘살이하던 재실을 충효재(忠孝齋) 라고 불렀다.

타고난 자질이 빼어나서 여덟 살에 경사(經史)를 통달하였으며, 계모를 지극 정성으로 섬기고 손가락을 잘라서 부친의 병을 낫게 한 분은 이쌍계(李雙溪)이다.

아량이 넓고 두터우며 처신이 편안하고 점잖았는데, 심지를 독실하게 하여 학문에 힘 쓴 분은 이사촌(李沙村)이다.

한강(寒岡) 정 선생(鄭先生 정구(鄭逑)의 문인으로서 성리(性理)의 학설을 배웠고, 부모님을 잘 섬겨 한 번도 부모님의 뜻을 어기지 않았던 분은 이남전(李藍田)이다.

남전의 조카로서 가학을 몸에 익혀 학문에 뛰어났으며, 형은 효렴(孝廉)으로 천거되고 아우는 강직(剛直)함으로 칭송받은 분은 추계(楸溪)와 대재(大齋)이다.

어려서부터 영특하고 고매한 기상을 지닌 분은 손남계(孫南溪)이다.

대개 제공(諸公)들의 타고난 아름다운 자질과 돈독한 학업은 평소에 겉으로 드러났고, 웅장(熊掌)은 취하고 물고기는 버릴 줄 아는 분별 심은 이미 어린 시절부터 살펴서 터득한 것이다. 효도하고 우애하는 행실을 미루어 옮겨서 국가가 위급에 처했을 때에 충성을 다함으로써 우주를 떠받치는 동량(棟梁)이 되고 거친 물결 속의 지주(砥柱)가 되었으니, 어찌 그리도 위대한가!

아아, 저 새와 짐승처럼 달아나 숨어서 몸과 목숨을 보전한 자들은 굳이 말할 것도 없지만은, 제공들의 의열(義烈)을 애모(愛慕)하는 자들도 한갓 그것이 일시적인 강개(慷慨)에서 나온 줄만 알았지 인의(仁義)의 교화(敎化) 속에서 배양되어 흠뻑 무젖어 배어 나온 것이어서, 근본을 둔 데가 있는 것인 줄은 전혀 모른다. 이것이 이 사원(祠院)을 짓지 않을 수 없는 이유이니, 그것은 그들의 의열을 사모하는 자들로 하여금 먼저 그들 의 학업의 실체를 배워서 선후의 순서를 잃지 않도록 하여, 입교(立敎)를 실증하고 명륜(明倫)을 실증하기 위해서이다. 어찌하여 고벽(古壁)의 생황 소리는 더 이상 들리지 않고, 다만 끝없이 펼쳐진 드넓은 모래벌판만 보인단 말인가. 그런즉 우리의 유도(儒道)가 사라지는 아픔을 하늘에 호소하려고 하여도 어떻게 할 방법이 없는 것이다.

이에 무성한 잡초 사이에서 예악(禮樂)과 문교(文敎)를 수습하여, 한 조각 돌의 표면에 삭은 실낱같고 희미한 그림자 같은 사실을 기록하는 것이 진실로 답답하고도 서글프다. 다만 이 마음으로 당우(堂宇)를 지나가면 공손하게 종종걸음으로 지나가고 유허지를 지나가면 흠모하는 마음을 일으킬 것이니, 애초에 사당이 있거나 없거나 간에 이로 인하여 흠모하는 마음에 차이가 있는 것은 아니다. 하물며 사적을 상세히 기록하여 놓았으니 그들을 높이고 경모하는 것에 어찌 전후의 다름이 있겠는가.

아아, 장순(張巡()과 허원(許遠)이 수양(睢陽)에서 죽으매 이에 힘입어 숙종(肅宗)이 영무(靈武)에서 중흥하였다. 우리나라가 다시 살아나게 된 것도 사람들이 모두 말하기를 천병(天兵)의 공이요, 우리나라 여러 공신들의 힘이라고 한다. 이것은 참으로 맞는 말이지만, 진실로 당시에 충의로써 목숨을 바친 선비들이 그 사이에 끊임없이 일어나서 윤리를 붙들어 세우고 의기를 고취하여 떨치지 않았더라면, 다급한 상황 속에서 사태를 수습하여 되돌리는 공적을 어떻게 이룰 수 있었겠는가. 동도(東都)로 말하자면 성을 수복한 공적이 그 후의 여러 의 병들의 손에서 나왔지만, 제공들의 충성스럽고도 꿋꿋한 혼백이 분노의 함성을 내질러 앞뒤에서 도와주지 않았더라면 어찌 그 크고도 기이한 공적을 이룰 줄 알았겠는가. 해자로 둘러싸인 굳건한 성은 비록 대재앙을 당하여도 아무 탈이 없지만, 피폐(皮幣)와 주옥(珠玉)으로 섬긴 적이 맹약을 배반하는 염려가 없을 수 없는데, 서로 권유하여 일어난 여러 영웅들이 북문(北門)의 자물쇠가 됨으로써 우리나라 억만년의 기틀이 공고하게 된 것인가?

돌아 보건데 보잘것없는 후생인 내가 사실을 기록해 달라는 정연도(鄭淵道) 군과 김준희(金俊熙) 군의 부탁을 감당할 수는 없지만, 나 자신도 선무 공신(宣武功臣)의 후예로서 마음속에 남모르는 감개가 있으므로 그 일을 이렇게 서술하고 명문(銘文)을 짓는다. 명은 다음과 같다.

내 대태[15]를 조문하지도 못하였고 / 我不及臺駘之弔
쌍묘[16]도 배알하지 못하였네 / 又不及雙廟之拜
주자께서 정충민절비[17]를 쓰신 붓을 빌려 / 願借朱夫子旌忠愍節碑之筆
고천서원의 순국한 열 분의 사적을 써서 / 以古川十殉國之蹟
영원토록 윤리강상의 경계를 삼고자 하네 / 而爲萬古綱常之戒

— 본문게제 : 이은영 저 2016년 임진란 7주갑 기념 임진란 위훈록 제4권 p.373-393

참고문헌

『慶州邑誌』
『慶州(月城)孫氏生員公派譜』
『慶州壬辰抗爭史』
『懼齋先生實記』(국립중앙도서관 소장분)
『國譯 復齋先生實記』, 복재선생 실기국역발행위원회, 홍문관, 1949.
『南溪實紀』
『宣祖修正實錄』
『永陽誌』
『壬辰嶺南義兵史』
『忠賢錄』
『鶴峯全集』(金誠一)
『響山集』(李萬燾)
『임란기 경상좌도의 의병항쟁』, 최효식, 국학자료원, 2004.
『임진왜란기 영남의병연구』, 최효식, 국학자료원, 2003.

---

15) 대태(臺駘) : 분수(汾水)의 신이다. 대태는 소호 김천씨(少昊金天氏)의 자손으로서 대대로 수관(水官)의 장(長)을 지냈다. 전욱(顓頊)이 분천(汾川)에 봉하였는데, 그 뒤에 분수의 신이 되었음.

16) 쌍묘(雙廟) : 안록산의 난에 순절한 당나라의 충신 장순(張巡)과 허원(許遠)의 사당이 수양(睢陽)에 나란히 세워졌는데, 그것을 쌍묘라고 함.

17) 정충민절비(旌忠愍節碑) : 송나라 정강(靖康)의 변에 순절한 충문공(忠文公) 장숙야(張叔夜)와 금군(金軍)이 섬서(陝西)를 침략했을 때 삼진(三秦)의 한성(韓城)을 지키다가 순절한 위민공(威愍公) 정양(鄭驤)을 모신 사당을 신주(信州)에 세웠는데, 나라에서 '정충민절묘'라고 사액하고 주희(朱熹)가 그 비문을 썼음.

남계공(南溪公) 손응현(孫應晛) 의사(義士) 기적비명(紀積碑銘)

손범진(孫氾晋) 성균관 부관장

삼산이수(三山二水) 충절의 고장인 영천(永川)의 추곡(追谷) 마을은 경관이 수려하고 오랜 역사의 향기가 묻어 있다. 신라 효자 문효공(文孝公) 손순(孫順) 후예인 경주손씨(慶州孫氏) 남계공 후손들이 뜻을 모아 종중 성지인 이곳 양지갓에 추모 제단 남계원(南溪苑)을 조성하면서 임란 창의(壬亂倡義) 영천 십현(永川 十賢)의 일원이신 공(公)의 위업을 새긴다.

공(公)은 휘(諱)가 응현이요, 자(字)가 자임(子任)이고, 호(號)가 남계이시다. 서기 1564년 청송 현서 문천리(文川里)에서 태어났으며, 고조부는 계성군(鷄城君) 사성(士晟, 세종조 병조참의)이시고 증조부는 생원공(生員公) 흔(昕)이시며, 조부가 장사랑(蔣仕郎) 세돈(世暾)이시고, 아버지가 충순위(忠順衛) 희(曦)이요 어머니가 경주김씨이시다. 공은 평소에 포은(圃隱, 정몽주) 선생을 존경하던 차, 부모의 3년 상이 끝난 1491(선조 24)년에 영천 거여리(巨余里)로 이사를 하시고 남계정사(南溪精舍)에서 경사(經史) 읽는 것을 즐거움으로 삼으셨다. 임진년(壬辰年) 4월 용사(龍蛇)의 난을 맞아 선비의 충의(忠義)로운 사명감으로 분연히 창의(倡義)하셨다. 5월에는 팔공산(八公山)에서 열읍의사(列邑義士)들과 함께 회맹(會盟)을 갖고, 싸우다 죽기를 각오하고 중심(中心, 즉 忠)을 쓴 깃발을 앞세우며 여러 전투에 임하셨다.

7월의 박연 전투에서 승리한 기세를 몰아 7월 26일 영천성을 수복할 때 많은 전공을 세우셨다. 연이어 8월 7일 자인 전투를 거쳐 8월 21일 벌어진 제1차 경주성 탈환전 에서 혈전을 벌이다 영천의사들과 함께 장렬하게 순절하시니 공의 나이 29세였다. 그해 9월 제2차 경주성 탈환전이 끝난 후에야 가족들이 싸움터로 달려갔으나 공의 시신은 이미 모두 부패하여 하는 수 없이 의관장(衣冠葬)을 지냈으니, 산소는 청송 문천 세등 유좌에 자리하고 있다.

경주성 전투에서 순절한 영천 의사 17인에 대해 조정에서는 공(公)에게 품계 봉훈랑(奉訓郎)과 관직 의빈부도사(儀賓府都事)를 추증하였다. 배(配)는 창령조씨(昌寧曺氏) 숙부인(淑夫人)이시며, 아들은 위(暐)이니 훈련원 부정이요, 손자는 종업(宗業). 종선(宗善), 종검(宗儉)이시다. 1705년(숙종 31) 영천 의사 10현(賢)을 모신 순국사(殉國祠)가 영천 임고 고천리(古川里)에 창건되었으며, 1781년(정조 5)에는 『충현록』(忠賢錄)이 간행되었고, 1833년(순조 33)에는 순국사를 고천서원으로 높여 부르게 되었다.

1833년(순조 33) 남양인(南陽人) 홍기섭(洪耆燮)이 쓴 서문과 12세 손 손수은(孫秀殷)이 쓴 후지(後識)를 붙여 발행한 『남계실기(南溪實紀)』에는 이태일(李泰一)이 지은 묘지명, 권상익(權相翊)의 묘갈명이 실려 있다. 1916년부터 영천 의사들을 다시 제향(祭享, 음 8월 下丁)하고 있으며 10월 망월(보름)에는 경주손씨 생원공파 문천재(文川齋)에서 생원공, 장사랑, 충순위 선조들과 함께 공의 묘제를 각별히 지내고 있다. 1998년 경주 임란 의사 창의록을 발간하고 황성공원에 창의비문을 새겨 건립하였고, 대구 망우당 공원에 임란호국 영남충의단을 건립하여 합동위패― 봉안하였다. 2016년 발간된 임진란 7주갑기념 임진란 위훈록에 〈영천의 충렬지사 남계공 손응현선생〉 편이 들어있다.

이곳 영천 고경의 추곡(현재 용전리)은 공의 독자 위(暐)가 임란 후 숙부인을 모시고 금호 거여리로부터 고경 하리로 옮겨온 후 백여 연 만에 증손인 여성(汝成)이 처가 마을인 여기로 이거하여 300여 년을 세거한 곳이다. 그러나 급격한 사회변화로 고향을 떠난 후손들이 많아짐에 따라 조상에 대한 성력과 일가간의 족의가 점점 사라져감을 안타깝게 여기고 염려되어 경주손씨 남계공파 종중에서는 남계공과 이후 여러 조상님을 한자리에 모시고 수호하기로 공론을 하였다. 이에 명단석을 마련하고 아울러 공의 기적비를 세우고자 나에게 명을 부탁하니 감당할 수가 없지만 나 자신도 남계공의 후예로서 마음속에 남모르는 감개가 있음으로 다음과 같이 명문(銘文)을 적는다.

孝자를 배우고는 부모은혜 아시었고/忠자를 알고나서 진충보국 결심하여
임란에 국난비보 분연창의 순절하니/가전에 충훈절의 나라에선 순국의사
남계공 비분강개 포의현인 걸사로다/세월이 유구하니 시대마저 변해져서
조상을 숭배함도 시의적절 따라하니/추곡은 손씨세거 오래도록 뿌리내려
선조의 옛풍류를 오늘에도 상상하여/후손이 살고있는 잊지못할 양지산에
명단석 마련하고 기적비석 세웠도다.
밝은달 푸른별과 유랑하는 구름들이/이곳을 찾으시어 편히즐겨 쉬어가리

서기 2021년 신축년 중추절에

남계공 13세손 성균관 부관장 청호 손범진 근찬

충렬지사 남계공

손진담(孫晋潭) 수필가·이학박사

이조 중엽 선조 24년(서기 1591) 이른 봄날, 20대 후반의 한 장정이 식솔을 거느리고 청송 노귀재를 넘어 영천에 당도하였다. 그의 이름은 손응현이요, 자는 자임이고, 호는 남계로서 본관은 경주이며, 출생지는 청송군 현서이다. 영천은 그가 평소 존경하고 사모해왔던 포은 정몽주 선생의 고향이기도 하다.

남계공(이하 공)은 1564년(명종 19) 10월 13일 부친 손희(충순위)와 모친 월성김씨 사이에서 경상도 청송부 문천리(文川里)집에서 4남중 셋째로 태어났다. 조부는 손 세돈(장사랑)이며 증조부는 손흔(생원공)이며 고조부는 손사성(계성군)이다. 모두 청송에 잠들어 계신다. 종증조부이자 적개공신 손소(양민공)는 청송 출신이나 처가인 경주 양동마을에서 아들 청백리 손중돈(경절공)과 함께 경주손씨 종가를 품위 있게 가꾸신 분들이다.

공은 어려서부터 영특하고 고매한 기상을 지녀 타의 모범이 되었고 체격과 용모가 또한 뛰어났다고 전한다. 부친으로부터 충효(忠孝)에 대한 가르침을 받았으며 총명하여 학문을 시작하자 쉽게 깨우쳤다고 한다. 15세 때 척장 김몽기 문하에서 수학하면서 타의 추종을 불허하였으나 당시 선비들의 꿈인 과거보다는 경전공부에 힘을 썼다고 한다. 20세에 창녕 조이관의 여식과 결혼하였으며 부모를 성심껏 봉양하였고 이듬해 아들 위(暐)를 보았다.

공은 선조 20년 24세 때 영천의 포은 정몽주의 유허를 지나다가 옛 비석을 어루만지며 강개하여 눈물을 흘리며 말하기를 "사람이면 마땅히 이와 같아야 하는 것 아닌가?"라고 하였다. 이는 정몽주가 임금을 위해 정절을 지키다 순국한 것처럼, 사람이라면 자신의 임금(임금이 곧 국가)을 위해 목숨을 바칠 수 있어야 한다는 뜻으로 한 말이다. 그 후 연이어 부모님이 돌아가시고 3년 상이 끝난 28세에 영천군 거여리 남쪽 계곡(南溪)으로 거주지를 옮겼다.

일찍이 정몽주를 모신 임고서원과 포은의 낚시터 조옹대를 자주 왕래하다가 멀지않은 곳에 남계정사를 짓고 아침저녁으로 경사 읽는 것을 즐거움으로 삼았다. 일찍이 당감(唐鑑)을 읽다가 안녹산 반란군을 맞아 싸우다가 장렬하게 전사한 장순과 허원 두 장수의 충성심에 감복하여 "선비가 난세를 당하면, 마땅히 이처럼 같이 해야 한다."고 결의를 다짐하였다.

1592년 4월 그의 나이 29세에 임진왜란이 일어나자 창의(민간인 신분으로 의병참가)하였다. 5월에 열읍의사들과 대구 팔공산에서 회명을 갖고 왜군을 격퇴시키다가 죽을 것을 맹서하였다.

7월 영천 근교 박연 전투를 승리로 이끄는데 많은 도움을 주었고 이어서 영천성 수복전투에도 참가 하였다. 영천성 수복 전이 전개될 것이란 소식을 접한 손응현은 가족들을 모아놓고 말하기를 "나라를 위해 순절하는 것은 우리 가문에 대대로 전해오는 일상적인 일이다. 하물며 부친으로부터 충효의 가르침을 받았고, 지금 임금이 몽진을 하였으니, 어찌 편안하게 숨기를 도모하겠느냐. 우리는 예의의 나라로 왜적과 함께 더불어 살 수는 없다."라고 하였다.

그리고 공은 동생 응창의 손을 잡고 말하기를 "임금이 욕되면 신하는 죽어야 하는데 지금이 이 때이다. 하물며 인근 경주는 우리 집안에서 대대로 녹봉을 받던 곳이다. 어찌 적의 소굴이 되도록 둘 수 있겠느냐. 이와 같은데도 왜적을 소멸시키지 못하다면 내가 선열들에게 낯을 들 수가 있겠느냐?"라고 하였다. 이어서 "아들 위(暐)가 아직 어리니 네가 보호하여 후사를 도모하도록 하라."고 하였다.

그리고 공은 나무 장대에다 옷감을 찢어 깃발을 만들어 '중심(中心)'이라는 글자를 쓰고, 같은 고을 의병들과 함께 적진으로 달려갔다. 중심은 곧 충(忠)이요, 화살마다 모두 적의 심장에 맞혀 충을 이루겠다는 의지의 표현이었다.

공은 여러 싸움에서 살아남은 병사들을 모아 영천성 수복 전에 참여하기 위해 '창의 정용군'에 달려갔다. 7월 24일 아침, 각지에서 모여든 3천여 의병들은 영천 서세루(현재 조양각)가 바라보이는 추남 평야에 진을 치고 총공격의 명령을 기다렸다.

다음날 7월 25일 새벽, 경주인 손시, 최진립, 권사악 등이 수백 명의 정병을 거느리고 영천으로 왔다. 그중 의병장 손시(孫時)는 양동마을 경주 손 씨 종손으로 남계공의 삼종질이었다. 이로써 당시 모인 의병군의 수는 무려 4천 명에 이르는 대군을 이루게 되었다.

7월 26일, 오백 명 돌격대가 성안으로 들어가 격렬한 전투가 벌어졌고 갑자기 들이닥친 의병군의 기세에 당황한 왜군들은 전열을 갖추지 못하고 우왕좌왕하였다. 밤이 지나고 7월 27일, 동남풍이 불어오자 준비해둔 화공(火攻)작전으로 성문을 부수고 의병들이 쳐들어갔다. 이때 공은 앞장서서 영천 성안으로 달려 들어가 죽을 각오로 힘껏 싸웠다.

드디어 성안에 주둔하던 천여 명의 왜군들은 섬멸되었고 성에 갇혔던 남녀포로 1090명이 구출되었다. 이때 손응현은 왜군의 머리 2급을 베는 전공을 세우며 영천성 수복 전을 승리로 이끄는 데 많은 역할을 했다.

영천성이 수복된 다음 날인 7월 28일, 의병군의 피해를 조사해본 결과 전사자는 83명, 부상자는 238명에 불과하였으며, 말은 190여필, 총통과 창검은 900여 자루, 안장과 보물 등속 및 비단과 베를 거두는 전과를 이루었다. 이러한 거사는 임진란이 일어난 이래 처음으로 청사에 길이 빛난다.

공은 그 후 8월 7일에는 자인에 주둔하고 있던 왜군을 공격하는 경주판관 박의장을 돕기 위해 병사들을 거느리고 자인등지의 초기 방어전에 참전하여 왜군 격퇴에 온 힘을 썼다. 그리고 8월 21일 벌어진 제1차 경주성 탈환전에 참전하여 혈전을 벌이며 왜군을 토벌 하던 중 선천진(지금의 서천)에서 영천의 수많은 의병들과 함께 장렬하게 순절하였다.

그해 9월 제2차 경주성 탈환이 조선군의 승리로 끝나면서 왜군이 물러갔다. 그러자 동생 응창과 아들 위가 싸움터로 달려가 쌓인 시신들 가운데 공의 시신을 찾았으나, 이미 많은 시간이 흘러 모두 부패하여 시신을 수습할 수가 없었다. 이에 남겨진 옷을 가지고 돌아와 혼을 불러서 장사지냈다.

묘소는 청송 현서면 문천리 증조 묘 왼쪽 세등봉 유좌 언덕에 자리 잡고 있다. 포은의 땅이 좋아서 노귀재를 넘은 지 일 년 만에, 백골은 경주에 두고 가족은 영천에 둔 채 영혼만 청송으로 돌아왔다.

사후 초유사 김성일이 경주성 탈환전에서 손응현 등 영천의사 17인이 순절한 일에 대해 조정에 알리고 조정에서는 손응현에게 품계 봉훈랑과 관직 의빈부 도사를 추증하였다.

부인 창녕 조 씨는 숙부인으로, 외아들인 손위는 훈련원 부정으로 칭하였다. 1705년(숙종 31) 경상도 유생 200여 명이 공론으로 손응현 등 영천 의사들을 제향하는 고천 순국사가 창건되었으며, 1781년(정조 5년) 임란 창의 전사한 영천의사 10인에 대한 『충현록』이 간행되었다.

1833년(순조 33) 고천 순국사를 영천군수 홍기섭이 고유문을 지어 고천서원으로 높여 부르게 되었으나, 대원군 시절 서원 훼철령에 따라 제향이 철수되었다가 1916년부터 영천의사들을 다시 제향하고 있다.

현재 경주 손씨 생원공파 문중에서는 남계공과 관련된 자료를 모아 1883년 남양인 홍기섭(1781-1866)이 쓴 서문과 12세손 손수은이 쓴 후지를 붙여 발행한 『남계실기』가 전한다. 『남계실기』에는 조기회가 찬한 유사, 후손 손후익이 찬한 행장, 이태일이 찬한 묘지명, 권상익이 찬한 묘갈명이 실려 있다.

또 <십의사유사략>에 '증 봉훈랑 의빈부도사 남계공'이 실려 있고 『남계실기』의 제현 기사에는 학봉 김성일, 한강 정구, 인재 최현, 백사 이항복, 송암 이로 등의 제현이 영천 10의사와 관련된 일을 요약한 글들이 실려 있다.

특히 주목할 부분은 유사 성립과 정사상이 1592년 6월 10일에 기록한 '창의 회맹록'이다. 2017년 임진란 7주갑을 기념하여 발족한 사단법인 임진란 정신문화 선양회에서 발간한 임진란 위훈록에는 '영천의 충렬지사 남계공 손응현 선생'이란 제목으로 남계공의 공적 사항(위훈록 제4권 p.373-394)이 상세히 열거되어 있다.

남계공의 후손들은 전쟁의 후유증으로 백여 년간 고난의 길을 걸었다. 처음 정착한 거여리를 떠난 숙부인과 외아들 위는 고경면 배골에 피난하여 농사를 지으며 어렵게 살았다. 자손들의 건강도 양호하지 못하여 가세가 피어나질 못했다. 그러다가 고손자 여성(汝成)은 산 너머 추곡리의 벽진 이 씨와 결혼 후 1699년 첫 아들을 낳고 처가 곳으로 이사를 한 것이 경주 손 씨 생원공파 추곡 집성촌(남계공파)의 입향조가 된 계기가 되었다. 이후로 자손들이 번성하였고 다시 고손자 대에 와서는 추곡 오부자라는 소리를 들을 만큼 집안이 날로 번창하였다.

필자는 남계공의 13세손이고 추곡 입향조의 9세손이니, 고조부의 고조부의 고조부(12대조)가 이번 글의 주인공이다. 어릴 때부터 남계선조의 이야기를 많이 듣고 자랐지만 실감이 나질 않았다. 직장생활에 여념이 없다가 은퇴를 하고 종중 일을 하다 보니 선조의 이력을 깊이 알게 되었다.

고향을 갈 때 가끔 포은선생의 임고서원과 영천 십현의 고천서원을 방문하는데, 젊은 시절 남계공의 정신세계와 가치관을 알게 되었고 국란을 당하여 포의 신분으로 목숨을 기꺼이 나라에 바칠 수 있었다는 기개에 놀랍기만 하였다.

2015년 5월 경주에서 개최된 임진란 학술대회에 참석한 후, 찾아간 황성공원에서 '임란 순절 의사 위령비에 새겨진 남계 할아버지의 휘(應晛)를 보고 경주성 탈환 선천진 전투에서 장렬하게 순절한 모습이 떠올라 눈시울이 붉히기도 했다.

지난 6월 1일 의병의 날 대구 망우공원에서 행사를 마치고 팔공산과 금호 거여리를 거쳐 영천 조양각을 돌아보며 임진년의 긴박하고 처절했던 현장을 상상해 보았다.

다가오는 음력 10월 보름날 문천재 묘사 시에는 선조님께 정중히 예를 올리고 머지않아 고향마을 선영(양지 갓)에 세워질 남계공 기적비를 준비하는데 차질이 없도록 해달라고 빌어야겠다.

— 2018년 9월 22일

출처 : 손진담 저, 『학바우스토리』(오늘의문학사), p. 20-26

경주황성공원내 임란순절의사 위령비와 추모탑

俞漢謨識

後識

君臣之義本於秉彝之天而歷觀古牒人臣最尊官厚祿衣食於君於平居無事之時及夫臨難遺危能奮不顧身捐生抗節者蓋尠焉況在人主不識狀之人耶如唐張許兩顏者蓋天下一二人而已也此猶官守者則職耳若以草茅韋布之士而有抗義殉節者則尤豈非千百年一人歟以天下之廣千百年之久不可多求也如此有若吾東之永川一郡而十七義士之一日殉節于東京之役者豈不偉哉此蓋我

聖朝崇奬節義培養士氣有以致之而亦可見嶺南

之爲吾東齊魯也夫人之情莫不貪生而惡死至激於理義不然此所謂秉彝之天也然而人於理義苟非講之素而有實見得是則臨亂倉卒鮮能從容取義不失其天今按是錄中諸君子皆篤孝悌講義理之士也當倭夷之變痛列鎭之恇㤼不守以賊遺君相率奮起倡義討賊夫以草野之蹤捨其親戚妻孥捐身赴國家之急固已難矣觀崔公母夫人以婦人之性能割愛勉義李公之大人自傷老病勸子殉國謂之雖死亦榮者尤炳烈如此諸公之志義舉可知也而至若孫公布旗亦皆知死忠之義玆豈非二百年培養之化而十室邑習俗之美歟永川金城之捷實爲嶺左諸邑得保之基其蔽遮沮遏使方壯之賊勢挫頓不得肆者是戰之功也且東京之役雖緣權將之輕賊朴帥之失律未得一戰而捷義旗所指人人殊死向前烈烈其氣無不一當百賊衆亦太半殲矣後日飛擊雷之收功亦未嘗不藉於是則諸君子豈徒死而已耶諸君子之節義固卓絶而其奇功殊烈又如何哉余之叨

命保釐來涖玆土也爲之拊遺蹟而興感者深焉永之人士以是錄來示而請一語余非立言者余言何足輕重於諸君子之烈而

顧重有所感焉諸公無不以世胄平居講學孝義自重之士故其奮起忠節如彼卓然今爲諸公之後而慕諸公之烈者宜各自勉勵以孝悌忠順不墜其世則豈不有光乎先烈歟且卷中所錄或詳或畧而至於無後諸公其平日懿行不少槪見寔由兵燹之餘文獻散秩而猶可以推存徵亾方類知全乃若限於

邦制不得並享一祠則尤令人興歎噫忠魂毅魄在當日奮義成仁之志何嘗望食報於後也其在後人弔古之感能無歉歟重爲之悲慨也已聊識所感於後以復焉 上之二十一年丁巳首夏府尹杞溪

之氣宛在於此雲車陟降於風雨之夕絳節逍遙於
霜露之時豈無因其地而寓其慕也哉壬辰之亂召
谷金公散家財爲家僮約束同志貼糯自誓且首爭
死賊魯巷金公召谷之堂親也彈劒拂衣印紬姓名
萇弘之血如生晚亭崔公晚號名亭其志卓然以毋
夫人命馳赴義陣得成其志忠孝齋鄭公歃血於火
旺之盟嗚劒於永陽之捷末乃策馬先登殺身不悔
雙溪李公沙村李公俱以篤孝之姿遵承父命灑涕
辭庭同聲相應死而后已藍田李公及楸溪大齋兩
李公同堂之叔姪兄弟也或就正於武屹之席或從

游於浣亭之門忠孝二字爲分內當然之事故聞變
之日叔姪相呼兄弟同倡幷以矢復南溪孫公以中
心箭箭四箇字特書旗竿以爲不死無歸之信凡如
是者豈全軀保妻子之所可企及哉嗚乎惟玆十賢
先生其志同也其事同也其死之日同也其地又同
也是以文忠金先生當招諭之任特爲褒啓一紙幷
列永之人士躋享同廟籩豆有序何其盛哉不幸元
二告厄毁籍旋及肅清之地葵麥反爲動搖揖讓之
墟鳥獸還使躑躅行過洞門者愓然爲傷心蠹然焉
興感彷徨不忍去也則豈可尋常棄之哉粤以丁巳

之歲暮春者士林先倡後嗣協從拓舊址而登登用
新材而丁丁爲制四間用退而東西爲室中間爲堂
盖秩秩爾井井爾翼然於山水之中而復見昔日之
光華則豈非吾黨之幸也歟噫江漢失宗昊天不復
名之曰古川書堂其捐身殉國未盡之恨隱然寄在
於此可想也安得無匪風下泉之思也哉堂不可以
無記責不佞以識其事竊念昔我拓菴先子題跋於
忠賢錄而載在集中文辭悲壯獻周於是役也豈可
以穢佛辭其責哉始終幹其事者金斯文春熙甫云
上章敦牂嘉平節聞韶金獻周謹記

忠賢錄卷之二

於問學兄以孝廉薦第以剛直稱楸溪及大齋也自
幼有英邁之氣孫南溪也盖諸公天質之美學業之
篤素所表著而至於熊魚取舍之分審得已早孝友
之行移而爲忠於板蕩之際于以棟樑乎宇宙砥柱
乎頹波何其偉哉噫彼鳥獸竄而全軀命者固不足
言而其能愛慕諸公之義烈者徒知其出於一時之
慷慨而殊不知其培養涵濡於仁義教化之中而有
所本原者存焉此祠院之所以不得無設而使慕其
義烈者先學其學業之實有以不迷於先後之序而
爲實立教實明倫也夫何古壁之筌簹無聞而徒見

浩浩乎平沙無垠則吾道存亡之痛誠籲天而無其
階矣迺者收拾禮樂文教於鞠草之間而寄搭殘線
弱影於片石之面者真悒悒而怵愴然第念此心過
闕則趨過墟則欽初不以虛實有無而有間況事於
斯載蹟於斯詳則尊之敬之焉有前後之殊哉噫巡
遠死於睢陽而靈武中興之功賴之惟我　邦家之
再造人皆曰天兵之功也我諸功臣之力也是固然
矣而苟非當時忠義立殣之士又種種作於其間以
扶豎大倫鼓發義氣夫何能辨得收回之功於顛沛
之中也如以東都言之復城之功出於其後諸義帥

之手而安知非諸公之忠魂毅魄噴薄叱咤後先夾
贊以成其磊落之奇績也耶湯池金城雖無恙於浩
刼之餘而皮幣珠玉不無渝盟之慮其或得侑起群
英以爲北門之鑰而鞏固我萬億年之基乎顧此謏
陋後生不敢當鄭君淵道金君俊熙記實之託而自
以宣武後裔竊有所感於中者旣敍其事曰爲之銘
銘曰我不及臺駘之吊又不及雙廟之拜願借朱夫
子旌忠愍節碑之筆以書古川十殉國之蹟而爲萬
古綱常之戒　上之三十六年己亥重陽節前行通
政大夫承政院同副承旨兼　經筵叅贊官春秋館

修撰官眞城李晩壽謹撰

古川書堂講堂重建記

唐室祿山之亂雙節之廟作於汴州我國島夷之變
十賢之祠起於永川盖天地間烈烈之氣間鍾於人
不數數然故其生也有如此之盛其死也有如此之
烈而古今無二致中外爲一轍也然雙節之廟未掇
而十賢之祠旋毁天道是耶非耶古川卽雲柱之餘
支也地勢窅深江曲縈回浮來伏於前釣臺峙於外
相距臨皐不過數里所而自成別一洞天也諸賢嶽
降之地相環如碁置也故杖屨之澤尚存於此噴嶌

兩丁精禋永無休洋洋儼臨歆肹蠁抛樑下一帶長
江流不舍九原政欲掃胡塵應汲清波向北灑伏願
上樑之後鄉風以之丕變士習由之自新奉承　聖
心咸知忠義之當奮鼓舞仁化共識綱常之可扶山
夷海乾庚粢盛牲幣之無闕戶絃家誦宣文章德業
之有彬永爲仁賢之邦不墜忠孝之俗

古川書院陞號時告由文　洪耆夔

十賢殉節一祠共崇仍以陞院士論攸同爰揭新扁
涓以辰良永世勿替古川其長謹告厥由粢增景仰

十義士紀績碑銘 并序

永陽古川書院有殉國祠卽爲　贈刑曹正郎召谷
金公大海　贈漢城判官魯巷金公演生員　贈戶
曹正郎晩亭崔公仁濟　贈工曹正郎忠孝齋鄭公
碩男　贈漢城判官雙溪李公榮根　贈漢城判官
沙村李公之馣　贈儀賓都事監田李公日將繕工
奉事　贈漢城判官楸溪李公得龍　贈漢城判官
大齋李公得麟　贈儀賓都事南溪孫公應晛十賢
妥靈而設也　當宁戊辰不幸同入　禁令中肹蠁
之靈恐無所憑依而今欲立石於廢墟以爲寓慕之
所者誠多士不容已之至誠也在昔壬辰之變嶺南

先剏於兵而永慶尤其衝也招諭安集諸使之來勸
軍官之外義旅居先永之一鄉以圃翁餘烈推知死
於王事團聚鄉旅同心協力一奮而收復本城勦朴
淵慈仁散賊再振而有東都西川之役于斯時也諸
義士或奉親命而來或有呱呱而不子紫襦紬帶各
表其身與敵俱死同一湼忠也及夫官軍先潰賊兵
因而乘之與之肉薄數十合皆力竭死之卽八月二
十一日也鶴峯金先生以十七人啓　聞自　上褒
贈給復其後節度使又有特　聞而贈復如前此其
敵愾殉國之實而同堂合食惟止十賢是尚爲恨然

視古建陽之四賢江山之五君子固已赫赫爲多矣
若擧其平日事行言之金召谷素有智勇人以遠器
稱之金魯巷幼遭巨創執禮若成人日必飭衣冠靜
處讀書崔晩亭以遺腹孤兒祇承母訓文詞夙暢早
登上庠鄭忠孝一生用工在孝經小學三年廬墓哀
毁踰制考證禮書有喪中雜記後人名其墳庵曰忠
孝天姿穎秀八歲通經史事後母極誠父病斷指以
效李雙溪也雅量寬厚處事皐重篤志力學李沙村
也以寒岡鄭先生之門人得聞性理之說善事父母
未嘗有違志李監田也以監田之從子服習家庭善

之攸資奮義忘身亦平素之熟講迨夫龍蛇之周歲遽有梟獍之侵彊皷虐焰而長驅金城未固肆凶鋒而敢拒彩仗遠巡卄四郡之土崩未聞顔公之仗義七十城之瓦解鮮有王氏之效忠矧彼月城雄州實是江左堡障睢陽之守旣失賊乃登城邯鄲之危無援人將及火尙孤城之未復知列郡之盡殘爲讐之蠻荊難遏方張之勢匪茹之獷狁誰奏薄伐之功此誠危急之秋豈以在布韋而坐視今當板蕩之日庚可冒鋒鏑而直前旣能倡義而勸忠大捷永邑盍亦忘生而效力亟復雄都肆聚同德之群英遂爲敵愾

之義擧褁糇粮而張弓矢期梟凶奴之頭勵受刃而鍛戈矛擬答中行之背懸軍深入號稱十七義兵協心齊驅勇倍百萬銳卒拳孤力弱縱違獲醜而殲讐義重身輕不憚蹈危而爭死故能同日而抗節于以扶倫而植綱義聲遠馳忠臣聞而鼓膽壯氣不死烈士爲之扼腕皆欲戮力勤王誅彼巨帥咸願挺身赴難扶我宗祊是知邦國之重恢寔賴士子之先倡肆 先朝深用嘉尙特加 贈爵之榮伊後生咸知敬崇爭發建祠之議粤在頃歲始爲營建廟堂逮至中年遽致傾覆棟宇縟儀因玆未擧士林由是齎咨辛

公論之不亡咸曰及時而重建而勝區之改卜皆云捨舊而就新洞號古川如入程氏之里坊名愚巷怳躡顔聖之居酌勢量材姑徐廟宇之立興役伐木盍先講舍之修人謀所同龜筮亦協玆値日辰之吉用揭屋脊之隆衆工殫巧而獻圖多士釋經而敦事約之閣閣政觀不日而成翬之登登可期憑風者過節義之樹蓋在昔年而實彰著乎斯今堂宇之營式尊先賢而固激勵乎來世堅華梲之岌嶪道路興嗟抗斗栱之嵯峩婦孺起敬生徒自此而有所古典於是乎可稽西蜀文風庶期丕振南康儒術將見大行雲

烟改觀景物呈態水騰妍色輝暎乎後前山開媚顔拱圍乎左右淸霜皎雪想平日之精神脩竹寒松宛當年之忠節然則是舍之營立實爲吾黨之泰亨木但有光於一州亮耀隣境非惟爲慶於今日用惠後人聊爲巴人之詞以助都匠之唱抛樑東朝朝紅旭上靑空晴輝皎潔無纖翳政似群賢衛國忠抛樑西臨皐大節並夷齊諸賢亦是聞風者擬把長纓繫虜兒抛樑南朝陽高閣俯臨潭恭聞 聖上褒忠孝佇見靈禽下碧巖抛樑北崔巍龍嶽磨辰極聲名磊落與之同立懶廉頑扶國脉抛樑上在天英靈戴陟降

忠賢錄卷之二

附錄

擬實

招諭使鶴峯金先生誠一啓略曰永川儒生等倡起
義兵與權應銖七月二十六日赴慶州或勸其勿入
而奮然不聽先登深入及敗生員崔仁濟鄭宜藩幼
學金演李得麟李好仁李榮根李順福李之馪柳復
興田億疇奉事李得龍參奉韓得義田興齊幼學孫
應晛李日將柳元傑李廷芬等十七人同日被害忠
烈可嘉無愧古人故列名啓聞

寒崗鄭文穆公述文集有曰永陽之捷專由於士子
倡義先登及移討東都爭先馳赴生員崔仁濟鄭宜
藩等十七人同日被害

松巖李公魯龍蛇日記有曰慶州之戰生員崔仁濟
鄭宜藩等十七人被害忠烈可嘉無愧古人

訒齋崔公晛上完平李相公元翼書曰倡義復讐之
擧出自山林擯斥之士折木爲竿裂紙爲旗云云是
皆永川爲之先倡也環一郡無非五百義士也然而
褒異之典只加二三將士而課績不循乎公論邑號
不墜於州府以此公議頗鬱深惜其時巡察使轉

聞之失實也云云

白沙李先生恒福遺集曰永川義士鳴梁之捷最爲
快壯云云

殉國祠奉安文　大山李象靖

昔歲龍蛇島醜猖獗列郡橫潰　鑾輿播越永受其
衝爲賊巢窟義士齊聲設奇勦滅賊敗而遁義旗東
麾凶鋒飈倏衆寡不支賈勇奮戰矢盡力竭十七義
魄五百餘烈招諭馳啓　錫爵優嘉精忠毅節萬口
咨嗟衿紳曠感擬奠蕉荔亦旣經營旋尼　邦制陳
徐故事亦有援例雲仍聚首肇創別祠剋日蠲吉爰

擧縟儀一體並尊精爽若臨往事如昨感慕深栢
老已祠六賢無嗣並享礙　制獨闕歉義制義難并
益增悚惕將事之始敢伸歟昇伏惟尊靈歆我牲醴
惠我光明勿替永世

春秋常享祝文

奮忠敵愾捐軀就義十賢同傳一體並祀

講堂上樑文　朴枰

捐軀殉國最爲扶綱之大關景忠尊賢實出好德之
公意所以共仰其節果然肇建是堂惟我忠賢諸先
生俱以簪纓喬苗並生文獻鄉邑忠君愛國固天性

也屍不及收復矢而葬遺衣於青松縣西文川里細
峰向卯之原當時啓聞 贈奉訓郎儀賓府都事
命復戶後士林建書院于永之古川同日死事之人
崔仁濟金大海金演李得麟李好仁李榮根李順福
李之馣柳復興田億疇李得龍韓得義田與齊李日
將柳元傑李廷芬也傍裔孫厚翼撰

墓碣銘 幷序

不佞少嘗讀永川復城記喟然歎永之多忠義之士
群起叱咤收復全城若是其易也及至慶州之役為
賊所敗紫襦紬帶累累而同殉者十七人何其壯也

南溪孫公諱應晛字子任其一也其先慶州人有文
孝公順以孝感得石鍾事在麗史有監察大夫登以
太祖布衣交進山杏詩卒遂高節監察生雞城君
士晟參議 贈兵曹參判有三子季曰昕成均生員
生員生世暾世暾生曦忠順衛是娶慶州金氏生公
於 明廟甲子自幼沉毅有智略先公奇愛之常以
忠孝二字手畫而口授之家貧躬耕以養親既孤篤
室于永之巨余里讀書守靜澹然若無意於世猶愛
說古人忠義死事事慷慨自誓及壬辰之亂雪涕起
曰 君父蒙塵非臣子苟活之時而永慶吾鄉邑也

陷為賊窟吾恥之糾合同志倡起義兵別其旗曰中
心七月二十七日與諸義將復永川論者謂永賊既
殲軍威義城之路中斷安東慶州之賊首尾莫能相
應五郡既復一路獲蘇稍稍能設伏勦制者永為之
倡也八月七日討賊于慈仁二十一日轉鬪至慶州
之西川官軍先壞義旅不支公與十六人者矢盡以
肉氣盡以血終日搏戰無一人旋踵軍雖摧敗而義
聲大振有以扶竪人紀懾破虜膽識者謂其功不下
於前日之勝捷云鶴峯金先生以招諭使馳啓以聞
諸義士俱蒙 褒贈公為奉訓郎儀賓府都事復其

戶 正廟庚子同享於古川之殉國祠公歿時年二
十九家人尋遺屍不得復矢葬衣冠於青松文川細
峯震向配昌寧曺氏有子暐訓鍊副正孫宗業宗善
宗儉餘不盡載後孫永達晉澤等以狀來曰吾祖忠
烈著於簡策而丘壠尚闕然無表此孱孫之痛也願
有以銘諸石銘曰韋布之賢韎韐之傑祖逖之誓巡
遠之節桓桓同袍十七其多精貫日星骨委虫沙于
時勍賊謂我有人曠代追思增我心填衣冠遺墓斥
石不揭刻此銘詩昭示來世永嘉權相翊撰

忠賢錄卷之一

遂淸貞公與同鄉十七人誓曰今日之事有進無退力
戰死之嗚呼軍旅之事非書生所學貫頤之勇非儒
者所養况又國家昇平旣久恬嬉成習而公起自家
庭能决帷幄之籌能銳决拾之技且名不編於卒伍
跡不束於鉤隅進退濶狹任我爲適而廿作睢陽之
巡遠是豈倉卒一時之遇而能哉今因公後孫秀洛
氏得見其家傳遺事公生而容儀端重氣禀不凡甫
六歲已機警有異趣考忠衛公奇其有遠大量又愛
其能早知孝弟之道每以忠孝二字手畫而口誦之
以勸勵焉未舞勺遊戱有節度同遊之年稍優者亦

皆從其命爲旣就學不待拘檢而究曉句語領略意
義師友之推重已自舞象之年智略沈深人不徒以
文藝士期之家貧躬耕以養親及連喪二親哀毁逾
制觀者嗟歎築精舍於永之巨余里溪南自號南溪
讀書守靜若將終身而無所爲時遇古人忠義死事
之蹟撫掌慷慨顧謂左右曰士生亂世自當如是蓋
其忠節之得於孝義理之講於書志氣勇略之資於
素養而酬於應變者有非一朝一夕之所判今於四
百年之後足以想見其氣象志業亦可以釀今日有
志者之滂淚也噫世之拘儒曲士掇拾章句播剡楮

顯恢張布列若將有爲而臨事任機手足辟易誤國
僨事種種爲時輩所訾傲遂至司連於窮居讀古人
書者不知豪傑正大之雄倜儻非常之人眞從這裏
出來盍就公平生而證之哉於乎惟我月城之孫肇
姓於創造新羅之大樹村長而始祖文孝公諱順以
孝行致石鍾之異事載東史麗鮮革命之際監察大
夫諱登以 康獻王布衣交有山杏唱和之詩有崧
陽石盃之義詳載於 列聖御製詩集及崧陽耆舊
傳子雞城君諱士晟以治績淸德見稱於徐四佳李
晦齋兩先生三子長掌令諱旭以咸鏡御史節死於

李施愛亂仲諱昭卽吾先祖襄敏先生李諱昕生員
是公之曾祖祖諱世瞰考諱曦忠順衛歷世之忠孝
勳業史不絕書同時倡義如宣略功臣大春判官時
淸虛齋暉樂天齋宗賀圭溥香與夫南漢節死臣樂
善堂宗老皆同堂功免之親君子論人必本世類而
陳世德述家風亦小子所不容已者也立言者其必
幷列於傳也忠衛公娶慶州金氏參奉台年女公娶
昌寧曹氏士人以觀女一子諱暐訓鍊副正三孫宗
業宗善宗儉自下有世系在公生 明宗甲子十月
十三日 宣祖壬辰八月二十一日卽其死義之日

之爲忠而不詳其蒙養之出於孝亦稱其臨亂之倡義勇而不知其平素之得學問也噫公之平日言行亂中事實雖片言一事皆可爲頹俗之所激勵後世之所矜式者而不幸爲回祿之烖無得以攷据焉惜乎樊巖蔡相公謂國而無嶺南則不可以爲國嶺而無永川則不可以爲嶺 宗社再造之業惟是役是基也日孫斯文永喜收拾家乘之蕩佚者及諸賢集錄要不佞一言不佞揆以契誼不可終辭略搆成遺事以俟夫秉筆君子之採摭焉楊州趙夔熙撰

行狀

我 昭敬王仗忠臣義士之力於龍蛇之訌重定我大東四百年寶鼎生者盟成帶礪死者榮及泉塗時嶺以南爲賊先衝握符擁鎭者亦不能支望風奔潰而永陽之捷並武於李忠武之露梁權忠莊之幸州慶州之敗同烈於鄭僉使之釜山宋府使之東萊皆出於白身讀書不識何狀之人而同聲而倡並節而殉者多至十有七人南溪孫公諱應現字子任卽其一也不佞嘗考當時諸公之所稱述者鶴峯金先生曰永川儒生等倡起義兵殲擊永川慈仁之賊又赴慶州十七人同日被害忠烈無愧古人寒岡鄭先生曰永陽之捷專由於士子等倡義先登白沙李先生曰永陽鳴梁之捷最爲壯快訒齋崔先生曰鯨鯢隳突列城瓦解無一人爲士卒先者何圖倡義復讐之舉出自山林擯斥之士折木爲竿裂布爲旗飛檄列邑感發人心義聲一振人各爲兵是皆永陽爲先倡况首謀者皆一境之士子則環一郡無非五百義士又曰慶州之戰十七人同日被害忠烈可嘉松巖李公曰慶州之戰十七人同日被害二百年培養之化未盡斬矣柳亭崔公曰月城死義十七人皆以年少才俊之士憤賊虜之充斥慨君父之蒙塵挺身赴死

於鋒刃之下其義氣精忠雖謂磊磊軒天地可也此皆當日耳目之實蹟及又聞永陽古老流傳之說故事證實之誌公之始起也慨然雪涕曰 君父蒙塵曷敢爲草間苟活計耶謂弟應昌曰爲國盡忠家世常行况永川是吾祖治邑慶州又吾家釆地有如尹鐸之晉陽所寬孫策之江東舊恩而今爲賊窟穴吾誓死必復遂竿木布旗大書中心二字會合同鄕諸義士又求援於列邑義將復永川火攻之計血戰之功公實首贊而先登焉又殲慈仁之賊及慶州之役元戎失於輕敵踈於節制與海延日之倅先犇大軍

樞院副使生諱登卽我 太祖布衣之交受禪後遂
隱不起有進否詩 御製和以漢諫議古事 贈參
議生諱士晟文科參議 贈參判雞城君曾歷永川
又尹清道以清德稱第三子諱昕 世祖朝生員是
爲公之大父而敵愾功臣雞川君謚襄敏公諱昭之
弟也生諱世暾有隱德不仕吏曹判書襲爵月城君
謚景節公愚齋先生諱仲暾從兄也累世德業文學
名節史書而人誦之大顯東方考諱曦忠順衛母夫
人慶州金氏參奉台年女公自幼稟性開豁形儀端
重氣宇出凡兒忠衛公奇愛之所指膸無非義方而
必以忠孝二字手書而口誦俾爲先入之言及就學
聰悟易解日有漸進而家貧親老或漁樵於講習之
餘怡然不勞焉之自若戊己荐遭二疚哀毁哭泣居
廬拜賓無違喪制弔者大悅雅量弘深寬厚處事晏
重力學篤志爲師友所倚重夫人曺氏靜齋后以觀
女居室每以忠臣婦烈士妻相警有或勸就公車者
不屑也嘗遊永川登圃隱鄭先生釣翁臺欽慕不已
一日遂移居于郡之巨余里溪南築精舍仍號南溪
朝暮以經史自娛嘗讀唐鑑至睢陽巡遠事拊掌謂
左右曰士之當亂世也自當如是盖其立志類是也

嗚呼國運中否島夷外猖所過焚蕩州郡皆望風奔
潰無一人拒敵之計而公慨然雪涕曰爲國殉節吾
家傳世之常行況吾先君教我以孝繼之以忠遺訓
尚丁寧在耳今 君父蒙塵吾敢晏然謀避使我禮
義之邦胥爲夷狄之歸乎遂折木爲竿裂布爲旗書
以中心與同鄉義旅赴賊大捷之與弟應昌撫手而
語曰主辱臣死固其職也況東都吾家世受采之地
也若此賊不勦滅其於吾先烈得無愧乎招合殘兵
慰諭村氓不動聲氣雍容談笑以詩禮之家而行軍
旅之事以山林之跡而立矢石之所其見機應變之
智臨時制勝之策雖兵家宿將亦未之及也方其分
壘布陳顧謂義士曰今日之戰有進無退爲節度朴
晉所沮師律失宜賊勢更獝諸將莫肯向敵惟公按
劒誓天冒鏑先登血戰而死同鄉十七義士亦同日
被害嗚呼公以大樹部遺裔羅而著石鍾之孝麗而
有山杏之節逮我 朝世世勳烈史不絕書而幼被
忠衛公及母夫人之嚴訓內有忠信婦之警告外有
賢師友之輔導至遊覽靈區篤圃翁萬古之名節披
玩古史感巡遠雙魂之忠烈但知有國而不知有其
家但知有君而不知有其軀世之論公者稱其死國

郡義陣迎擊於新寧朴淵上斬獲甚多軍聲大振時
賊據郡城縱兵四掠權義將應銖圍城進戰公叔姪
四公與諸義將各率精銳一時衝突乘風縱火煙焰
漲天賊衆靡亂死者以萬計遂復郡城是役也雖賴
元戎首功而諸公贊夾之力實多八月義將移兵慶
州公與諸義士勇赴節度使朴晉帥八郡兵合攻年
梁分兵薄城下賊開門迎戰我軍聲勢益壯砲矢俱
烈賊使奇兵潛出北門襲其後節度軍遂潰義軍亦
勢孤權應銖朴毅長還軍于十里地公揮劒大呼長
短接百餘合斬殪無數既而矢盡力竭從者請逃公

叱曰吾豈逃生者耶呼得龍得麟曰吾輩得死所矣
托後事於得鳳憤罵不屈而同時幷殉是月二十一
日也翌日賊引兵南走得鳳僅獲免遵遺命尋屍不
得招以衣帶具報招諭使金先生先生曰是二百年
培養之遺化也卽狀聞　貤爵藍田公配永川李氏
定國女三男慶龍神龍潛龍孫七人圻垌垶墒壇塼
墀楸溪公配星山李氏業種女嗣男德懋孫二人虞
蓂虞荚大齋公配東萊鄭氏嗣男埴孫三人咸亨命
亨謙亨於乎爲國盡節臣子之職而臨難立殣辨得
者絶尠故吾夫子以蹈白刃同於中庸之難能今一

門三義聯武幷殲以竪綱常而振士氣豈直忠義烈
盡萃於珍城氏之世歟惟褒賞僅霑郞啣祀享又拘
邦禁是慈孫之慨恨而載錄於當日諸賢撰述可作
百世惇史又其家世傳襲若天性丙子翟亂戊申逆
變輒首先起義意其在天之英靈毅魄尚有不死而
默誘之是可以銘也銘曰大倫有綱惟忠與義烈烈
三公一門鼎峙吾王去邠此身鴻毛墨紙裹頭起自
草茅銳氣風馳英才霧合夾贊籌畫永陽之捷運否
勢傾僨績年梁雞林半城陣月無光罵不虛口唐有
二顔竭誠報國宋之文山軒天亘宇百世風聲聖主

貤爵多士薦剛矢復歸藏昭穆同原片石昭載輝暎
山門事出義起寔採輿議我言非諛敬告千禩完山
柳淵龜謹撰

贈儀賓府都事南溪先生孫公事蹟

遺事

公諱應晛字子任號南溪以　明宗十九年甲子十
月十三日寅時生于青松府西文川里第其先出新
羅大樹部有諱順以孝感得石鍾興德王比郭鉅金
夆事賜屋給米其後失傳有曰阿曰藏曰甫皆大官
公之七世祖諱敬源判密直司事生諱玄儉檢校中

烈者乎窮天地亘萬古而一線所由來正氣都萃了一門之內四君子一時幷烈痛鄕郡之不守憤肉食之無謀忠肝義膽鬱發爲風霆視倭衆如無蹈白刃若虛奮臂大呼有死而無生倘非涵仁養義之深者烏能若是之韙且壯哉不寧惟是後 憲文王丁卯之亂藍田公之子神龍歸村公之子壇幷爲勤王之擧越十年丙子之役藍田公姪夔龍及長孫圻亦擧義赴亂 英考戊申之變大齋公曾孫隆厦歸村公曾孫鞶厦若玄孫景曾敵愾起義有亂輒赴知有死而不知生知國家之急而不知有身子子孫孫勿替

引之光前而耀後噫視彼豊貂大纛之擁城傍睨惟全軀是謀者其高下爲如何耶子曾子有言曰戰陣無勇爲非孝由玆以觀公不惟於君爲忠也於親亦爲孝也夫族后孫天永謹書

三義士墓下碑銘 幷序

昭敬王執徐之難鶴峯金文忠公馳啓 行在曰永川義士李日將等六十餘人首先結約倡起鄕兵與諸義將共殲永川之賊又赴慶州討賊李日將李得龍李得麟等十七人同日被害戰死儒生忠烈可嘉無愧古人 上義之特 贈日將通德郞儀賓府都事得龍得麟俱 贈奉訓郞漢城府判官 肅廟乙酉鄕人士立祠于古川十忠幷腏而叔姪同列 朝家褒賞之典儒紳崇報之享亦至矣夫復之藏在郡東大才洞先兆左右岡迄三百餘年裔孫歲一焉將琢石而表識問其事於淵龜欲各爲碣則同一事蹟而涉於架疊無寧合記一通略倣神道之例而題之曰三義士墓下碑或可爲義起乎碧珍氏自大將軍忩言受封始貫山花諱堅幹默齋諱珖俱以大提學顯於麗氏入 國朝有諱建之吏曹判書謚正獻曰震山經歷曰彭祖參奉始家于永川曰晛主簿娶星

山李氏參奉芳女有三男長曰新仲曰就季卽日將字誠甫號藍田伯公子得龍字士雲號楸溪仲公子得麟字聖祥號大齋藍田公遊寒岡先生門聞性理微奧楸溪大齋二公俱受學于族祖浣亭彦英楸溪公以孝廉薦 除繕工奉事世以儒業講磨未學宦旅韜畧而皆慷慨有氣槩讀古人忠烈史輒擊節想慕至壬辰亂起 廟社蒙塵公奮然投筆呼二兒子曰世以忠勳舊族此豈草野苟活之時乎吾志已決汝曹將若何二公雪涕曰固素志也得麟弟得鳳以弱冠願從一室四義士辭祖廟訣家人率家僮赴本

克嶷稍長志氣屹如嘗好讀書講劒才識大開與弟得鳳攻業精銳奮躍不已游試詞場前列亦莫敢抗鋒平居嘗激昂淬礪抱大有爲之志以大齋銘牖而警省焉嘗讀張巡傳擊節歎曰大丈夫當如是及壬難甫弱冠而與弟得鳳從季父藍田公日將伯從兄楸溪公得龍勇赴義陣合謀戮力克復永陽之城又與諸義士薄月城之戰抗節同殉其凛然之操槩現藍田楸溪兩公狀赴難之日公奮淬曰吾家是忠義世族也今叔姪兄弟同聲倡義豈非男兒合做底事乎但當鞠躬盡力於國家事耳至若成敗利鈍天也

固不可計也辨死之場慣罵從容少無恇怯而怡然就殉焉弟得鳳以有親老難於倂死公臨死勤囑歸養故乃揮劒脫圍而出矢招代屍葬于大才西岡庚坐原夫人東萊鄭氏墓祔 朝家用褒典 贈漢城府判官嗣男埴生三男曰咸亨命亨謙亨一女李廷耇曾玄以下不錄後士林建祠于古川併享十忠焉

玄孫景曾謹書

行狀

先生諱得麟字聖祥生而慷慨有志操嘗讀張巡傳擊節嗟嘆曰大丈夫做業固當如是是其素志也平居無所事爲襟懷磊落而亦不爲崖岸斬絶之行嘗與從兄得龍從遊於浣亭先生之門先生莫不稱其志槩出類也壬辰四月倭寇猝至永爲賊路衝要公以藐然一儒士出萬死之計與弟得鳳及從兄得龍陪叔父藍田公雪涕起義直赴義陣合謀幷力勦滅本郡窟據之賊而復其城自是又破賊于慈仁蟻賊于慶州之西川上又與義士金大海金演崔仁濟鄭碩男李榮根等十七人爲先鋒薄城下廼能辦得此前人所未辦之事其曰吾家四叔姪義聲俱倡是豈非男兒事乎但當鞠躬盡力於國家事耳至於利鈍

則天也固不可計云云者卽臨絶之辭也於乎烈哉於是 朝家勞勲而贈家人矢招而葬卽大才山庚坐原也先生之先碧珍人勝國時以碧珍封諱念言其始祖也八 聖朝有諱建之官吏判謚正獻是爲公八代祖曾祖諱彭祖參奉祖諱晛主簿考諱日就奉事樂善好義妣光州金氏士人鸞之女夫人東萊鄭氏閥甚顯系男埴生三男曰咸亨曰命亨曰謙亨一女李廷耇曾玄以下不盡錄於乎人臣之爲國舍命固宇宙間卓節以一方而得一人者尤爲難而至若先生之家則世世以忠烈聞況叔姪幷忠兄弟幷

奇而鈔擊或設伏而旁攻斬獲甚多旬月之内兵聲
大振賊自軍威稱御史來公曰此必詐也追擊至朴
淵上大破之又擊本郡屯據之賊公伏兵城西外唐
峴登山頂下矢其注如雨賊迷亂不敢逼迺縱火城
中賊兵爛死過半冒燄烟而逃走者隨遇隨斬腥血
川流伏屍丘積八月合諸義將捷慈仁賊引兵進月
城賊開門迎擊兩軍相接砲丸如雨而公躍馬奮呼
視若無物軍中爲之聳動未幾朴晉失律賊乘時肉
薄義兵有進無退公陪監田公顧謂麟鳳二弟曰男
兒寧死爾豈忍與賊俱生乎乃與崔仁濟鄭碩男孫

應晛等十七人爭冒鋒鏑斷脰抉腹遂同日并命噫
較諸顏魯公同一烈烈而未知唐史亦有魯公之叔
父否後因鶴峯金先生啓聞 贈奉訓郎漢城府判
官後又享古川院且衣冠葬于大才山乾坐原配星
山李氏通德郎業種女系男德懋三女長金祉監正
次徐瑋次趙弘勳同知德懋二男虞賓虞揆一女鄭
壻金祉二男宗庇光庇三女崔爻益李燦金揚慶徐
瑋一男爾科三女鄭思賢進士成暉朴懿趙弘勳一
男垢嗚呼自古忠臣義士之捐身殉國者何限曷嘗
有一叔兩姪同時并烈者乎若公之三叔姪者忠魂

毅魄烈烈横在穹壤爲風爲雷相隨不滅豈以今昔
隱顯爲加損也當日殉節之諸先生表著文字并提
及我公而或出於野史或登於國乘其事蹟之光明
峻偉在人耳目者如日月并輝則是固爲公千古斷
案亦何待於後人之發揮也哉然而太史無錄褒典
未崇名湮没而世莫徵故敢加點綴如右以俟後之
能言者云族后孫天永謹狀

贈漢城府判官大齋先生李公事蹟

遺事

謹按壬辰錄鶴峯金先生有曰永陽之捷皆由本郡

士子倡義首事慶州之戰永川義士十七人同日奮
死此二百年培養之遺化訒齋崔先生有曰江左一
路之獲蘇是永川之捷爲之先倡永之首謀倡義者
皆一境士子環一郡爲五百義士參判崔璧南月記
曰李日將李得龍李得麟李得鳳爲國之誠不可以
言語形容其義氣精忠貫軒天地而耀日月噫是皆
爲公之實蹟也先生諱卽得麟字聖祥以 隆慶庚
午某月日生于秋谷里大才村曾祖諱彭祖參奉自
星州榆谷始移于此祖諱晛主簿考諱日就内資寺
奉事妣光州金氏士人鸞女有二男公其長也幼而

面鼓噪而圍乘風登城飛沙撒灰敢死者梯壕而踰
縱火於芻架飆急發烈焰煙漲天賊迷亂相失不爛
死則溺死蹂跳者盡仆或脫走者蹙積之血流而腥
聞於是本城克復言功者必以公叔姪之贊謀稱之
及移討月城藍田公又勇赴爲前鋒公與得麟得鳳
陪從躬冒矢石力戰薄城義氣倍激諸義士亦鼓砲
俱進大衂不能支俄而彼奇兵襲後衝前元戎敗走
諸軍潰解公與藍田公乍失藍田公厲聲呼公卽應
進奮劒突圍而竟矢盡力竭爲賊所執被劊受慘而
慣罵不絶口三叔姪抗節同死寔八月二十一日也

聞者莫不驚嘆曰正氣精忠萃于碧珍氏一家云鶴
峯金先生啓狀特褒永川義士李日將李得龍李得
麟崔仁濟金演金大海李榮根李順福李之馪李廷
芬柳復興柳元傑田億疇田興齊鄭碩男孫應晛等
十七人忠烈可尚由是皆蒙　褒典贈公爲漢城府
判官從弟得鳳以遺衣巾招魂於陣場歸朔于先壠
之右卽大才洞巽向原也配星山李氏通德郎業種
女系男德懋孫虞賞虞夔育三女監正金祉士人徐
瑋同知趙弘勳其婿也金宗庇金光庇崔友益李燦
金揚慶徐爾科鄭思賢進士成暉朴懋趙垍其外孫

男女也後享古川書院玄孫景曾謹書

行狀

昔在壬辰倭奴猖獗吾先祖浣亭先生起自林下與
門族諱日將四叔姪同時倡義以爲東西相援故奉
事楸溪先生亦其一也先生諱得龍字士雲居楸谷
里自號楸溪李籍碧珍高麗時有諱念言始封碧珍
子孫仍貫諱曰永曰堅幹曰玳世世爲大提學光顯
於朝入我　朝有諱建之官至吏曹判書諡正獻五
世而至諱彰祖以文學見稱當世官軍資監參奉是
爲公曾祖祖諱晛禮賓寺主簿考諱日新僉知中樞

娶晉陽姜氏部將景愚之女生公公容貌端雅辭氣
溫良受訓家庭善於問學及長與季弟田龍從遊於
浣亭先生之門嘗擧於鄕棄之築室於所居之洞日
日端坐讀書爲常業事父母晨昏如古禮朝夕視膳
隨惟謹敬長友弟溫恭以接人鄕里以公孝廉薦之
官方伯及大臣交口引汲　除繕工奉事不就島夷
之亂初避於公山浮屠庵聞季父藍田公擧義迺出
與從弟得麟得鳳率私屬徒數百人從之設壇於郡
西法淵上與諸義將雪浴登壇刑馬而誓天地義旗
一揮士卒景從於是修器械募兵食每逢賊徒或出

忠賢錄及野隱公景曾之所撰遺事一通來索其紀德之文於天永曰吾先祖四叔姪曾有舊於浣亭先生之門族堂中交契甚密知吾祖宜莫若吾子又曰藍田公之臨亂實蹟有足以傳於世矣寒岡鄭先生撰鶴峯金先生行狀略載其事訒齋崔先生亦嘗稱道然此特緣文偶語乎其詳道之天永累辭不獲則遂以當日諸義將實記再拜盥手而進曰先生之片言隻動靡不在此而至於本鄉復城與月城役記已盡矣今我嶺下士民之安其祖業累世長子而長孫者繄惟先生之澤矣先生卓節雖有時欲泯焉有不

可得者存矣又孟子之言曰貧賤不能移富貴不能淫威武不能屈聞其風者頑夫廉懦夫有立志是宜題先生而天永有言不信不足以顯微而闡幽也姑爲編錄其大槩而附以所感者如右非敢以是而異秉筆者之有所採擇謹以塞慈孫遠逮之至意云爾

族后孫天永謹狀

贈漢城府判官楸溪先生李公事蹟

遺事

公諱得龍字士雲嘗愛楸溪之勝標以自號世系載叔父藍田公狀錄考諱日新僉樞妣烏川鄭氏寬之女繼妣晉州姜氏部將景愚女擧二男公其長也自幼容貌端正辭氣溫順早知孝親敬長之道不待課督而能孜孜劬學才畧夙就僉樞公與仲季連床講磨訓子姪方嚴公左右循蹈志尙益大與弟田龍從遊於族祖浣亭先生彥英之門講辨義理透了明爽先生多奬許之嘗擧於鄉棄之歸室於楸溪之上日淨坐讀書史至國家興復人臣盡節之際輒激切感慨若身履其境焉鄉人嘗以公孝廉薦于方伯引汲以聞 除繕工監奉事不就壬辰海寇突發列郡皆陷公奉老避兵於公山浮屠庵未幾聞 廟社播遷

藍田公憤惋語公曰今 主上蒙塵爲臣者豈敢草茅間求活耶况吾家卽忠勳世族也赴難一死固其職耳公乃奮然揮涕遂屬養老于弟田龍而與從弟得麟得鳳陪藍田公帥家僮募鄉丁數百餘建義播行義陣鄉人素知公才俊乃執手嘖嘖曰一家之叔姪兄弟挺身矢死何其壯哉公生長詩禮不閑弓馬而每臨軍激鼓士氣義聲出心軍中無不聳動有賊詐稱封庫御史輕騎數百自軍威來逼公與諸義將迎擊朴淵上獲虜之時賊衆屯本郡城晝則遊掠夜則閉守諸義將與公約畫火攻之策使諸軍鍊銳四

啓曰永川義士李日將等六十餘人六月中首先結
約倡起鄕兵與諸義將共殲永川之賊又赴慶州討
賊或勸其勿入而奮然不聽先登深入及敗崔仁濟
金演李日將李得龍李得麟等十七人同日戰死儒
生等忠烈可嘉無愧古人云云 昭敬大王義之特
贈通德郎儀賓府都事盖㫌勸異典也配永陽李氏
訓導定國女大提學南谷先生釋之后生三男長慶
龍男圻坰垶女鄭興一同知鄭天淑李是樟鄭世俊
次神龍男墒壇墫女曺汝忠金是圭金正韻次潛龍
男墀女李純善餘不盡錄嗚呼珍城古稱爲人才之

淵藪自羅及麗名公巨卿鴻儒碩德磊落相望以至
我 朝代不乏絶若耕隱月塢琴軒浣亭諸老先生
倡明洛建之學一時人士斐然趨之莫不操心飭行
矯揉磨礪尚經術後文藝飛英華騰茂實以芝貫一
代之文治收中興之偉績大抵多諸先生力也公以
耕隱先生門孫又生長於圃隱先生鄕其家傳忠義
一脉所由來者遠矣而其感發而興起焉者固亦有
以異乎人矣是以在家以孝友著居鄕以忠信聞三
昆季四叔姪次第并茂或以經術擅譽或以文藝見
推或以節義著名或以功業致用無不藉其餘敎磨

礱成就則其所以補翊洪化賁飾世道者爲何如哉
及夫當大亂臨大節不慴不挫卒之捨魚取熊怡然
授命與唐之二子者異世而同其烈焉夷考其蹟先
生於當日可謂傑然者也噫公之功足以垂竹帛銘
彛鼎而奇律壯蹟終歸於澌滅千載之下烏得無槩
雄志士之感乎然而訒齋崔先生晛上體察使李元
翼書曰鯨鯢隳突列城瓦解高官厚祿者屈膝而偷
生佩劒彎弓者抱首而鼠竄無一人荷戈彎弓惟倡
義復讐之擧出自山林擯斥之士折木爲竿裂紙爲
旗而張皇旣絶之我氣沮遏方張之賊勢又曰永川

旣捷之後江左諸賊次第退遁一路獲蘇設伏討賊
者比比不絶是皆永川爲之先倡也況永邑起事之
時首謀倡義者皆是一境之士子則環一郡無非五
百義士也崔參判壁南壬辰日記曰李日將李得龍
爲國之誠不可以言語形容其義氣精忠實爲軒天
地而耀日月是爲先生實錄而後 肅廟乙酉永之
章南吽閭建祠以修餟享之奠斯固慰忠賢寘漠之
魂而世之衣君食君者亦可以知勸矣先生之後孫
東穎東瓚東英等採家藏古記及一時同義諸先生
之所記爲家傳頗詳而猶以有遺佚未盡之恨乃以

數千里山河其將爲賊窟必矣先生乃與諸義將圍城攻擊使新寧倅韓倜河陽倅曺脩申攻西北趙宗岳李得龍崔仁濟鄭大仁尹聘全三益金漢壽伏兵唐峴李好仁曺德驥李得麟金浩李英根李得鳳徐景涵伏守楸坪先生與諸義將及累百義士各率百餘騎先犯東西一時衝突勢如風雨一邊投石飛沙一邊縱兵發矢矢無不中中必疊雙賊不敢前轉戰入內壁賊急不知避所或走匿街舍或上明遠樓會東南風大作先生乘風放火火烈風猛燄煙衝天賊衆過半爲爛死舍城走者又爲外軍所杖擊或投水

自死無一幸免者而前後斬獲以萬計遂復本郡城蓋中興之業惟是役爲賴而先生讓功不居也初賊以永川爲嶺路之中留屯精銳爲犄角勢一路由新寧出義興與義城安東醴泉諸賊相應一路由櫟林院出軍威與比安龍宮尙州咸昌諸賊相應一路由唐峴出河陽與大邱星州金山開寧諸賊相應一路涉南州出慈仁與淸道密陽梁山東萊諸賊交通放兵四掠嶺左六七百里幾盡爲賊藪先生破朴淵賊絶軍威路又伏兵唐峴絶河陽路又伏兵楸坪絶慈仁路郡城之賊失外援而全軍殲嶺左諸賊聞甚惶

惻安東比安之賊退遁江右密陽淸道之賊與慈仁慶山留賊謀聚月城八月先生與諸義將襲破慈仁賊直向慶州與節度使朴晉帥八郡兵進攻牟梁屯賊陣場四面二十里之地陜窄難容晉分兵薄城下賊開門逆戰我軍鼓噪攔擣砲矢俱烈賊度不能支迺潛出北門縱奇兵由後襲之更以鐵騎衝其腹晉軍大亂奔西川諸義將還軍于去城十里之地獨公與永川義士百餘人領兵五千騎挺身爲先鋒馳馬直前崔仁濟李得龍金濱李好仁李榮根李順福從其後李之馣柳與復田億疇李得麟韓得義又從其

後田興霽孫應晛柳元傑李廷芬翼其左鄭碩男尹就善金大海朴士恬李得鳳翼其右揮劒大號長短合接凡數百餘斬賊首無數旣而矢盡力竭公知事不濟托後事于得鳳從者急告逃之公叱曰吾豈逃生者耶從者猶請不去又大叱曰爾輩欲爲亂耶顧謂得龍得麟曰吾輩死得所矣竟罵賊不屈而死迺八月二十一日也賊亦驚懼翌日引兵南走是實公戰死之力也得鳳奉遺命尋屍不得招衣帶以葬于郡東大才山壬坐原悉其事聞于招諭使金先生誠一先生驚嘆曰玆非二百年培養之遺化歟其由以

右并翼長短合接斬賊各無數旣而矢盡力竭公厲
聲大呼諸姪齊應揮劒賈勇奮罵不屈而死實是月
二十一日也賊亦驚懼習乃引兵南走公在陣屬后
事于得鳳鶴峯金先生聞之歎曰玆非二百年培養
之遺化與啓陳戰死儒生十七人忠烈可尚由是俱
蒙 褒典贈公爲通德郞儀賓府都事求屍莫辨以
衣冠招魂虛塴于大才洞先隴下負壬原配永陽李
氏訓導定國女大提學南谷先生繹之后墓在古村
沙器店案山有三男曰慶龍神龍潛龍七孫曰圻垌
埣墒壇壿墀俱以文藝克述孫女壻八鄭與一同知

鄭天淑李是樟鄭世俊曹汝忠金是圭金正韻李純
善 肅廟乙酉鄉士林呌閤立祠于古川爲十忠尸
祝公叔姪三位同享從五世孫景曾謹書

行狀

先生姓李氏諱日將字誠甫號監田碧珍人奧祖諱
悆言佐麗太祖統一三韓封碧珍子孫因籍世居星
州簪組相望至十一世有諱堅幹官進賢舘大提學
諡文安文章德業聞于天下世所稱山花先生是也
入 國朝諱建之官吏曹判書諡正獻於靖簡公耕
隱先生孟專爲伯父八子諱厚官靈山縣監是爲公六

世祖五世祖諱宗仁成均生員高祖諱九經司圃署
別坐與從弟大司成月塢先生鐵均遊佔畢金先生
宗直門以文行冠一世曾祖諱震山開城府經歷祖
諱彭祖學於四從大夫左贊成琴軒先生長坤門官
軍資監參奉考諱晛禮賓寺主簿有重望妣星山李
氏參奉芳之女生公于永川楸谷里第於倫次爲季
生有異質性至孝事父母能兼志體之養日與伯兄
僉樞公日新奉事公日就征邁聲聞漸著仍與族從
丞旨浣亭先生彥英出入寒岡鄭先生述之門得聞
性理之說先生以遠大期之壬辰夏島夷入寇列郡

瓦解八路橫潰 上去邠幸西公奮不顧身雪涕而
招姪子得龍得麟得鳳曰 君父播越廟社危極此
誠臣民爲國舍命之辰也汝曹其若之何吾則計已
決矣三子遂杖劒而前曰今日之事惟命是從於是
倡率家僮數十仍與同志百餘義士直赴義陣大小
事悉心贊畫時賊有詐稱御史者數百人自軍威南
下新寧先生與諸義將擊之朴淵上大破斬首三十
級獲賊馬數十匹自是軍聲大振七月賊數萬餘屯
據郡城晝則四出鈔掠夜則閉門固守先生謂諸義
將曰若不急擊此賊是無嶺左嶺左若不保則吾東

生宗直門二子長諱震山開城府經歷四子仲諱彭
祖軍資監參奉受學于族大父貞度公琴軒先生長
坤門自星州始家永川子諱晛禮賓寺主簿有時望
是爲公皇考妣星山李氏參奉考女擧三男俱以行
誼著公序居季以某年月日生于秋谷里第諱日將
字誠甫號盤田嘗以呂氏鄉約爲一生受用家計自
幼天資俊異性至孝事父母未嘗少違其志日與伯
兄日新仲兄日就趨庭服義方聯業征邁勵志篤行
聲譽籍甚與族叔浣亭先生彥英從遊於寒岡鄭先
生逑門得聞性理之說慷慨有志節先生以遠大器

許之壬辰夏倭寇猝侵列邑連陷守宰皆奔避士族
鳥竄時郭忘憂堂再祐起義於江右權白雲齋應
銖起義於江左公招從子得龍得麟得鳳曰今 君
父蒙塵廟社危極此誠臣民奮不顧身之秋也況吾
家自是忠義世閥汝曹才略亦不尋常豈草茅間晏
然耶因下憤淚又曰鳳也幹家亦宜也三子俱杖劒
而前曰爲國之事叔姪何敢異也成敗利鈍不必預
計若不幸而不濟則同死耳於是幷倡率家僮修備
兵器告祖廟訣妻孥直赴本郡義陣與義士五百六
十餘人設壇歃血同心戮力贊謀畫策賊有詐稱御

史者數百騎自軍威下新寧公與諸義將迎擊于朴
淵上破之斬首三十級獲馬數十匹自是軍聲大振
七月賊屯據郡城晝則四出鈔掠夜則閉門固守公
與諸義將圍城急擊或分攻西東北隅或伏守唐峴
楸坪累百義士各率百餘騎一時衝突勢如風雨一
邊投石飛沙一邊縱兵發矢矢無不中中必疊雙賊
不敢進前而有自投下者趣斬之乃賊之名將法化
也轉戰入內壁賊惶急不知所避或匿衙舍或逋明
遠樓時大風作令敢死者踰城縱火火烈風猛燄煙
漲天賊衆迷亂蹂躪過半爛死走者又爲外軍所杖

塵又或投樓下水自死無一倭幸免者前後斬獲以
萬級計遂復本郡城賴是左界稍有生氣八月義將
移討月城賊公與諸義士勇赴節度朴晉帥八郡兵
合攻弁陽陣蕩四面二十里地窄難容分軍薄城下
賊開門逆戰我軍鼓譟攔擣砲矢俱烈賊度不能支
潛出北門縱奇兵由後襲之更以鐵騎衝其腹晉軍
失律潰奔西川義軍亦勢孤而殊死力戰崔仁濟金
演李好仁李榮根李順福柳復興柳元傑田億疇田
興齊韓得義孫應晛李廷芬金大海鄭大仁鄭碩男
皆以永川人挺身直前公與姪得龍得麟得鳳亦左

嗣後有侍中萬年位八座德逢是爲十世祖大父僉
知偉民父引儀碩弼配達城徐氏子進士時華孫星
發以下不甚繁公生 恭憲王己未墓在州之石洞
枕子之原嗚呼爲國與論人當以忠義爲先事功居
後齊之不亡不在於田單而在於王蠋唐之中興在
於巡遠而不在於李郭當是時釜萊不守東藩州郡
之擁兵分土者無所計於奔竄之外公不識何狀之
白面書生也能立爲先最壯之功又以一死振一國
之元氣立萬世之殊烈乃國之所以施以官爵天之
所以酬其子孫竟止於斯忠賢之報何其爽也重不

禁停筆而太息也庚寅春三月上旬月城孫厚翼撰

墓碣銘并序

沙村李公諱之馩字汝郁其先有隴西郡公長庚始
籍星州其後有侍中萬年爲公十一世祖大父僉知
偉民父引儀碩弼配達城徐氏子進士時華孫星發
公壬辰亂死義數生年己未爲三十四葬州之石洞
壬山余曾因其後孫致淵請狀公之行今致淵又告
曰吾祖之蹟子旣使世人道矣今將石以表幽堂子
其銘之俾吾祖伸於地下也余感歎而略敘其世系
繼之銘詩曰公賁銅化得渾剛浸濃寖壁以自强天

之元氣人之常學以充之立領綱承家死國乃自曡
島海浪翻醜蠢狂暈月驚沙釜萊鄉平踏東都及永
陽草野倉卒避鋒鋩公山扶抱親在堂親曰兒憂君
國亡衛士厮卒能存邦兒拜起兵義聲張州城朴淵
我武揚群豪應響動八方時賢健筆各張皇師啓王
褒弃煌煌秋風八月戰雲荒西川浩浩平沙黃丈夫
一決鐵肝膓身雖憧敗氣愈昂休云松栢空自蒼苦
節耐招萬林芳興亡百變慨我傷人天酬償理莫詳
一詞瓊琚嘆息長荏苒經過四百霜古川年年薦苾
鄉英靈陟降乎洋洋洞之石兮公魄藏阡之石兮我

銘章人有彝時詎公忘月城孫厚翼撰

贈儀賓府都事藍田先生李公事蹟

遺事

惟吾李氏寔東方著姓厥初大將軍諱悤言與麗祖
興樹元勳封碧珍郡是爲貫自後金紫銀青奕葉相
承至山花先生諱堅幹謚文安默齋公諱玳兩世俱
以文章德行官大提學入我 朝有諱建之官吏曹
判書謚正獻於靖簡公耕隱先生孟專爲伯父子諱
厚縣監有八子長宗仁成均生員子諱九經以文行
官別坐與從弟大司成月塢居士鐵均遊佔俾金先

遺事

公諱之馣字汝郁星州人長庚之後通德郞引儀榮
種之子宣武郞司饔院主簿諱敦禮之孫也 隆慶
己未生于郡西沙村里第公雅量寬厚處事晏重雖
急遽之際嘗凜凜如也當時士君子咸稱其志義之
士也篤志力學又與李公榮根同里閈相善盖講磨
之義有素焉壬辰奉雙親避亂於公山下雖搶攘之
中父母便身之物極力供給一日聞同鄕諸義士倡
起公動容作色有奮然底氣象先府君問其故公含
默而已先府君曰我知之矣方今賊酋猖獗 大駕

播越此誠臣子忘身奮義之時也而吾今年老已無
爲矣汝亦年少吾所囁嚅不發於口而夙夜念念者
也君親一也汝旣有爲 國倡義之志吾何憾焉汝
第往公含淚拜謝而退及到慶州諸義士使公持筆
點案凡軍事皆考檢無遺因進西川浦與崔公仁濟
金公演金公大海鄭公碩男李公榮根李公日將李
公得龍李公得麟孫公應晛等同時力戰而死寔八
月二十一日也鶴峯金公誠一卽具由以啓 宣廟
贈奉訓郞漢城府判官

行狀

厚嵬慶州人也每過州之西川追想龍蛇往蹟慨然
於永川諸義士戰殉之事有李華弔古之意旣又至
永之古川見十賢祠仍尋其後人而考其文獻盖或
功賞殊報顯晦有數而均之爲義也可奬又當讐醜
之重來不禁九原難作之歎與遺仍把手而淚下獨
未與沙村李公諱之馣字汝郁家人遇也今公後孫
致淵錄公事而求余狀噫玆事之晚而始今何其不
幸也抑玆事之乃在於讐退之今日使吾大書而顯
言者何其幸也公量寬而氣凝平居常凜乎若有事
欽乎若行陣又能篤志力學人已以志義許之及壬

辰亂作公奉二親避兵于八公山中便養以安之旣
而聞同鄕諸公之倡義氣像慷慨而色勃勃然作奮
父公揣其意謂之曰時之治亂而君親有輕重汝往
哉公遂起鄕兵赴義陣聘本州城而殲之鏖朴淵蕩
慈縣進聘慶州敗于西川十七義士不旋一踵而同
殉卽八月二十一日也於是賊亦遁魄而判官朴毅
長放飛擊震天雷盡走之訒齋崔晛曰一路之民蘇
我軍之氣振永川爲之先白沙李恒福曰永川之捷
最爲壯快招諭使金誠一啓請 贈官而公爲奉訓
郞漢城判官公星州人隴西郡公長庚爲始貫之祖

墓碣銘并序

有國兵燹莫憯於壬辰由故家忠義之士殉禦難以
贊中興之業赫赫然千古而乃若十七義士并力鏖
戰沮遏方張之勢以成保障之功繼之以同日立殣
慶州西城之役爲最雙溪李公其一也始公之奉親
挈家避兵公山也常慷慨激烈有爲國效忠之意父
樞府公泣謂曰吾以世祿之裔目見　國危如此義
當赴死老且病不堪武事汝若替吾倡義死亦榮矣
公曰此兒志也況父命乎卽率幹僕仗釰收兵赴慶
州義陣諸義士以公才畧可統衆志節又臨難而不

可不奮也悉以軍務委公卽激以忠義嚴以約束軍
聲稍振州之西門外乃賊衝也公與官軍分據爲常
蛇相應之勢官軍失律義陣獨受其鋒公曰有進無
退遂賈勇直前飛丸如雨列戟若林公不少慴爲士
卒先士皆殊死戰殺賊無算義陣亦勢窮而并死之
實八月二十一日也公以　嘉靖甲子生死時年二
十九招諭使鶴峯金文忠公啓聞于　朝贈公爵漢
城判官以褒之後幾十年士林立古川祠與諸義士
并享於乎士之死國義也有闔寄若城守而死死其
職公乃韋布也全軀保家亦可矣乃以草間爲恥必

裹革而後已素蓄可知也公幼有穎才奇氣八歲已
通經史稺年丁毋喪守禮如成人先公疾革斷指得
效移孝爲忠其信然矣公諱榮根字景茂號雙溪永
陽君諱大榮其受封始貫之祖也入本　朝有獻納
諱安柔直長諱宗謹署令諱性孫於公爲四世也忠
順衛諱垠參奉諱坡僉中樞府事諱定國公曾祖祖
若考妣昌寧曺氏僉樞應召女忠貞公尚治之玄孫
配永陽崔氏參奉自淡女賢有見識方公之赴難也
受事育之托曰忠孝大義吾亦知之進士鎌子也
贈持平廷蘭廷賁進士廷著孫也曾玄以下不盡錄

公矢復歸葬在郡西三日里楸谷坐亥之原中世失
傳後孫等尋求始得修竪碑十一世孫洙垛與族
叔錫喜來請銘也銘曰世或降難必生忠烈於惟李
公義勇天出親命赴難忠孝無缺同心嚮合厥聲飈
發木兵裳旗堅甲可撻盪穴衝圍凶鋒氣奪勝敗不
常酷受豕突怒氣益壯齒碎絃絶駢首爭死嗟義
骨餘風尚凜賊遁駭怵遺世指點草短江咽氣作山
河精凝霜日復矢并葬楸山崒嵂墓門有松獨也挺
雪有石亭亭過者竪髮完山柳必永謹撰

贈漢城府判官沙村先生李公事蹟

而頌其德也及當大亂民皆鳥獸竄偃尸相枕公裹
糗糧飭僕隷定期日約束又儲糧別槖躬自帶之遂
隱於公山一行獨得全完皆賴公指揮之有方也及
聞 鑾輿蒙塵二陵被禍僉樞公垂涕而命公曰吾
家世受國恩討賊死難乃分內當然之職耳吾老病
無能爲汝則體吾志意先倡義也公拜跪曰父命也
敢不自力遂召信任家僕促治裝赴義陣顧謂細君
曰善事老親善養穉子吾當馬革裹屍耳夫人曰妾
亦人子豈敢違命成功返面是吾願也瞻望行塵大
哭失聲而還公與本郡義士及列邑義將馳赴永川

協力火攻城既復又赴慈仁有戰捷之功比到慶州
陣諸義士皆曰公才略勇力非他所及悉以機務委
之城西門外七里許與官軍合勢對壘臨陣公勵聲
曰今日之事有進無退既而元帥失手官軍又潰公
挺身督戰砲丸如雨下銳氣益壯賊乃恃之十七義
士同時死之乃壬辰八月二十一日也復之以矢歸
窆于三日里楸谷先兆亥坐之原與淑夫人崔氏同
原而異壙仙籌二十九歲矣招諭使鶴峯金先生啓
聞于 行在 贈公爵漢城判官又復其家其後士
林特擧十賢俎豆之名其祠曰殉國雖擬之以睢陽

之雙廟不爲過語也有子曰鎌進士有遺集孫廷蘭
贈持平廷蕡廷蓍生員曾孫益曄益暭 贈工議
益昫益晟進士以下不盡錄於乎公生於世祿之家
所講者忠孝而已君既失所父命至重豈可捐親而
背君乎公奮然起於草野率家僮挺身赴賊冒矢石
蹈湯火上而報國下而順命公之死豈不綽綽然有
餘裕哉是以寒岡先生曰永陽之捷專由於士子倡
義先登及移討東都爭先馳赴生員崔仁濟鄭碩男
幼學李榮根等十七人同日被害松巖李公曰慶州
之陣生員崔仁濟幼學李榮根等十七人忠烈可嘉

無愧古人忠毅權公義陣日記及訒齋崔公上完平
李相公書信如金石豈不偉哉太史公敘伯夷傳引
重於孔子之一言况大君子幾人傳信之筆斑斑可
據則非附青雲之士烏能施於後世者非此之謂乎
當有太常氏之狀而三四百載之下漠然未有以徵
諸後者豈非吾黨之所共慨恨者耶后孫洙埰氏責
獻周以爲吾狀人微矣文短矣何敢泚筆於秉義殉
國之事乎雖然累世龍門之誼豈敢負諸悤悤敘次
如右以待秉筆君子之採擇云爾辛酉七夕前五日
聞韶金獻周謹狀

石東裝仗劒而赴陣臨行語其妻崔氏曰吾以親命爲 國赴賊生還未可必也上有雙親善爲奉養下有孤兒安心撫育崔氏答曰忠孝大義妾亦知之安敢違夫子之意乎惟願勝捷以還遂含淚而別纔送十里始乃放聲哭之叩地成坎者尺餘矣比到慶州諸義士以公有才略凡軍事悉令考檢至西城外七里許與官軍分壘布陣公顧謂諸義士曰今日之戰有進無退俄而節度使朴晉失律我軍大潰遂與金公演金公大海崔公仁濟鄭公碩男李公之蕃李公日將李公得龍李公得麟孫公應晛力戰而死乃是

月二十一日也初公知夢石忠幹與之偕來至是并爲賊所害鶴峯金公誠一具由以啓 宣廟 贈漢城府判官後又 命復其家以褒之

行狀

我東爲中華屬國種種蘖芽其間然如蜉蝣之乍滅似蝃蝀之旋消無猖獗充斥之勢矣是以士不知兵民鮮執戟晏然爲昇平之世者幾百年之久則都不知死於王事之爲何等物事耳於是乎當壬癸之變此有國以來初有之亂也列城瓦解京師遂陷先受鋒刃而不可沮遏其勢者南藩尤甚十七義士同日立殣其一雙溪先生李公是耳公以布韋之士若非忠義之素所畜積焉能致此於無君命擅彊兵坐觀之時乎公諱榮根字景茂姓李氏系出永川益陽君諱克仁其鼻祖也六傳諱大榮高麗神虎衛大將軍封永陽君謚文貞以盛德大業爲啓基之祖五傳諱釋之號南谷官至寶文閣大提學判圖判書守固僕之義入杜門洞清風直節輝映史册入本 朝諱安柔文科司諫院獻納號西坡生諱宗謹直長生諱性孫署令郞公高祖也曰垠忠順衛曰拔胤箕子殿參奉曰定國僉樞乃曾祖祖若考也妣昌寧曺氏僉樞

應召女忠貞公尚治之玄孫也 嘉靖甲子生公于雙溪里第生而有食牛氣稍長喜怒不形好讀書八歲能通經史僉樞公期待不淺也年未成童遭內艱哭踊攀擗幾絶乃蘊襄樹之辰三年之祥哀號甚慽吊者與之繼母李氏入門如事所生曲意承順無一毫咈十九歲擇對于永川崔氏家亦善事舅姑在視寒暖之節與君子無違時物之適於口者山海之助於味者充庋閣無乏絶僉樞公病革方須命公斷指血淋漓下口得效與弟榮幹友于甚篤怡怡而無間言一室之內恩威并行臧獲之賤頑率之輩皆感服

仕本　朝爲工曹判書家永川曾祖諱砭參奉祖諱
義熙考諱承胤妣安氏公以　嘉靖辛酉生死時年
三十二娶星山李氏蔓賢女無子從祖弟府使信
道子嗣明官縣監有二男世諶世僑世諶男斗寅世
僑男斗元今來請銘者斗寅六世孫致澍也銘曰孝
稱全歸忠云殺身事不可並爲愛則均移之則是有
如夫公忠義甲冑冒白張空一戰鏖賊收功郡城轉
鬪百里厥聲鏗鍧不常者兵勝敗雲變騈首爭死碧
血濺濺豎我人紀懾彼游魂死有生氣賊遇而犇草
短邊城遺死指語曷不爲忠流芳楚楚公私之典發

衷在茲琢之貞珉以永來思　上之十年甲辰上元
節通政大夫司諫院大司諫知製　教柳致明謹撰

贈漢城府判官雙溪先生李公事蹟

遺事

公諱榮根字景茂永川人高麗開國上將軍益陽君
諱克仁之後也六傳而諱大榮官至神虎衛將軍封
永陽君永李之以永爲貫者自此始五傳而諱釋之
官至寶文閣大提學號南谷有集行世祀享于光州
大峙書院是生諱安柔文科官至司諫院獻納號西
坡是生諱宗謹直長是生諱惟孫署令於公爲高祖

也曾祖諱垠忠順衛祖諱坡胤箕子殿參奉考諱定
國訓導妣昌寧曺氏應召之女忠貞公尚治之玄孫
也　嘉靖甲子公生於郡西雙溪村自幼天姿穎秀
喜怒不形於色年纔八歲能通經史先府君鍾愛之
年十二遭母夫人喪哭泣之哀幾絶而復蘇欒欒若
老成之人人皆異之先府君再娶花山李氏公極其
誠孝凡事必先意承順與弟榮翰友愛尤篤門闌之
內和氣藹如也癸未娶參奉崔自淡之女朝夕父母
之養夫婦躬自監調凡有節物必力求以進雖當歲
歉甘旨未嘗乏絶先府君當病革公斷指出血和藥

而進之其篤孝如此御奴僕恩威幷施雖有罪父母
之前未嘗詬罵必善諭之以此奴婢之雖悍頑者亦
知感悅壬辰倭寇猝發遠近士女皆奔避不暇公亦
備齎糗糧分給僕御猶慮其臨急相違別以一長槖
貯父母救飢之資身自帶之奉雙親挈妻子隱於公
山中未幾果見奴主相失飢死者甚多而公之蒼赤
無一叛者一行賴以得安八月初聞賊勢愈熾直擣
京城先府君慨然而泣謂公曰吾以世祿之裔目見
君父蒙塵而老且病矣無能爲若汝倡義討賊則
雖死亦榮矣公起拜曰敢不惟命是承卽呼蒼頭家

壽峴曰壽翁女適李道昇内外曾玄孫男女若干人
夫士讀聖賢書平居氣勢非不傑傑也卒然撞死境
則不爲之章皇失措者幾希若公可謂烈丈夫者非
耶當是時嶺之死義者如晉陽黃石之人可數也然
此皆食祿也守土也其死職耳今公秖是一韋布已
國憂非其憂也戎事非其事也而乃能折木揭竿赴
義如赴家及其官軍既喪義兵難支則少避鋒以圖
之亦可也而畢竟張空拳冒白刃殺身而無所悔何
其壯哉公之赴月城也兩稚兒呱呱矣而公不子而
行意者公之面前萬事皆低獨一箇是字爲大歟非

素養於中者深烏能如是惜乎太史無錄 褒典未
崇世固有歉之者而人心難誣公議始張 朝廷異
日必將有隱卒愍忠之擧則公之義烈自此炳如日
星矣嘉言善行之佚而不傳抑何損焉謹据家錄略
加點綴以俟後之能言者云將仕郎 順陵參奉鄭
萬陽撰

墓碣銘 并序

昭敬王二十五年島夷發亂死義者多草莽白面其
騈首爭死慶州西川之役爲最賊義而懼餘烈悉衆
而遁於是江左列邑得蘇遂招諭使鶴峯金文忠公

啓其事 王褒嘉 贈爵後百有餘年鄉人請建祠
郡申使使轉 聞未果又七十餘年而享于古川之
殉國祠 贈工曹正郎烏川鄭公諱碩男其一也平
居恂恂徒以忠義奮始從紅衣將軍于火旺城臨陣
對敵武士不如也既又從諸義士征永川據城賊時
會者多鄉舊族親團結白徒以直爲壯窮其巢穴而
蕩踣之盖東南慶賊未有若是之壯者也且進攻慶
州賊家人訣投袂而前既交兵砲丸如雨公躍馬競
進爲士卒先俄而官軍失律賊乘之公與諸義士殊
死戰賊死者亦過半我兵死以百數稱十七人者素

有名軍中者也家人矢復葬公道川之書堂洞先兆
之次甲向原嗚呼士固有捐生以報國者死於職不
然則慷慨翻勃之間矣公直一韋布而已而試之火
旺揚于郡城數與之抗而繼之以死其素所蓄積也
可知矣公幼犖犖有奇氣十歲而孤喪之如成人稍
長力學通經史喪母廬于墓服闋曰父母俱喪矣誰
爲孝棄博士業築壝菴以棲息夫豈有求於功名者
哉語曰求忠臣必於孝子之門公之謂也後人慕之
扁其菴曰忠孝齋云公字大卿其先麗翰林學士諱
襲明以諫死始著圃隱文忠公其傍先也至諱光厚

先府君叅世公甫十歲每於殯宮中哭踊拜奠如成
人焉公旣少失庭訓又無昆季可賴者而能自奮勵
力學通經史奉太孺人極其誠慤及喪廬墓三年朝
夕哀省之節雖風雨不掇人皆曰善居喪也旣服闋
公猶追慕之不衰嘗語人曰吾不幸無父母進取何
心遂棄博士業杜門十數年不復出人有勸之擧者
輒不應也倣寒泉故事仍築墳菴額瀟灑有致公樂
之時與門弟子往來遊息以寓望雲之思故老傳誦
謂之鄭公書堂洞云後人慕公忠節行誼扁其楣曰
忠孝齋壬辰夏四月平秀吉大擧兵入寇陷東萊分

路長驅李鎰申砬皆敗死　大駕西巡至龍灣於是
列壁瓦裂三京遂不守矣公聞而灑泣曰平世士固
自重今　國有難　主上蒙塵草茅者亦豈晏然而
已乎爲之慷慨不歇率家僮百餘人先從紅衣將軍
于火旺城後與鄉之諸義士合謀倂力縱火攻據城
賊大蹈之公書生也端居折節粥粥若無能者而臨
陣見賊義氣百倍雖武士不如也我軍旣乘勝八月
進攻月城賊公將行謂家人曰不得行長頭誓不還
我死勿復相念也妻孥牽裾泣曰奈十口何公投袂
而去旣至城下我軍陣西川賊開門迎擊之兩軍相

接砲丸如雨而公躍馬奮號視若無物軍中莫不聳
動未幾左節度朴晉英律先潰賊以奇兵乘之義兵
殊死肉薄大小凡數十合賊衆死者亦過半矣公矢
盡力竭遂與崔公仁濟金公澮等十七人皆不屈死
之實是月二十一日也賊亦驚懾翌日引兵南走先
是賊自慶州至安東列如長蛇莫敢誰何而永慶旣
全中路始斷則嶺左諸賊皆次第奔潰諸公之死亦
足以壯本　朝矣招諭使金公誠一聞而擊節曰此
義人也具由馳啓其略曰前日全城之捷專由義士
等先登協討之功今又力戰而死忠烈可尚　昭敬

王嘉之　贈公今爵其後令本道又復其家所以勵
世也家人失招而求其屍葬于書堂洞庚坐之原時
年三十二公配星山李氏夢賢之女生三子不擧取
從祖弟府使信道之子嗣明子之以武擧進官至長
連縣監有政績論者謂穪其家也娶趙宗岱之女生
二男曰世諶曰世僑世諶娶生員趙咸世之女生一
男曰斗寅世僑娶教官郭希益之女生一男一女男
曰斗元女適徐復來斗寅娶掌令成震丙之女生二
男二女男曰壽岡曰壽巘一女適尹孝彥二女適曺
遇禎斗元娶宣武郎崔慶涵之女生二男一女男曰

望雲之思而時與復齋講論經學復齋好游學四方
公則喜自守一家之內以道義相資焉所居墳菴猶
存公沒之後故老傳誦謂之鄭孝子書堂洞而後人
慕公忠節行誼扁其楣曰忠孝齋壬辰四月平秀吉
舉兵入寇　大駕西巡至龍灣公聞而灑泣曰平世
士固自重今　國有難　主上蒙塵草茅者豈晏然
而已乎爲之慷慨不歇聞郭忘憂首起義旅率家僮
百餘人與復齋湛再從弟味道等約束俱往後因鄉
兵之唱募卽往赴焉將行謂家人曰不得行長頭誓
不還我死勿復相念也時二子俱在襁褓亦有遺腹

妻拏牽裾泣曰柰十口何公遂投袂而去其在義陣
凡軍中事無鉅細實心贊畫設奇勦賊募粟調兵皆
有助焉方臨陣見賊義氣百倍武士不及而躍馬奮
號視若無物軍中莫不聳動及結陣西川義兵殊死
肉薄大少凡數十合賊衆死者無數俄而賊從北門
出奇兵襲後元戎敗走士卒奔潰公矢盡力竭遂與
崔仁濟金演等十七人皆不屈而死實壬辰八月二
十一日也家人以夫招魂於西川戰陣中爲位以哭
之奠衣冠于書堂洞負庚之原以公遺齋之在是而
爲忠靈所降之所翌年癸巳因兵使別啓中首擧特

贈通訓大夫工曹正郎公沒後二十餘年淑人星
山李氏取公從弟副總管信道長子嗣明子之官縣
監有政蹟　朝廷褒清白事載　國史後享古川書
院殉國祠序齒列享舊有忠孝齋在公墓下而歲久
傾頹止有遺址

行狀

故　贈通訓大夫工曹正郎鄭公諱碩男字大卿蓋
壬辰義士也寒岡鄭先生撰金鶴峯行狀特書其事
以張大之崔參判壁南又有日錄頗詳皆信史也其
後百有十二年求之鄉父老慕公之烈者請于　朝

擬建祠廟知郡事申擧其蹟藩臣又轉而上之是公
誦也旣而公之玄孫壽巘以其兄壽崗之命過我尼
南山屬以狀事不佞何敢當然聞其風而想其人凜
凜有生氣不佞又何敢辭謹按公系出延日縣圃隱
文忠公之門孫也麗朝翰林學士諱襲明以文章節
行事毅宗諫而死寔爲公鼻祖八傳而至諱光厚仕
我　朝卒官工曹判書始居永川曾祖諱砶　宣陵
參奉　贈判決事祖諱義槃考諱承胤皆不仕妣安
氏公以　嘉靖辛酉十一月十五日生于道川里第
公幼而岐嶷稍長犖犖有奇氣先府君鍾愛之庚午

曰汝欲以毋而遺君父耶公泣受命出沙川會同志
募兵合新寧權應銖陣討永川據城賊殲之於是東
路始通而中興之基業成焉旣而進戰慶州賊勢將
不能支而元戎失律我軍遂敗公與同志十七人幷
死於西川即八月二十一日也長男汝崑年方十六
率二婢奔往陣地公屍如生負歸而葬招諭使金誠
一啓聞 贈通德郎戶曹正郎復給一結㽵三年甲
午葬于州之圓覺向乙原公配恭人月城孫氏光晛
女景節公仲暾曾孫次男汝崗禦侮將軍龍驤衛副
司果女適徐景涵崑男友稷弘文館修撰慈仁縣監

女生員金塙孫松茂朴惪崗男友益友摯友顛以下
不錄嗚乎今距壬辰四百年矣如公者有孝有文旣
忠旣烈而報賞不稱忠義其何以勸其後倭復來而
去矣俯仰今昔慨懷不禁公後孫榮奎命余以表墓
之文歎息而爲之銘曰望亭之畔松青青西川之浦
波盈盈松不凋兮公之節波不死兮公之烈撫興亾
於丘土詔貞石於百古庚寅春三月哉生明月城孫
厚翼撰

贈工曹正郎忠孝齋先生鄭公事蹟

遺事

公諱碩男字大卿號忠孝齋烏川人 嘉靖辛酉十
一月十五日生於永川郡東道川里第幼聰頴過人
而犖犖有奇氣媟慢之言不出於口躁率之行不設
於身德性若自成然先府君甚鍾愛之稍長授學于
先府君勵志勤讀不待長者教誨而多解文義見者
以遠到期之庚午先府君棄世公甫十歲每於殯宮
中朝夕哀號聲縷如絕而拜奠之節如成人然常以
不得終養爲至痛而又無昆弟可恃賴者自是益奮
勵力學通經史而以孝經爲事親之方尤用着意而
孜孜窮日夜不懈奉太孺人極其誠慤先意承順惟

恐一毫有違及喪悲哀踰制初終葬祭一遵文公家
禮而與復齋公湛考證諸家禮書有喪中雜記旣葬
廬墓三年朝夕哀省之節雖風雨不輟人皆曰善居
喪也服闋惟追慕不衰嘗語人曰吾不幸無父母進
取何心遂棄博士業杜門十數年不復出跡於外而
精究聖人書以求道自期人或有勸擧者輒不應曰
二親不在榮何可耀學業未高爵何早求惟一生受
用者此書足矣指小學一部有遺藁數冊久在陳笥
字畫漫訛又爲蠹鼠之所囓缺未爲完書倣寒泉故
事仍築墳菴頗瀟灑有致與門弟子往來遊息以寓

斷軍威踏合新寧權應銖陣兵勢益張時賊已入據
本城殺略甚衆公多設方畧與諸義士謀火攻殲膊
醜類積屍塡江遂復永川自是軍聲大振因又追擊
慈仁賊滅之乘勝馳赴慶州奮臂爭先力戰于西門
外勦獲甚多幾至收功而左節度朴晉有輕賊之心
失軍律賊乘釁蹴踏軍遂敗公與十六義士同時殞
首于西川之邊賊亦恇㤼收殘卒遁西生浦而東都
復即八月二十一日而公時年三十三矣嗚乎公草
茅韋布也當干戈搶攘之日弓馬非素嫺而奮忠激
義忘身殉國遂復領左要衝大爲江淮保障使列邑

有再造之命國家成中興之功朱子所謂自古忠臣
義士多出於不識人主面云者果非耶况公旣屍之
面凜然如生雖古之握拳之張湟背之岳亦不多讓
矣招諭使金誠一以狀啓　昭敬王嘉之　贈通德
郎戶曹正郎辛丑因筵臣建白復給一結於乎此豈
足以償勞勩哉其後士林立殉國祠以俎豆之後立
貞碑以棹楔之可見秉彝之在人心愈久而不泯也
配月城孫氏光晛女景節公仲暾曾孫生二男一女
男長汝崑年十六率二婢奔戰地負公屍權厝之甲
午葬于郡北圓覺山向乙原次汝崗禦侮將軍龍驤

衛副司果女適徐景涵汝崑生一男三女男友稷弘
文館修撰慈仁縣監女長適生員金塙次適孫松茂
次適朴愿汝崗生三男曰友益曰友摯曰友顔曾玄
以下不錄公之後孫榮奎賫公遺事徵余以狀行之
文余辭非其人旋功念公之長胤月潭公卽吾先祖
主簿公之玉潤也景慕之心自異于人敢掇其家傳
及鄉國歲載以寓感慨之忱然今距四百年之後何
能彷彿其萬一世之能言者因是而善觀之則幾矣
上章攝提格重陽碧珍李宗基撰

墓碣銘　幷序

永川有殉國祠是壬辰倭亂時立功死義之諸賢所
報祀而其一晩亭崔公諱仁濟字聖夫也公之家以
高麗完山府院君均爲肇祖十傳而燃山府院君漢
始籍永川七世祖元道以生員不就朝鮮左司諫之
徵大父德峻官奉列大夫禮賓寺奉事父慶雲母月
城崔氏生員德崇女公旣受胎而父歿其生在　恭
憲王庚申母夫人有識而嚴公幼而不違母訓夙有
文行魁鄉解登國學改修望湖亭庭植二松扁以晩
亭賓友書史若將忘世而寓晩節之趣及島夷犯境
公時在太學聞道而南拜母於青鳧之寓幕母夫人

解義毋夫人貞而識字公祇奉毋儀極盡誠孝常以
未承嚴訓爲至痛文詞夙暢弱冠累魁鄉解 萬曆
戊子中生員翌年改號望湖亭日與朋友講誦經史
頗有所自得而對樹二松於庭前愛其晩翠因名其
亭以晩亭辛卯遊太學壬辰倭寇猝驅邊郡瓦解公
自京間道南下尋拜慈夫人於青鳧寓幕坐卧常慨
然流涕誓不與賊俱生而以離親爲難夫人執手而
言曰君親一致忠孝無間汝旣有殉國之志吾何憾
焉公承命感泣遂與鄉人若干同志倡義召募出沙
川乃七月之日也二十六日合新寧權應銖陣討本

郡據城賊大破之殲盡無遺類自是軍聲益振士氣
益增八月二十一日馳赴慶州奮臂爭先力戰于西
門外倭兵死者無數已而元戎失律賊乘勝蹙踏公
忽被害時年三十三矣長男汝崑纔十六歲率二婢
奔索戰場則積屍如山難辨誰某而公之屍獨仆橋
邊猶有生氣遂親負緣山谷來假窆于寓傍至甲午
春改窆于圓覺山乙向之原 宣廟朝因鶴峯金誠
一馳啓特 贈通德郎戶曹正郎辛丑又復給一結
以褒之不肖孫友稷泣血書

行狀

晩亭崔公諱仁濟字聖夫卽古川十賢之一也以高
麗完山府院君諱均爲始祖十世至燃山府院君諱
漢始籍永川後有諱元道號泉谷以高麗生員 國
初三辟左司諫不就於公爲七世祖也諱致温朝散
大夫行寧海都護府使諱希呂諱德峻奉列大夫行
禮賓寺奉事於公爲高曾及祖也考諱慶雲妣月城
崔氏德崇女纔有身而考歿焉以 嘉靖庚申公生
于永川望亭里第自幼穎悟超異七歲能讀書曉大
義毋夫人賢而頗識字教有法度公遵奉慈訓誠孝
篤至常以不克逮事先公爲終身之痛文藝夙成弱

冠累魁鄉試 萬曆戊子中生員猶以吾斯之未能
信爲憂己丑築望湖亭日與朋儔講討經史傍通韜
鈐得於忠孝義理者涵養已熟手植二松於亭前以
寓晩節遂扁之以晩辛卯遊太學至翌年壬辰夏島
夷猖獗時升平日久民不知兵兇寇猝至陷東萊屠
釜山列郡瓦解 大駕播遷公自太學從間道南下
謁大夫人於青鳧之寓所慨然有敵愾之志而以忠
孝不能兩全爲憂大夫人欣然曰吾聞君親一致忠
孝無間勿以吾而尼之公承命感泣出沙川倡義召
募傳檄鄉隣與同志十七義士齊聲應變伏唐峴兵

永陽之賊使賊醜之巖於是者蕩然而無類矣永旣
復旋復平討慈仁將馳赴東都謂其子就礪曰取白
紬來書吾姓名以爲原濕尋覓之資盖其捐軀報生
之義已定於胸中矣旣進薄西川抗隻手而搗之張
空拳而角之奮身先登將以有爲也而勢窮矣力竭
矣遂與族姪大海及崔仁濟鄭碩男李日將孫應晛
諸公騈首就死陽陽如平日嗚呼其烈矣哉鶴峯先
生以招諭使郞爲馳啓曰前日永陽之捷實由於儒
生等倡義先登悉心協討今又赴戰於慶州深入不
顧同日被害忠烈可嘉無愧古人　宣廟義之特爲

贈宣武郞漢城府判官後又因筵臣建白　命復
其戶　肅廟朝又因本道儒生陳請醊享于古川殉
國祠其孤子就礪求公于積屍間果得白紬書血漬
斑斑遂奉殮而歸葬龜尾丁嶝丑向之原公天姿峻
整幼有至性其遭憂也晨夕哀號聞者感泣好讀書
不以家事經心雖踈糲不繼而常伊吾竟日與朋友
處不以戲言相加論事是非儻然惟義之從其素所
持養如此云公慶州人高麗平章事謚貞肅公明養先
生諱仁鏡其上祖也中祖有諱乙軺中直大夫是生
淸風府使諱自養其五世祖也高祖曰李敎文科吏

曹正郞曾祖曰長美禮曹判書祖曰瀹定陵參奉官
至中樞府知事考曰應挺參奉妣烏川鄭氏司正思
淳之女也配水原金氏內禁衛孟胤女有一子就礪
號南岡旅軒先生門人有三子堉生員號黃臯培號
下巖壆號遯巖墧子振慶號述齋揚慶參奉重慶培
子裕慶壆子守慶號佳山銘曰臨陣有勇斯謂之孝
報生以死斯謂之義褁以馬革復以郱矢古川之秋
日烈烈月城之穎風噫噫嗟爾肉食君子無輕讀書
之士義禁府都事聞韶金道和謹撰

贈戶曹正郞晩亭先生崔公事蹟

遺事

公諱仁濟字聖夫永川人　嘉靖庚申生于望亭里
萬曆戊子中生員壬辰倡義討賊赴慶州力戰而
死時年三十三是冬　贈戶曹正郞始祖高麗完山
府院君諱均十世至燃山府院君諱漢始以永川貫
焉其後有諱元道高麗生員　國初除左司諫不就
於公爲七世祖高祖諱致溫朝散大夫行寧海都護
府使曾祖諱希呂祖諱德峻奉列大夫行禮賓寺奉
事考諱慶雲年二十三而歿妣月城崔氏生員德崇
之女也公以遺腹生于庚申幼而穎悟七歲能讀書

天地俄而兵使朴晉失律賊乘勢搶殺晉兵大亂自
相蹂躪死傷太半我師獨奮擊內薄至於勢窮矢竭
將無如之何矣與族姪大海及崔仁濟鄭碩男李日
將孫應晛諸公一時騈殉寔八月二十一日也就礪
求公積屍中果見白紬書在衣帶中血斑斑流漬返
葬于龜尾丁嶝未坐原招諭使鶴峯金先生馳啓啓
聞特 贈宣武郎漢城府判官後復其戶又後以儒
林公議享不祧廟配淑人水原金氏內禁衛孟胤女
墓同原祔下公之先慶州人勝國恭愍朝有諱乙軺
登文科與李陶隱崇仁同榜至中直大夫始居永川

二水村生諱自養 本朝兵曹正郎行清風府使生
諱李敦吏曹正郎行清風府使於公爲高祖曾祖諱
長美禮曹判書祖諱瀹中樞府知事考諱應挺崇仁
殿參奉妣烏川鄭氏司正思淳女公有一子就礪號
南岡是生三子堝生員號黃阜培號下巖塤號遯巖
堝子振慶揚慶參奉重慶培子裕慶來慶塤子守慶
號佳山宇慶鳴乎壬辰島夷之亂尚忍言哉八域蒙
塵 鑾輿播越當時專閫之任封疆之守莫不望風
奔潰至於公不過草野一韋布是所謂人主不識何
狀之人而迺能倡糾烏合揭竿斬木視百萬貔貅之

衆了無懾氣一戰而復永陽再戰而克慈仁三戰而
適慶州及其官兵敗績孤軍深入則無乃張空拳冒
白刃直以一死守夷然爲死竟地何其壯哉若非平
日培養學問之力剛方直截之行安能兼全忠孝成
取仁義如是也世之論永陽之戰先挫其賊人之凶
鋒權輿於中興之功業者蓋未始非實際語也前後
朝家崇褒之典士林尊慕之誠庶幾爲報公萬一
之道而但其卓節懿蹟之藏在巾笥尚未刊布者慈
孫今日之擧其可已乎撫昔興涕怳爾精爽於字裏
行間髮竪目瞪若虞山老叟醉歌出塞吟篇謹就來

錄畧加點綴以竢世之立言君子有所裁擇云爾上
章攝提殷春之望眞城後人李祥鎬謹撰

墓碣銘 并序

贈漢城判官魯巷公諱演字彦洪郎鶴峯先生壬辰
褒啓中永川義士十七賢之一也 國家島夷之難
猝發於數百年昇平之餘八路糜爛 鑾輿播越人
皆惕惕然鳥獸竄非閫闑之守封疆之臣則未有能
挺身而格其鋒者公則一介白面書生耳是所謂人
主不識何狀之人而乃能奮厲先倡糾率鄉兵激之
以忠義導之以方畧出入戰陣義氣凜凜一擧而蹴

又赴賊而死極可嘉尚 昭敬王義之特 贈宣武
郎漢城府判官 天啓間因筵臣建白 命復其戶
玄孫斗鉉謹書

行狀

不佞嘗南遊永陽往來古川之上見龕角崔巍丹碧
玲瓏此故十義士諸公先生殉國之祠也恨不得一
躡縫掖之後駿奔於俎豆之席徒寓曠世之感而已
歲庚寅春永之人士方謀鋟忠賢錄金斯文奎煥以
其先祖魯巷公狀行之文屬余甚懇蓋是錄之成不
可無是狀亦不可以不文終辭也敬按公諱演字彥

洪魯巷其號也卽錄中十義士之一耳 嘉靖壬子
正月十四日生于郡北魯巷里第天姿儁偉自幼已
超出等夷爲大人公所鍾愛性至孝及遭內外艱也
能斬然守制若成人晨夕哀號至使聞者鼻習自酸
長好讀書雖家業旁落不以經心有時疏糲不繼亦
晏如也嘗受學于從叔明山公佩服明訓竟晷伊吾
經史子集靡不通晤而尤研力於性理全書此吾退
陶先子所贈明翁以 內賜一帙者也平居衣帶必
飭手不釋卷至於教子弟亦不離義方從曺芝山張
旅軒二先生講道於道岑立巖之間及子就礪稍長

使之執贄于其門蓋其平日專意於學文者然也志
行剛方寡默與朋友處絕袪戲謔論事是非儻然惟
義所在不欲强人之從人亦以是無怨尤焉 萬曆
壬辰夏四月倭酋平秀吉大擧兵入寇衆號六十萬
先陷東萊府使宋象賢死之繼而申砬李鎰敗走
大駕亦蒼黃西巡於是湏江以南一望焦土矣公聞
而奮然灑涕曰平時士固自重今 主上蒙塵食毛
者豈晏然坐視乎乃首倡鄕兵矢志討賊其有不應
募者諭以忠義激以志氣一時英俊莫不響赴旣軍
勢稍振建牙立陣日以勦賊爲事贊畫奠籌略不避險

勸公卽白面一書生耳其嫺於戎馬雖武將不及也
始賊據本邑城四出搶掠所觸糜爛公與諸義士約
曰城中多茇蓋若以火攻之行長頭可致麾下也令
敢死者十數人乘夜踰城縱火遂合列邑義將鼓譟
而進賊大敗走永旣復旋復討平慈仁將馳赴東都
臨行謂就礪曰取白紬來書吾姓名今戰有進無退
賊不死吾必死矣汝欲索我之屍此一条物足以爲
原濕記認之資家人號泣止之公笑曰始吾起義爲
國家雪 主恥也今賊勢如彼猖獗奚可顧私也
遂拂袖上馬而去及至西川士皆挺身爭赴軍聲動

使是生諱垂敎文吏曹正郎行淸風府使於公爲高
祖曾祖諱長美文科禮曹判書祖諱瀚中樞府知事
考諱應挺崇仁殿參奉妣烏川鄭氏司正思淳之女
也公以 嘉靖壬子正月十四日生于郡北獐巷里
第幼而儁頴不類凡兒大人公器重之未及成童荐
遭內外艱能斬焉勝喪如成人公旣早失怙恃又無
兄弟可與共喪威者而凡送終諸節自知區畫每於
殯宮擗踊如絶聞者無不感泣及長能挺然自拔無
畸苦態雖家業旁落有時疏糲不給亦不介意平居
好讀書嘗受學於堂叔明山公竟日端坐伊吾不少

絶經史子集靡不該覽而尤用力於性理全書祁寒
盛暑衣帶必斂手不釋卷至於教子亦不離義方從
曺芝山張旅軒講道於道岑立巖之間及子就礪稍
長使之執贄爲人素端毅寡默性又嶄整與朋友處
戲言不出於口遇事論利害不以傍議矛盾有所回
互直守所見而已不必强人之從儕流推重焉 萬
曆二十年壬辰夏四月倭酋平秀吉大擧入寇衆號
六十萬東萊守臣宋象賢死之申砬李鎰相繼敗走
大駕亦蒼黃西巡於是浿江以南一望焦土矣公
卽奮然曰平時士固自重今 主上蒙塵食毛者豈

宜晏然乃首倡鄕兵結約討賊人有不應募者輒以
忠義諭以激之一時名俊莫不聞風嚮赴旣軍勢稍
振建牙立陣公奔走戎馬間以勦賊爲事其勞勩贊
畫最在人右始賊據本邑城四出搶掠公與諸義士
約曰城中多燹盖我軍伏于門令敢死者乘夜縱火
則行長頭可致麾下也遂合列邑義將夾擊賊大敗
之旣復永陽城又捷慈仁賊遂馳赴東都初公彈釼
激昂爲士卒先將行顧謂子就礪曰取白紬來書吾
姓名凡戰有進無退賊不死吾必死矣汝欲索我之
骨只此一条物足以爲原濕尋覓之資家人號泣請

止公笑曰始吾起事爲 國家地也 主辱未雪何
可顧私遂拂衣上馬而去及至西川衆皆鼓譟進逼
聲振天地未幾兵使朴晉失律賊以奇兵乘之晉軍
大亂相失士馬仆者太半我師獨奮兵肉薄勢孤力
竭公與四從侄大海及崔仁濟鄭碩男李日將孫應
晛諸公一時騈殉寔八月二十一日就礪求公積屍
中果見白紬書在衣帶間斑斑血流漬也遂奉殮而
歸葬郡北龜尾丁嶝丑向之原招諭使鶴峯金先生
誠一聞而歎曰草野忠烈凜如也遂馳啓其略曰前
日永川之捷專由於士子等倡義先登盡心協討今

參奉陞通政次悙達李忠達俱有文學孝行二女長文化柳景章次生員碧珍李亨益曾玄以下稍至蕃衍而不追錄 上之十九年乙酉閏月上吉司諫院大司諫驪江李鼎秉撰

墓碣銘 并序

島夷之難嶺首剶於兵一二臣外皆鳥鼠竄草野結轄衷腸者奮而忘軀雲合影從收復全城莫先於永繼之以死破狡虜膽莫壯於慶召谷金公聞難擧義家僮數人鄉兵畧干欲以抗千萬距躍跳躍者霜鋋火丸固已奇矣遂乃同聲相應同氣相求犄之角之

鼓噪而進慴之草薙而禽獮之自賊之渡海知我鮮之有兵力肇此長蛇之勢斷而恢復之業基矣轉鬪至慶州之年梁驛則官軍潰於前而賊兵撓其後公奮臂而前終日搏戰共義者十九人冒刃不旋踵軍勢雖挫而義聲大振矣賊口咕曰朝鮮人皆若是則不可爲矣始公之起兵也身貼紫襦衣曰以驗吾屍果求公於積屍中面如生握劍在手鶴峯金文忠公爲之嗟惋馳啓 行朝 贈公刑曹正郎 肅廟乙酉士林又腏享於古川之殉國祠與諸公並公新羅宗姓也諱大海字洪濤生 嘉靖甲辰卒之歲 萬曆壬辰也時年四十九葬所居永川郡南金鰲山柿木洞辛坐之原先考妣墓左也父諱乾參奉妣烏川鄭氏參奉砬女祖諱斗年訓導曾祖諱琥進士麗朝進士天應始見族姓書公娶烏川鄭氏判書光厚之后大仁女後娶月城孫氏月城君仲暾孫光晛女生一男靖公死時纔二歲隨母育於外氏育三男孝達通政悙達忠達二女柳景章李亨益曾玄以下不盡錄今來請銘者孝達六世孫熙輔也銘曰

肉食之褒饕食之耻功成不多危成不惴其生其死氣干虹霓金鰲之藏古川之躋兩竝雲淒頹風發兮

揷劒酹酒堅我髮兮 上之九年癸卯淸和節通政大夫前行司諫院大司諫知製 教柳致明謹撰

贈漢城府判官魯巷先生金公事蹟

遺事

公諱演字彥洪號魯巷其先慶州人有諱乙軺麗朝恭愍王十一年壬寅以求仁齋生登文科與陶隱李崇仁同榜至中直大夫嘗爲幼學教授始居益陽之水村及除糾正圃隱鄭先生有贈詩曰南國干戈尙未休十年不到故園遊風流御史斷腸處落日江山明遠樓是生諱自養仕 本朝兵曹正郎行淸風府

日已久矣屍皆腐爛獨公屍色凜凜如生紫衣在身
釼襴握手遂矢復還葬于所居西金鰲山先考妣兆
左辛坐原從叔松亭公遇鎔自火旺遣弟松齋公遇
鍊誅公畧曰喪元之志自得而裹屍之行未卽古人
弟死不葬良有以也招諭金公時爲左監司卽爲抄
啓十七人其後巡察使又爲特聞二人是所稱十九
義烈公居一焉　上聞而嘉之特　贈公刑曹正郎
訒齋崔公曰倡義復讎之擧出自山林擯斥之士折
木爲干裂紙爲旗是皆永川爲之先倡環一郡無非
五百義士也然褒異之典只加二三壯士課績不循

乎公論邑號不陞乎州府以此公論頗鬱甚惜其時
巡察使轉聞之失實也噫當日東都之敗責有所歸
而慊其失律報事有蔽以致轉聞之失實以如公寃
勳卓節未嘗異常之典可勝惜哉言行事業之可述
者想多而家乘不守於兵燹之餘全德實行無從而
詳惟忠義一節與日星炳烺庶待公論之不泯也至
肅廟乙酉道儒李益昇等二百餘人陳章請尸祝
曰金大海金演堂堂赫赫之忠節無讓於郭再祐金
千鎰乞依千鎰例建祠餟享　允下施行之列享十
賢是所稱十忠賢公位首焉公以忠義世胄禀得非

常之氣自幼知奇於父公則生質固已美矣稍長器
重於長老則識量必有過人矣及長見服於鄕里則
德義足令人起敬矣兼有智勇則當大有施措於時
而嘗爲親求祿不得則卷而懷歸若將無求於世至
于板蕩之境倡義於他人未起之前勦賊於蠢蟻方
張之頭克復二城視賊如無直就雄城勁賊及其官
軍潰於前義援斷於後獨以一隊深入賊藪衆寡不
敵勢窮力盡苟有一分惜死倖功之心則小避凶焰
徐圖後事未爲不可而以萬夫莫奪之氣恥一步旋
踪之退直前不回鼓士氣而駢首爭死得人之死力

亦多而死亦有生氣何其壯且烈乎豈非忠義內激
能若是乎蓋其平日講明實有見得於熊魚之辨而
卒能捨生取義殺身成仁者也苟能闡揚及時登聞
于朝則崇秩加謚自有典例而因循未遑惟厥殉國
祠之崇享忠賢錄之行世秉筆君子前後而贊揚之
鄕道儒臣左右而周旋之公之懿行偉績不待狀說
而傳信於百世之下矣何恨乎子孫之興替耶配烏
川鄭氏僉樞大仁女配月城孫氏景節公愚齋先生
孫光現女有婦德無違行臨難受訣保子傳後子靖
受父公手牒從毋夫人鞠於外氏靖生三男長孝達

避去空衙有日賊乘便據城以爲窩窟郡南尤爲賊
路當頭鄕之人士多入北山中公諭以大義稍稍出
頭遂設奇埋伏於要路出沒勦擊斬獲甚多賊知南
路有兵勢潛踰羅峴繞徃繞來不得連營接城與慈
仁留倭相通郡南民物得免屠戮之患郡北壯士鄭
大任聞公擧義得捷來就相議因此召募得勇士百
餘人是爲郡北軍南北合勢日以討賊爲事又討土
賊希孫等與倭交通者絶其耳目由是賊不敢出城
搶掠慶州府尹尹仁涵覘賊於朱砂山城聞公義聲
亟來慰問於是生員崔仁濟自京邸來生員鄭湛鄭

碩男自火旺還來郡守金潤國自本家來本鄕義兵
表率總六十餘人丁卒合二千餘人乃謀復本城遂
求援於列邑諸義將義興洪天賚慶山崔大期慈仁
崔文炳河陽申海二十四日各率精銳會于城南周
南坪將卒總三千五百人衆以公膽略過人號爲郡
南守門將六日進兵圍城多備火攻之具公分軍守
東西北三門賊不敢出入無一盜脫七日平明進兵
鼓噪而入會東南風大作縱火挾擊大破之賊之逃
生者數人而已遂復全城是役也多公首倡左右之
力也未嘗自居其功與尹睍謀取慈仁埋伏之賊八

月初七日襲破之復其縣餘賊潰散東走與慶州留
屯賊合勢據城左兵使朴晉時在安康壯永川之捷
慈仁之勝與公謀攻慶州賊是月二十一日約分軍
薄城圍賊急攻本陣爲先鋒公爲總將官軍爲後殿
晉統指麾至牟梁驛諸將見賊尚盛莫利居前公策
馬先行奮釖督軍兵勢益振進至西川賊曾聞義聲
不敢開壁登城據戰俄而晉失律北門不守賊以奇
兵繞出軍後官軍大潰晉不知所措奔還安康賊乘
便肉薄軍皆殊死戰一日數十合賊之斃者太半日
已仄矣諸義將方退軍鵜淵義勢益孤公奮臂曰我

自起兵以來未嘗見賊退步今一退步萬死猶恥男
兒生當爲義士死當作義鬼大呼奔之士氣倍聳無
不爭先賈勇終日薄戰矢盡力竭賊丸如雨後無繼
進遂至敗死同死有名之士族叔演生員崔公仁濟
鄭公碩男李公榮根李公之馣李公日將李公得龍
得麟孫公應晛等十七人賊且戰呿曰朝鮮若皆如
是無可奈何其夜收醜南走爲本府召募將金虎所
邀擊奔走入城明日爲朴判官毅長所挾擊盡破府
城獲復江淮之保障得於睢陽嶺南之保障得於慶
州公豈徒死而已乎賊已破後果求公於積屍中時

氣數歟初配烏川鄭氏縣監允湜孫僉樞大仁女無育繼配月城孫氏景節公愚齋仲曒孫光晛女育一男靖得養於外庭庚午還鄉卜居舊址北泉石上寓號磻溪處士有三男長孝達儒薦參奉陞通政次悌達季忠達二女長文化柳景章次碧珍李亨益曾玄以下不盡錄六世孫鼎受泣血謹書

行狀

余自諫院歸休日永陽金友濟烈奉其七代祖召谷公家狀請以加撰余辭不獲按公姓金氏諱大海召谷其號本慶州人系出新羅金王之後麗代有平章

事良慎公諱義珍平章事貞肅公諱仁鏡顯於中後有恭愍朝文科糾正永川教授諱乙軺始居永川華世後不就 聖朝吏判之徵生諱自養 國初登文科清風郡守生諱伯敦 太宗朝生員文科玉果縣監 景泰際見三相禍而棄官遯跡於公爲五代祖也高祖諱克從生員曾祖諱琥進士祖諱斗年訓導考諱乾參奉妣烏川鄭氏參奉砬女 嘉靖甲辰生公于郡南召谷里第生有異姿氣服群兒參奉公奇愛之稍有知覺克遵義方就學折節性本孝悌行篤忠信長老稱之曰此兒他日必成偉器及長行義敦

重兼有智勇專意爲己之學不求名利之科以親老之故從事舉業不效俗士奔競焉連丁二艱哀禮俱盡闋制後不復應舉曰早不立揚顯養二親今何足進取耶日與士友講明義理持勵名行多得鄉子弟所服至 萬曆壬辰倭聲日滋人心恟恟公撫戢隣里不至動擾四月十三日倭兵大至萊釜先陷僉府使皆死直擣機蔚兵水營又潰賊自慶州進據永川分道長驅 鑾輿播越 陵廟延火上有哀痛之教下無復讎之策公以草莽韋布之身不有弓馬之籍而忠義所激感慨奮起時五月初也與再從弟明海

同志柳與復韓得義等倡義曰 主上蒙塵凡在食土茹毛者莫不有奮義效死之心矧我簪纓之族乎此誠志士枕戈之日忠臣捨命之秋也遂散家財召募鄉兵略干家僮數名誓死討賊時年四十九只有一子始二歲手修家牒付與之身貼紫襦衣服之與家人訣曰以義討賊有死無生賊不滅吾必死携此兒歸養親庭庶圖傳後如有收骨必驗此而歸埋先隴也天人曰爲 國忘軀君子義也保兒傳家在我責也相勉而去是月十五日見鶴峯金文忠公招諭文益自感慨激勵士衆人無不忘生決死時本郡守

先行奮劒督軍兵勢益振賊畱聞義聲不敢開壁登城據戰俄而晉失律北門未守賊以奇兵繞出軍後官軍大潰晉不知所措奔還安康義兵勢孤賊乘便肉薄義兵殊死戰一日數十合賊之斃者太半公奮臂曰我自起兵以來未嘗見賊退步今一退步萬死猶耻男兒生當爲義士死當爲義鬼大呼奔之士氣倍聳無不爭先賈勇終日搏戰矢盡力竭後無繼進賊丸如雨遂皆死之同日戰死有名之士族叔演及崔仁濟鄭碩男李榮根李之𧮮李日將李得龍李得麟孫應晛等十七人也賊亦驚呿曰朝鮮若皆如是

則不可爲也明日收衆南走慶州城亦獲復永慶旣復賊皆失勢破膽嶺左之保障得賴是役也公之死豈徒死而已初公之赴義也年四十九只有一子生甫二歲呱呱而泣只修家牒付之取紫襦衣服之與家人訣曰以義討賊有死無生賊若不滅吾必死矣吾若死矣必携此兒歸養親庭以圖傳後如有收骨當驗此衣歸葬先隴可也夫人曰諾爲 國忘軀君子義也保子傳後在我責也相訣而去及賊退果求公於積屍中時日已久屍皆腐爛獨公屍色凛凛如生紫衣貼身劒欛在手收而返葬於金鰲山先考妣

兆左辛坐原從叔松亭公遇鎔追後遣弟松齋公遇鍊誄之曰喪元之志自得襄戶之行未即古人弟死不葬良有以也鶴峯金先生啓聞略曰永川儒生等倡起義兵先登深入及敗金大海等十七人同日戰死忠烈可嘉無愧古人寒岡鄭先生曰永川之捷專由士子倡義先登及移討東都爭先馳赴金大海等十七人同日被害松巖李公曰慶州之戰金大海等同日戰死忠烈可嘉無愧古人白沙李公曰永川義士鳴梁之捷最爲快壯認齋崔公曰倡義復讎之擧出自山林擯斥之士折木爲竿裂紙爲旗是皆永川

爲之先倡也環一郡無非五百義士也然而襃異之典只加二三壯士而課績不循乎公論邑號不陞乎州府以此公論頗鬱深惜其時巡察使傳聞之失實也此十七義士殉節之略也後特 贈公通訓大夫刑曹正郎噫自古戰死者代或有之孰若公之壯哉張巡之死弓矢尚操先軫之死面色如生忠憤所激古今一轍而有是性者有是氣也平生行誼可記者多而滄桑刦灰泯沒無傳殉節事實多爲失律者所蔽以致轉聞之失實未蒙異常之典莫非子弱親少無人說當日事之所致可勝痛哉異日顯晦有待於

忠賢錄卷之一

贈刑曹正郎召谷先生金公事蹟

遺事

公諱大海字洪濤召谷號也　嘉靖甲辰三月日生于郡南北召谷里第幼而穎悟不類凡兒大人參奉公奇愛之稍有知覺克服庭訓折節就學不待勸督講誦無厭惟務精究義理不曾貪多涉獵事親孝與人忠長老稱曰必成偉人及長行義敦重有智略勇敢惟務爲己不求名利嘗以親命從擧業而不效奔競故不中人稱遠器焉連丁二艱終鮮兄弟前後喪

具克力稱制哀禮俱盡旣闋制不復應擧人有勸者曰早不立揚顯養二親今何足進取哉仍闔門靜處講道義勵名行　萬曆壬辰四月十三日倭寇猝至先陷釜萊僉府使死之直向機蔚兵守令潰之自慶州進據永川列城瓦解無一支障分道長驅洽旬之間踰嶺擣京　鑾輿播越　陵廟延火自有東方夷禍莫憯上有哀痛之教下無復讎之計公以草莽韋布不閑弓馬惟以忠義慷慨奮起五月初與再從弟明海同志柳興復韓得意等倡義曰吾輩平日不可不自重今　國難豈可不效力耶　主上蒙塵凡在

食土茹毛者莫不有奮義效死之心矧我簪纓之胄乎此誠志士枕戈之日忠臣捨命之秋也遂募集鄉兵若干家僮數人誓死討賊十五日見鶴峯金先生招諭文益自感奮激勵士衆賊之據永川也郡無守矣以爲永諸路之衝留屯數萬掎以爲窩窟延亘一路四出屠掠勢若長蛇封豕無敢攖其嚆制其喙而郡南尤爲賊路當頭鄉之人士多入北山中公設奇埋伏出沒勦賊斬獲甚多自是賊知南路有兵勢莫敢肆其凶鋒又捕土賊與倭交通者絶其耳目賊不敢出城搶掠連營縱橫南路得保七月初與諸義士

謀復本城曰恢拓嶺南之基全在於是遂求救於列邑義將二十四日義與洪天賚慈仁崔文炳慶山崔大期河陽申海等皆來會于郡南楸坪二十六日進兵圍城多備火戰踰城之具二十七日平明進兵鼓噪而入賊氣旣摧會東南風大作縱火夾擊大破之賊之逃生者數人而已遂復全城嶺左得保之基始於此矣八月初七日從尹晛謀襲慈仁埋伏之賊餘賊潰散東走與慶州賊合勢據城時左兵使朴晉留陣安康晛見賊勢二十日從朴晉約攻慶州賊二十一日晨迫城城下諸將見賊尚盛莫利居前公策馬

忠贒錄序

壬辰倭夷之變鏖賊之功稱閑山杏州之戰死事之義推萊府晉陽之役夫李統制權元帥忠勇智略固有過人者然猶是受閫任握兵權而聲力氣勢有以制敵宋府使崔節度諸人誓義殉國固足聳異然猶是土守有責戎務是掌而義不可苟免至若十七義士永川之捷慶州之死則視數公者詎不謂尤難哉日金斯文鼎受袖忠贒錄一卷來屬不佞為一言盖慶之役死義諸公凡十七人而錄中所載十人尤較著不佞閱未半為之掩卷太息流涕而言曰嗚乎烈哉夫諸公白面書生耳非有韜鞱機略素為鄉子弟所信服非有家蓄兵丁可藉以起事而奮袂一呼從者欻集受約束聽管轄驅而赴之豺虎之吻而趨恐或後義之使也非有封疆之守羽檄之徵而進退在我耳欲避凶焰俟為後圖其誰曰不可而以人主不識狀之身而爭冒鋒鏑斷脰抉腹同日殲而不悔忠之激也夫忠與義同得秉彝之天故殉　君父死綱常若是其烈哉竊怪夫當時立殣之士固不可指計而若萃聚一方駢首殉節嶺南為最何哉說者謂儒贒過存之化所浸漬感發之效者非耶不佞恨不得

挿劒酹酒於十贒公之墓而仰視精靈之發爗然為星斗虹蜺也今泚筆為文附名於忠贒錄之後其亦幸已鼎受甫即錄中　贈正郎公之六世孫也

上之五年辛丑仲夏通政大夫前行承政院右丞旨錦城丁範祖撰

『충현록』 소장 - 이장수 옹(1935년생, 영천시 임고면 효리 거주)

後識

嗚呼前賢云祖先有善而不知是不明也可不懼哉昔我伯曾王考自永川移寓軍威未幾家偶失火家藏古籍并付於鬱攸殘孫沒身之痛其何如在而尚幸當時褒贈寶墨無恙保藏此乃天之所以忠臣毅蹟不使湮滅於刧火塵烟而留待後日者耶我王考松坡府君與從姪永喜因收拾箱篋之所傳及諸先生集中之見載將欲壽傳於來世而天年不足中途下世家兄秀洛氏繼述先志補拾各門所傳搜得古老口碑謀欲成冊而傳後又表碣先塋以闡幽德而

事巨力綿只表碣而冊子則未成每與不肖論此事未尚不痛恨矣家祚剝落不幸早世臨終語不肖曰此事不可以貧困自沮不肖斂泣受命夙夜憂歎惟恐遷延歲月則塵箱遺篋累經白魚唇吻存者未完後來雲仍雖欲擧幂其影響而豈可得乎適與秀龍仲晉相議咸曰事之成不成有關誠意何懼不成因各捐財晚付剞劂世之立言君子因此而知吾祖之忠節也否茲敢付一言於卷末用表先父兄繼述之篤摯焉不肖十二世孫秀殷泣血謹識

後敍

宇宙純剛至正之氣賦於人而爲忠臣義士扶國亂於幾危之際衛王社於將屋之日此大忠之所以盡其所職者也古今天下變亂之作不問何代何國而出於昇平之日倉卒之際藩將不能措手於禦賊之方閫臣無暇制勝於帷幄之中率皆望風奔潰鳥竄鼠匿而至如奮忠雪涕以竿戈布旗迎賊堅拒誓不共生於一天之下者非稟受純剛至正之氣而能之乎實難得一於百千之中也我傍先祖南溪公生於大祖忠勳之家讀書飭躬以孝義爲箕裘詩禮爲茶

飯親老家貧躬耕以養讀史至王蠋張巡之死義擊節歎嘗曰二公之死可謂得其死地身雖死於一時名不泯於萬世豈死之云乎不死而生也又讀王倫秦檜之招誘虜使怒目竪髮如秋霜烈日凜凜若撐柱不可拔之氣狀時人目之以專城之材當執徐倭訌列邑崩潰於旬日之內終至大駕西遷錦繡全域將不免左衽之地矣公曾無握符守土之責又無招諭拒賊之命而以草野一布衣仰天長吁曰此非食君之土者可死之時乎吾當往而討之不遺一賊遂託釋子於賢弟付家事於良妻以備後嗣倡起同鄕

義士先打豕狼之口後折虺蛇之尾歷戰大捷不幸節死於月城大戰嗚呼忠臣腔血竟膏沙場耶前後大小戰蹟已悉於諸先輩狀銘序跋矣何庸更贅噫天旣生公於國家危難之時東戰西討斬獲賊首還復失地則宜若賜之節鉞掌其閫外之制任而及其殉節之後 贈褒之典不及肖像雲臺只以儀賓一都事而上天曷故焉雖然古川之書院巍然千古之芬苾不絕公之當日取義於泰山之重委命於鴻毛之輕者比諸苟處於凶奴防守之中資生於胡婦饋糜之食十九年持節南還圖形麒閣之末者果孰烈孰

凜也其後孫秀般氏袖實紀一冊而示之曰此吾大父與伯兄兩世之勞殫心誠者而事未半而下世痛泣何極吾將繼志成事付諸剞劂氏乃家之事乃家之人安得無一言於卷尾耶顧無辭也余雖非敢不勝彝衷之激畧敍所感于中者以塞慈孫之請庸伸山仰之忱而公之先系世德考諸文巖族叔撰公行狀詳且備之窺余小子安敢架疊也異日者或有好義慷慨之君子徘徊躑躅於古西川邊平沙無垠之際爲文而弔者否傍裔孫奎鎬謹敍

彩八户山泉亦奏音一壘殉同眞義節十家力合是誠心千秋多士崇賢地濟濟升來不絕襟

忠賢錄刊役時韵　碧珍李宗基

憶昔聯盟杖劒時山林同是樂棲遲風雲變合機而已家國經綸義以之張巡有傳人爭誦雙廟齊輝地隔離遺錄編成嗟若晩吾儕從此庶相依

附生員公墓道竪碣時告祝文　義城金聲河

恭惟府君雞城佳子襄敏難第忠孝古家詩禮傳世珪章追琢璧沼升庠年代綿遠燹稻屢經文蹟遺失行治靡詳顧玆文川寔公宅里雲仍散處花石不守居人指點某丘某水杖屨攸憩草樹精采剏惟北麓巾舃斯藏負乾向巽津劒同封青山片石久闕麗牲諸孫是懼發謀經營齋舍墓田旣復舊址貞珉顯刻又表隧道稍備儀物事固有待精爽如臨餘庥下逮節届霜露采增感慕

南溪實紀卷之二終

識

此乃吾先祖南溪公遺事也嗚呼吾先系在羅代始大樹部逮我　朝傳雞城君歷世爲派分散居各鄉自渭城至甲峴以南永慶之間其麗蕃衍亦間有顯達而惟吾家子孫六七世微微不振而猶爲見知於鄉國士林之間者以吾南溪公爲始先祖之德業忠節有不泯而存故也嗚呼家禍孔酷三百餘年遺籍爲一夜鬱攸所盡顧殘孫沒身之痛其何如而尚幸當年　褒贈實墨藏在吾先君巾笥得見全此吾先祖烈烈炳炳忠光彼原燎不敢以滅之而天又燭其

烈不欲泯使之留待後世而顯其幽者也告于縣家以立後考之旨因收拾先父老家庭之所傳記且裒會諸先生集中之所散載將壽傳於來許而惟小子居孤識陋猶搜稽未廣姑未敢成篇云十代孫永喜泣識

九烈烈貞魄顏卿何狀睢陽其節鶴老馳啓贈以襃
爵士林崇報鄕祠腏食衣履之藏尚闕表碣孱孫力
蕆奄歲三百今始事集募工伐石權公健筆闡發幽
鬱煌煌顯刻隧道增色履玆霜露感慕靡極

古川書院廟宇丹靑時還安告由文 辛亥二月五日

惟玆永陽居嶺南中山仁水樂鍾淑儲精從古賢人
輩出偉名天憒斯文挺生圃翁倡學履忠爲世儒宗
逮于中葉十賢繼興捐身爲國朝典廟享儼儼畏壘
與天存亡有時皷累非宜妥靈國有輔護亦感彝衷
丹雘旣新體面正重卜吉還安永世是寧謹將酒果

庸告事情

古川書院陞號時韵 主倅洪耆燮

院宇歸然揭號新十賢忠魄古川濱春秋俎豆宜崇
報衆議儒林却見眞

又 楊州趙夔熙

腥塵一洗永陽新圃老淵源古水濱十獻當年殉國
事雲仍百世的傳眞

又 龜山朴琡燦

舊甲重回啓宇新山南名節海東濱崇報春秋傳義
魄一川寒月見心眞

又 南平文鳳來

古川院號自今新日月精忠照水濱活畫難模殉國
義十賢同死一心眞

又 龜山朴泰觀

十賢濯蹟百年新古水風長逝不濱後學尚傳俎豆
禮士林近慕本然眞

又 九世孫相珏

殉國高名院宇新臨臯東脉古川濱十賢同卓春秋
夕追慕諸孫謹守眞

又 十世孫永喜

龍蛇日月永陽新萬古水聲立節濱啓列 聖朝回
舊享士林傳的百年眞

又 十世孫永復

敵愾風聲萬古新十賢同宇一川濱餘生倍感春秋
報植節 朝章見的眞

又 傍裔孫弘秀

堂堂忠義倍猶新腏享何年古水濱百世羹牆瞻仰
地高山不朽見淸眞

廟宇丹靑時韵 利川徐錫轍

三百餘年此院尋古川松柏自森森映牕碑閣尤增

慷慨而殊不知其培養涵濡於仁義敎化之中而有所本原者存焉此祠院之所以不得無設而使慕其義烈者先學其學業之實有以不迷於先後之序而爲實立敎實明倫也夫何古壁之筌簧無聞而徒見浩浩乎平沙無垠則吾道存亡之痛誠顧天而無其階矣適者收拾禮樂文敎於鞠草之間而寄措殘線弱影於片石之面者眞悒悒而怵愴然第念此心過闕則趨過墟則欽初不以虛實有無而有間況事於斯載蹟於斯詳則尊之敬之焉有前後之殊哉噫廻遠死於睢陽而靈武中興之功賴之惟我　邦家之

再造人皆曰天兵之功也我諸功臣之力也是固然矣而苟非當時忠義立殣之士又種種作於其間以扶竪大倫鼓發義氣夫何能辨得收回之功於顚沛之中也如以東都言之復城之功出於其後諸義帥之手而安知非諸公之忠魂毅魄嘖薄叱咤後先夾贊以成其磊落之奇積也耶湯池金城雖無恙於浩劫之餘而皮幣珠玉不無渝盟之慮其或得侑起群英以爲北門之鑰而鞏固我萬億年之基乎顧此謏陋後生不敢當鄭君洲道金君俊熙記實之託而自以宣武後裔竊有所感於中者既敘其事因爲之銘

銘曰

我不及臺紿之弔又不及雙廟之拜願借朱夫子旌忠愍節碑之筆以書古川十殉國之蹟而爲萬古綱常之戒　上之三十六年己亥重陽節前行通政大夫承政院同副承旨兼　經筵參贊官春秋館修撰官眞城李晩燾謹撰

復享時告由祝文

曰惟二水忠賢餘馥圃老降嶽旅斧毘澤其在龍蛇十賢幷作熊魚一辦同殉于節睢陽數十海島五百秋霜懍然輝映竹帛古川有祠幷爲尸祝當祠有厄

院宇見撤寓慕無地多士齎鬱載薙鞠蕪載修新栢今玆紀績響山大筆勒之貞珉百世芬苾士林有議粢牲復設紙牌奉享滄洲古式第待備儀仲秋丁未玆告虔衷歆此灌爵

墓道竪碣時告祝文　　達城徐奎錫

恭惟我公天畀異質倜儻奇氣沈毅大略早承庭訓忠孝服襲讀書慕古砥礪名節逮執徐難　鑾輿播越慷慨雪涕公不苟活倡起義旅同志糾合建旗中心誓死瀝血剋復永城嗃矢列邑仁山追討月城齊集官兵失律義士敗衂戰不旋踵同死十六公時卄

十義士同日殉節忠義卓絶令人起敬因循未遑雖
未蒙　賜額之典旣已立院享祀香祝官封未爲不
可云

紀績碑銘 幷序

永陽古川書院有殉國祠卽爲　贈刑曹正郞名谷
金公大海　贈漢城判官魯巷金公演生員　贈户
曹正郞晩亭崔公仁濟　贈工曹正郞忠孝齋鄭公
碩男　贈漢城判官雙溪李公榮根　贈漢城判官
沙村李公之馣　贈儀賓都事藍田李公日將繕工
奉事　贈漢城判官楸溪李公得龍　贈漢城判官

大齋李公得麟　贈儀賓都事南溪孫公應晛十賢
安靈而設也　當丁戊辰不幸同八　禁令中肸蠁
之靈恐無所憑依而今欲立石於廢墟以爲寓慕之
所者誠多士不容已之至誠也在昔壬辰之變嶺南
先創於兵而永慶尤其衝也招諭安集諸使之來勸
軍官之外義旅居先永之一鄕以圃翁餘烈惟知死
於王事團聚鄕旅同心協力一奮而收復本城勳朴
淵慈仁散賊再振而有東都西川之役于斯時也諸
義士或奉親命而來或有呱呱而不子紫襦紬帶各
表其身與敵俱死同一湼忠也及夫官軍先潰賊兵

因而乘之與之肉薄數十合皆力竭死之卽八月二
十一日也鶴峯金先生以十七人啓　聞自　上褒
贈給復其後節度使又有特　聞而贈復如前此其
敵愾殉國之實而同堂合食惟上十賢是尙爲恨然
視古建陽之四賢江山之五君子固已赫赫爲多矣
若擧其平日事行言之金名谷素有智勇人以遠器
稱之金魯巷幼遺巨創執禮若成人日必飭衣冠靜
處讀書崔晩亭以遺腹孤兒祗承母訓文詞夙暢早
登上庠鄭忠孝一生用工在孝經小學三年廬墓哀
毁踰制考證禮書有喪中雜記後人名其墳庵曰忠

孝天姿穎秀八歲通經史事後母極誠父病斷指以
效李雙溪也雅量寬厚處事晏重篤志力學李沙村
也以寒岡鄭先生之門人得聞性理之說善事父母
未嘗有違志李藍田也以藍田之從子服習家庭善
於問學凡以孝廉篤弟以剛直稱楸溪及大齋也自
幼有英邁之氣孫南溪也蓋諸公天質之美學業之
篤素所表著而至於熊魚取舍之分審得己早孝友
之行移而爲忠於板蕩之際于以棟樑乎宇宙砥柱
乎頹波何其偉哉噫彼鳥獸竄而全軀命者固不足
言而其能愛慕諸公之義烈者徒知其出於一時之

伏以尊祠揭號之舉出於公議之所同此與江山縣
三賢改牓之意千古一例㑘忠魂毅魄尤有光於來
世凡在士林之列者孰不奉賀哉伏願亟行大事以
光楣揭千萬幸甚

松谷書院通文 癸巳二月初一日院長金世默 有司李東柏趙岱慶

伏以有忠褒揚朝家盛典尚德崇奉士林景仰惟我
永土古川祠卽壬辰殉節十賢妥靈之所終稱祠號
者實爲崇奉之欠典今於舊甲重回以陞院之意略
陳愚見望須僉尊亟圖盛儀之地千萬幸甚

道峯書院通文 癸巳二月十五日院長徐禎輔 有司安升遠曾慶漢

貴祠陞號之說非今日後學之創論蓋有鄕先輩講
定而以俟後之君子也君鄕之事每失於因循沈滯
以迄于今寥寥愚常慨然夫十賢諸公俱是不世之
義烈振古之精忠安享藏修之地謂之院可乎謂之
祠可乎院也祠也尊慕則一也而以言乎輕重則有
別焉以若堂堂之忠節一賢所安猶足於書院之號
況於十賢幷享之所終然以祠而稱之乎伏願僉尊
亟定公會卜日揭號以副士林之顒望幸甚

臨皐書院通文 癸巳正月初二日院長李遠欽 有司鄭徹休崔志華

伏以吾永節義之鄕也文忠圃隱先生啓之前忠莊
大田先生繼之後乃夫壬辰島夷之變一境忠賢倡
義討賊旣復永川卒乃殉節於東都之戰嗚呼十七
成仁何其盛也之忠之烈允矣文忠忠莊之鄕里人
而空其受後人俎豆之享則吾鄕之有貴祠顧不重
歟然而曰祠而不曰院者無亦創設之初難於議處
而然耶以祠稱院其例許多則二字追陞似不必難
愼於十賢聯膰之所矣生等俱以鄕里後生激昂曠
感之誠有不能自已者略陳愚見惟僉尊諒悉處之
幸甚

陞號時告由文 癸巳二月日 地倅洪耆燮製

十賢殉節一座共享曰祠曰院士論攸同爰揭新扁
涓以辰良永世勿替古川其長謹告厥由采增景仰

稟官儒狀略 丙辰月日 徐有謙等

宣額之典成命之下因循不得舉行此則山南士林
之責也惟玆數間祠屋出於士林之公議揭虔禋祀
已至幾許年而香祝牲幣之典猶尙闕如此又非慨
然之甚者耶忠烈之祠旣異於鄕社十賢幷享之院
尤有別於他所也伏乞馳報營門轉達 天陞香祝
牲幣一款又是城主手分中事也特下處分云

官題 |

旺之盟嗚劒於永陽之捷末乃策馬先登殺身不悔雙溪李公沙村李公俱以篤孝之姿遵承父命灑涕辭庭同聲相應死而後已藍田李公及楸溪大齋兩李公同堂之叔姪兄弟也或就正於武屹之席或從遊於浣亭之門忠孝二字爲分內當然之事故聞變之日叔姪相呼兄弟同倡弃以矢復南漢孫公以中心箭箭四箇字特書旗竿以爲不死無歸之信凡如是者豈全軀保妻子之所可企及哉嗚乎惟玆十賢先生其志同也其事同也其死之日同也其地又同也是以文忠金先生當招諭之任特爲獲啓一紙幷

列永之人士躋享同廟籩豆有序何其盛哉不幸元二告厄毁籍旋及肅清之地築麥反爲動搖揖讓之墟鳥獸還使躑躅行過祠門者惕然傷心盡然焉興感彷徨不忍去也則豈可尋常棄之哉粤以丁巳之歲暮春者士林先倡後嗣協從拓舊址而登登用新材而丁丁爲制四間用退而東西爲室中間爲堂蓋秩秩爾井井爾翼然於山水之中而復見昔日之光華則豈非吾黨之幸也歟噫江漢失宗昊天不復名之曰古川書黨其捐身殉國未盡之恨隱然寄在於此可想也安得無匪風下泉之思也哉堂不可以無記責不佞以識其事竊念昔我拓菴先子題跋於忠賢錄而載在集中文辭悲壯獻周於是役也豈可以纖佛辭其責哉始終幹其事者金斯文春熙甫云

古川書院事蹟

達城道會所通文 壬辰十一月十六日公事員仁同張鳳祥製通泰谷李天寫通大部孫廷煥

貴鄉古川祠乃執徐義士諸賢尸祝之所而于今幾年尙未陞院玆豈非吾黨所大可慨然者乎況今年卽古甲重回之辰也桑梓密邇之鄉景慕采切杖屨經過之地餘躅猶馥則以僉君子尊賢尙節之義必

有所寘竢於公議之竣發矣玆於道會之席發文奉告伏願僉尊亟擧陞號之儀庸副多士之望幸甚

永川鄉校通文 癸巳二月初三日都有司徐輪輔掌議柳惠進鄭禮億

院與祠俱是尊賢妥靈之所而始爲祠而終爲院者自小漸大之次第事也伏念本祠十賢之精忠毅節凜凜於天地間氣作山河光炳日月則其藏修之所不曰院而曰祠者大是欠典今陞號之擧責在士林何可因循依舊而久爲觀瞻之慨歎耶伏願僉君子亟發鄭重之論板揭新號見重於千百世之後幸甚

立巖書院通文 癸巳二月二十三日徐廷鄭大坤權默孫鍾律金錬相等

赴死復見潭州之湮井經林義聲上徹于九重玊降
贈爵之典公議峻發於一省刱建殉國之祠院號陞
隆秩宗之啓聞揚祀享儀肸蠁多士之襟佩濟蹌嗚
呼 朝令之興廢相仍儒道之顯晦攸繫熙寧茂草
無人堂黌之增修闕里疎篁任地筐篚之自刈一代
之風韻久寂實爲行路嗟十家之雲仍同謀始述肯
構之道闢古川之額北賢人之曾所過倣慕祠之遺
規舊貫之何必改周墻曲櫨焉耳而各設勸子弟絃
誦之肄勤陳碑僭闢戲豨而分開禮賓主揖讓之涉
級黃岡村裏雲煙渺騁遐矚之媚妍青石溪畔草樹

淡溯源頭之活潑廟侯後日而將建時或 菜之設
行鄕講世誼而相孚能成儒林之盛■擧置田諸公之
殫誠力永命後人之興豔歎乃撰六律之詞庸助衆
工之役抛樑東雲柱山頭海旭紅朝日鮮明嗟已晦
毅魂尙在愁雲中抛樑西八公山遠雨凄凄正似十
公戀國淚淋漓和血夜淡啼抛樑南百尺澄泓老龍
潭風雨時時奮一吼蠻兒不敢寶珠探抛樑北晉賢
山屹摩天極北山亦在漢陽城人去山空心自盡抛
樑上昭昭日月中天閒三光大義爭光輝烈士千秋
涕泗汪抛樑下古川東注西川瀉回首可憐戰壘墟

義軍枯骨裒原野伏願上樑之後鞏基奠松竹之苞
華構增溪巒之媚追憶舊祠之永慕宛然精靈之陟
降洋洋勿墜名門之嘉謨俾爾來昆之繩繩赫赫士
趨興起而觀感植綱倫之本原鄕俗勸勵而革新激
忠義之彝性

講堂重建記 聞韶金獻周

唐室祿山之亂雙節之廟作於汴州我國島夷之變
十賢之祠起於永川蓋天地間烈烈之氣間鍾於人
不數數然故其生也有如此之盛其死也有如此之
烈而古今無二致中外爲一轍也然雙節之廟未撤

而十賢之祠旋毁天道是耶非耶古川卽雲柱之餘
支也地勢窅淡江曲縈回浮來伏於前釣臺峙於外
相距臨皐不過數里所而自成別一洞天也諸賢嶽
降之地相環如棊置也故杖屨之澤尙存於此嘖罵
之氣宛在於此雲車所降於風雨之夕釋節逍遙於
霜露之時豈無因其地而寓其慕也哉壬辰之亂名
谷金谷散家財募家僮約束同志貼禱自誓北首爭
死賊魯巷金公名谷之堂親也彈劍拂衣印紬姓名
義弘之血如生晩亭崔公晩翠名亭其志卓然以毋
夫人命馳赴義陣得成其志忠孝齋鄭公歃血於火

義之樹蓋在昔年而實彰著乎斯今堂宇之營式尊
先賢而固激勵乎來世堅華棁之废業道路興嗟抗
斗拱之嵯峨婦孺起敬生徒自此而有所古典於是
乎可稽西蜀文風庶期丕振南康儒術將見大行雲
煙改觀景物呈態水騰妍色輝映乎後前山開媚顏
拱圍乎左右淸霜皎雪想平日之精神脩竹寒松宛
當年之忠節然則是舍之營立實爲吾黨之泰亨不
但有光於一州亮耀鄰境非惟爲慶於今日用惠後
人聊爲巴人之詞以助郢匠之唱 抛樑東朝朝紅旭
上靑空晴輝皎潔無纖翳政似羣賢衛國忠抛樑西

臨皐大節並夷齊諸賢亦是聞風者擬把長纓繫虜
兒抛樑南朝陽高閣俯臨潭恭聞 聖上褒忠孝佇
見靈禽下碧巖抛樑北崔嵬龍嶽磨辰極聲名磊落
與之同立懶廉頑扶國脈抛樑上在天英靈載陟降
兩丁精禋永無休洋洋儼臨歆肸蠁抛樑下一帶長
江流不舍九原政欲掃胡塵應汲淸波向北灑伏願
上樑之後鄕風以之丕變士習由之自新奉承 聖
心咸知忠義之當奮鼓舞仁化共識綱常之可扶山
夷海乾庶家盛牲幣之無闕戶絃家誦宜文章德業
之有彬永爲仁賢之邦不墜忠孝之俗

古川書堂事蹟

講堂重修上樑文　玉山張錫藎製

冒白刃而集桓貔之師十賢之義烈幷殉耀丹楹而
屹飛翬之華百年之廢墟重新誓衆心而生同死同
八是室而仰止景上維我西川殫忠之羣哲俱是南
嶠華閥之肖孫壯齡而志氣軒昂自歎材局所蘊之
不售世愉顏而愛敬純篤每念戰陣無勇之非孝親
讀古書而談性命之原兼治龍虎之韜略秉素心而
定義理之辨夙講熊魚之輕重逮夫梟騎陸梁於金
壇龍御播越於遐澨憤胆斗起奮白身而勇赴亂離

檄羽星馳輸赤血而義募軍旅白紬書名紫縞驗屍
金魯巷演倡義將出書名於白紬授其子曰以此覓吾屍於戰場金名谷大海戰亡後其子尋屍以紫縞衣驗之
壯志之已決乎纖躬積萃火攻折木心旗鄭道川碩男戰于永川以城中所萃草火攻孫南溪應晛折木爲竿書中心二字于旗面神機莫測其
應變遵父志而奉母訓李雙溪榮根李沙村之龍皆承其父命而出崔晩亭仁濟其母許其倡義允矣忠孝之兼全馘渕賊而鏖慈酋偉歟叔
姪之同義李藍田日將與其姪湫溪得龍大齋得麟同時倡義轉鬪於朴淵慈仁至慶州西川與金魯巷諸賢同死十人不幸主將之失律竟致諸賢之捐生魂
靈歸于天尙冀祈帝而剿虜肝腦塗諸地不忘報君
而扶國賓客不負盟盡是和城之投戈伏劒士衆同

麾凶鋒颷倏衆寡不支賈勇奮戰矢盡力竭十七義
魄五百餘烈招諭馳啓　錫爵褒嘉精忠毅節萬口
咨嗟衿紳曠感擬奠蕉茘亦旣經營旋尼　邦制陳
徐故事亦有援例雲仍聚首肇創別祠剋日鐲躬羡
舉縟儀一體並尊精爽若臨往事如昨感慕冞深栢
老已祠六賢六嗣並享礙制獨闕歃義制義難幷益
增悚惴將事之始敢伸厥旨伏惟尊靈歆我牲醴惠
我光明勿替永世

常享祝文　上同

奮忠敵愾捐軀就義十賢同傳一體並祀

講堂上樑文　炳燭軒朴　梓製

捐軀殉國最爲扶綱之大關景忠尊賢實出好德之
公意所以共仰其節果然肇建是堂惟我忠賢諸先
生俱以簪纓裔苗並生文獻鄕邑忠君愛國固天性
之攸資奮義忘身亦平素之熟講迨夫龍蛇之周歲
遽有梟獍之侵疆鼓虐焰而長驅金城未固肆凶鋒
而敢拒彩伏遠巡廿四郡之土崩未聞顔公之仗義
七十城之瓦解鮮有王氏之效忠矧彼月城雄州實
是江左堡障睢陽之守旣失賊乃登城邯鄲之危無
援人將及火倘孤城之未復知列郡之盡殘爲讎之

蠻荊難遏方張之勢匪茹之玁狁誰奏薄伐之功此
誠危急之秋豈以在布韋而坐視今當板蕩之日庶
可冒鋒鏑而直前旣能倡義而勸忠大捷永邑盡亦
忘生而效力亟復雄都肆聚同德之羣英遂爲敵愾
之義擧裹糇粮而張弓矢期梟凶奴之頭勵殳刃而
鍛戈矛擬笞中行之背懸軍深八號稱十七義兵協
心齊驅勇倍百萬銳卒拳孤力弱縱違獲醜而殲讎
義重身輕不憚蹈危而爭死故能同日而抗節于以
扶倫而植綱義聲遠馳忠臣聞而數膽壯氣不死烈
士爲之扼腕皆欲戮力勤　王誅彼巨帥咸願挺身赴

難扶我宗祊是知邦國之重恢寔賴士子之先倡肆
先朝深用嘉尙特加　贈爵之榮伊後生咸知敬
崇爭發建祠之議粤在頃歲始爲營建廟堂逮至中
年遽致傾覆棟宇縟儀因玆未擧士林由是齎咨章
公論之不亾咸曰及時而重建而勝區之改卜皆云
捨舊而就新洞號古川如八程氏之里坊名愚巷悅
蹈顔聖之居酌勢量材姑徐廟宇之立興役伐木盡
先講舍之修人謀所同龜筮亦協玆値日辰之吉用
揭屋脊之隆衆工殫巧而獻圖多士釋經而敦事約
之閣閣政觀不日而成築之登登可期憑風者迴節

朝家爲慮其疊設之有弊濫建之有害特以行設之
表著者稟達建祠則惟此十二臣爲國殉節豈可與
行設表著者比耶臣等百年公誦之餘敢將立祠之
願仰達 紸纊之下伏乞 聖明俯賜採納特使之
刱立一祠以享此十二臣忠魂毅魄則豈但爲一時
崇奬之美典而已耶抑亦有辭於天下後世矣豈不
幸甚幸甚臣等無任激切屛營祈懇之至謹昧死以
聞

批答曰省疏具悉疏辭令該曹稟處

禮曹 稟目

觀此永川幼學李益昇等疏辭則當龍蛇搶攘之日
列壁瓦解而本郡進士鄭世雅以鄕曲一布衣慷慨
倡義其忠憤毅烈有足可尙而鄭宜藩等之殺身成
仁俱當表著宜施俎豆之享以樹風聲是白乎矣腏享重
典宜加愼重令道臣採取道內公論 啓聞後稟處
何如

康熙四十九年二月二十八日右承旨臣任胤元次
知 啓依 允

正宗大王七年壬寅因金萬哲加贈旌閭之請 啓
下禮曹禮判臣金魯鎭回 啓略曰金演孫應明等

當島夷之難倡義討賊立殣殉國在當時有 褒贈
之典及後日有腏享之酬則 朝家褒忠之方士林
崇報之義亦旣無遺憾矣云二十二年丁巳鄕人立
祠于古川廟號曰殉國祠

憲宗大王元年甲午二月日本道巡相國徐憙淳
啓曰壬辰島夷之變本道倡義之士蔚然並起茂著
勳勩而旌贈之典或在當時或在事後 朝家之寵
訪奬褒靡不用極是白如乎其或同時立殣幷力進取而
沒不稱未蒙他人已受之典者亦多有之此蓋始
因顯晦之殊終緣後孫之微未及闡揚之致也今當

舊甲之重回齊訟久鬱之公議邑報儒狀紛然迭至
不可勝數臣以久遠之事猝難摭實則遽爾 登聞
是白如矣若其昭載不泯之實明有可據之蹟則其於酬
報不宜異同乙仍于臣左右博採屢回覈得其十分考
證一毫無疑然後始乃拈出亭當謹以各人姓名及
伊時事蹟開錄于左以備 登覽爲白去乎特加一例奬
褒以爲報功勸後之地 啓下該曹

奉安祝文 大山李象靖製

昔在龍蛇島醜猖獗列郡橫潰 鑾輿播越永受其
衝爲賊巢窟義士齊聲設奇勦滅賊敢而遁義旗東

曰追慕蓋取其同日死節之英靈一席廟享之儀也
而抑亦諸孫各爲其祖以寓報本之誠云時鄉道內
士林來會者累百人

古川殉國祠事蹟

儒林立祠疏略 肅宗乙酉十二月日永川幼學李益升等二百餘人

承旨權孚製

伏以顯忠遂良王政先務旌閭封墓哲辟美規蓋黃
壤雨露庶慰長逝之魂而哀贈褒條難勸天下之士
洪惟我 聖上凡於存樹風聲之方培植節義之道
尤加意焉累朝未遑之典畢擧而盡修之西湖獎六

臣之忠南漢表多士之烈 駐蹕城東作詩酹武安
而忠臣觀感築壇闕外躬親祀神皇而志士增氣至
於賜祭諸處戰場用慰陣亡將士若有片忠小勞之
著聞者罔不被贈秩之寵錄後之恩立祠之榮而臣
鄉舊倡義死節十二人獨漏於前後之恤典第緣臣
等僻處遐土不能上聞以致如此此臣等之罪也玆
與郡中多士裹足千里齊叫九閽伏願 聖明垂察
焉嗚呼昔當島夷之長驅列壁瓦解臣郡進士臣鄭
世雅慨然投袂而起曰國危如此男兒死耳其子生
員臣宜藩同郡崔仁濟金演李榮根李之馣李得龍

李日將鄭碩男孫應晛金大海李廷芬十一人俱以
年少才儁挺身應之設壇於郡西法肝上刑馬而誓
天地義旗一揮壯士景從於是修器械募兵食或出
奇而抄擊或設伏而剪攻斬獲漸多充斥少挫旬月
之間兵聲大振云云夫永慶二邑實爲賊要衝而二
邑旣復賊不敢再犯則其功爲如何哉噫睢陽舊俗
尙傳張巡之事河朔遺氓猶憐杲卿之死而旌美之
典獨不到者蓋嘗有由焉云云若夫金演崔仁濟李
榮根李之馣李得龍李日將鄭碩男孫應晛金大海
李廷芬之臨死大節亦皆略同右巡使金誠一馳

啓其略曰前日永川之捷專由此人等倡義先登今
又力鬪而死儒生忠節極可歎尙 宣廟聞而嘉之
贈宜藩正郎榮根演判官仁濟諸人以次贈秩定亂
後又命復戶卹蒙 聖朝之懸章而士望民情憐之
至今者以爲功多而報寡業高而名衰也若論其堂
堂之節烈烈之忠則宜不讓於郭再祐金千鎰而再
祐千鎰則皆已爵諡以褒之祠廟以祭之崇終隱卒
可謂至矣今世雅等生而有讓功之實死而無登聞
之人光褒寵贈不得均霑而將泯泯不表於世斯豈
非 聖世欠典也歟近年以來書院鄉祠作一痼習

自晩翠名亭其志節已卓然而不苟矣及其遭値寇
亂慷慨流涕因以母夫人之命馳赴義陣與鄕人某
某同死於慶州之役非母氏之訓公安得以成其志
哉可謂有是母有是子矣至若忠孝鄭公勝國名賢
之裔也素以卓犖之奇氣辨得敵愾之大義歃血於
火旺之盟奮劒於永陽之捷其所摧敗亦足有辭於
天下而未迺躍馬先登殺身而不悔英氣凛然其忠
孝大節觀於墳叟之敘狀定翁之題碣俱足以傳信
於千古矣又如雙溪李公沙村李公俱以篤孝之資
遵承父老之志或策馬趨陣而笑荅荊布之訣語或

灑涕辭庭而不念一身之存亡同聲相應死而後已
則蓋一體之忠烈也又如藍田李公及楸溪大齋兩
李公卽同堂之叔姪兄弟也或講習於武屹之席或
從游於浣亭之門平日勉強只是二字是以聞變之
日叔呼其姪兄唱其弟攜手同抱走死地如鶩竟以
判妻之矢復之當日之錄所謂正氣萃于一室蓋實
也又如南溪孫公雞城君之遺孫景節公之傍裔也
襲家世忠孝之傳痛君父蒙塵之辱適以中心前箭
四個字特書旗竿以爲不死無歸之信凡若是者豈
能人人之所能哉嗚呼玆十賢者其志同也其事同

也其死之日同也其地同也文忠先生旣幷列於一
紙之啓永之入廿又共存一廟之享至今西川之水
怒濤咽咽而有萬折同歸之勢噫後嗣子孫之收錄
遺蹟以壽其傳者亦安得㢌而二之不幷於一号之
編錄乎適者諸家之人收其事實敘其年齒通融合
倂炳若日星使人之讀是錄者無不欲忘其軀而死
於國則此其闡述之大者也不亦偉哉錄旣成鄭君
淵道金君俊熙甫來請一言于不佞不佞固知不堪
而拊念前塵

追慕祠事蹟

二去戊子年間鄕人爲殉節諸賢營建廟宇於紫陽
日見峯下仍値甲午　禁令至於停廢以其餘財諸
賢後孫經紀累年逮夫辛酉始爲分設書齋而湖叟
公子孫營立於環丘諸賢家子孫營立於古川各自
謀始歲在庚午先祠講舍而其上樑文洞主朴梓製
之第緣　邦憲未解之前不敢建廟遷就至此矣後
來國内故家多倣陳徐故事有子孫私享之例故乃
於丁酉刱立別祠時則追谷孫公後孫楸谷李公後
孫始來議事焉粤三載庚子功訖凡干儀節就質于
大山先生李象靖行之奉安十賢于一廟之内祠號

也而至若孫公布旗亦皆知死忠之義玆豈非二百
年培養之化而十室邑習俗之美歟永川全城之捷
實爲嶺左諸邑得保之基其敵遮沮遏使方壯之賊
勢挫頓不得肆者是戰之功也且東京之役雖緣
權將之輕賊朴帥之失律未得一戰而捷義旗所指
人人殊死向前烈烈其氣無不一當百賊衆亦太半
殲矣後日飛擊雷之收功亦未嘗不藉於是則諸君
子豈徒死而已耶諸君子之節義固卓絶而其奇功
殊烈又如何哉余之叨 命保釐來涖玆土也爲之
拊遺蹟而興感者深焉永之人士以是錄來示而請

一語余非立言者余言何足輕重於諸君子之烈而
顧重有所感焉諸公無不以世胄平居講學孝義自
重之士故其奮起忠節如彼卓然令爲諸公之後而
纂諸公之烈者宜各自勉勵以孝悌忠順不墜其世
則豈不有光乎先烈歟且卷中所錄或詳或略而至
於無後諸公其平日懿行不少概見寔由兵燹之餘
文獻散秩而猶可以推存徵亡方類知全乃若限於
邦制不得並享一祠則凡今人與歎噫忠魂毅魄
枉當日奮義成仁之志何嘗望食報於後也其在後
人弔古之感能無歉歟重爲之悲慨也已聊識所感

於後以復焉 上之二十一年丁巳首夏府尹杞溪
俞漢謨識

忠賢錄後敘　　　聞韶金道和

天地烈烈之氣亙萬古而不滅鍾於人而爲忠烈敢
死之士若晝邑之王蠋睢陽之張巡是耳其在東國
則永陽義士十七賢蓋若人之儔而今所錄者其十
賢之蹟也文忠金先生時當招諭之任特爲褒 啓
曰永陽儒生等挺身赴死忠烈極壯無愧古人云云
噫先生一言之重爲萬世金石之典而共天壤不弊
則是錄之作疑若無所輕重然先生之啓舉其特也

後人之錄詳其蹟也顧安得已已也試以其錄觀之
蓋當 昭敬王壬辰倭夷橫突八域糜爛人無不鳥
獸竄以圖苟活孰能隻手空拳抗其百萬日滋之鋒
哉時則名谷金公聞變慷慨奮起草野散家財募家
僮又約束同志爲赴鬪無生之計而貼紫襦而自誓
蹈白刃而不厭則其志固烈矣魯巷金公又以名谷
之堂親早識熊魚之取捨彈劍激昂鼓起多士之肝
膽拂衣招 不顧家人之顏面竟使一片白紬印得
姓名二字而萇弘之血點點如生則非忠義之積於
中而能如是乎晚亭崔公稟誠孝之姿襲慈母之訓

士患無志義耳志立則氣隨義激則勇倍寡弱非所
憂成敗不當論諸君子七尺之軀不足以當利刃毒
砲一旅之衆不足以抗屯蜂聚蟻而痛鄉郡之不守
憤肉食之無謀忠肝義膽鬱發風霆視倭如無蹈白
刃若虛奮臂大呼有進死而無退生向非帥臣失律
官軍先潰則殲醜類而奪之域不待鼓之終矣奇勳
偉蹟豈但永川一捷而止哉風吹草動蛇匿不暇第
功行償偃然自居者彼獨何人哉惜乎世之人知聞
寡而見識固官尊則震耀名高則推服而韋布之士
曾不得與腰金頂玉之類量功而比能也噫洞天福

地豈必嶺之南哉而泝湖以往嵁巖林壑鮮不被賊
鋒者以無能掣其尾而落其呰如諸君子爲也諸君
子豈智不能圖全勇不能避難而終不以惜一身故
坐視危急存亡而莫之出力以循草間苟活全保妻
子之徒方自以爲得計而不知烈焰之所弗及由諸
君子以熱血噴之也鄭氏之奴億守李氏之僕夢石
執鞍不離跬步而死其義甚烈豈可以賤人而沒其
名乎表而附之錄末亦令國家异乎數百年窮居
巖穴抱才識而慕節義者無以自見世亦厚此言以
爲儒緩椎樸不適於用余未知諸君子在當日已有

先識其疾風勁草者否噫

忠賢錄後識

君臣之義本於秉彝之天而歷觀古牒人臣取尊官
厚祿衣食於君於平居無事之時及夫臨難遇危能
奮不顧身捐生抗節者蓋尠焉況在入主不識狀之
人耶如唐張許兩顏者蓋天下一二人而已也此猶
官守者則職耳若以草茅韋布之士而有抗義殉節
者則尤豈非千百年一人歟以天下之廣千百年之
久不可多求也如此有若吾東之永川一郡而十七
義士之一日殉節于東京之役者豈不偉哉此蓋我

聖朝崇獎節義培養士氣有以致之而亦可見嶺南
之爲吾東齊魯也夫人之情莫不貪生而惡死至激
於理義不然此所謂秉彝之天也然而人於理義苟
非講之素而有實見得是則臨亂倉卒鮮能從容取
義不失其天今按是錄中諸君子皆篤孝悌講義理
之士也當倭夷之變痛列鎭之恇怯不守以賊遺君
相率奮起倡義討賊夫以草野之蹤捨其親戚妻孥
捐身赴國家之急固已難矣觀崔公母夫人以婦人
之性能割愛勉義李公之大人自傷老病勸子殉國
謂之雖死亦榮者尤炳烈如此諸公之志義擧可知

南溪實紀卷之二

忠賢錄序

壬辰倭夷之變鏖賊之功稱閑山杏州之戰死事之義推萊府晉陽之役夫李統制權元帥忠勇智略固有過人者然猶是受閫任握兵權而藉力氣勢有以制敵宋府使崔節度諸人誓義殉國固足聳異然猶是土守有責戎務是掌而義不可苟免至若十七義士永川之捷慶州之死則視數公者詎不謂尤難哉日金斯文鼎受袖忠賢錄一卷來屬不佞爲一言蓋慶之役死義諸公凡十七人而錄中所載十八尤較

著不佞閱未半爲之掩卷太息流涕而言曰嗚乎烈哉夫諸公白面書生耳非有靲韜機略素爲鄉子弟所信服非有家畜兵丁可藉以起事而奮袂一呼從者猋集受約束聽管轄驅而赴之豺虎之吻而趨恐或後義之使也非有封疆之守羽檄之徵而進退在我耳斂避凶焰徐爲後圖其誰曰不可而以人主不識狀之身而爭冒鋒鏑斷脰抉腹同日殲而不悔忠之激也夫忠與義同得秉彝之天故殉　君父死綱常若是其烈哉竊怪夫當時立殣之士固不可指計而若萃聚一方駢首殉節嶺南爲最何哉說者謂儒

賢過存之化所浸漬感發之效者非耶不佞恨不得插劍酹酒於十賢公之墓而仰視精靈之發輝然爲星斗虹蜺也今泚筆爲文附名於忠賢錄之後其亦幸己鼎受甫卽錄中　贈正郎公之六世孫也　上之五年辛丑仲夏通政大夫前行承政院右承旨錦城丁範祖撰

忠賢錄跋

泗水睦萬中

流俗人之言曰嶺南尙儒術關西北盛武事平生效其用世亂關西北收其功今讀永川忠賢錄者不當悔淺之爲見耶龍蛇之燹八路糜爛寇據西京關西

健兒無敢攖其鋒關北諸民至有殺長吏爭投賊者傷在其奮武衛也嶺南實先被兵萊蔚爲其巢窟永慶當其衝而衣縫掖抉研槧者所在團鄉兵搏之於前撓之於後使封蛇長豕斂搠牙鉗毒喙不敢肆其狩食二白之間農桑如平日義聲之倡實自永川諸君子余旣爲湖叟實紀後敍金斯文萬喆復踵而請曰東都之役君子同日死者十七人名姓俱在鶴峯金文忠公馳　啓中而六人死無後其蹟莫徵柏巖鄭公旣別自附見於湖叟實紀行將刊布矣吾祖魯巷公暨同殉九賢獨其事忠賢錄在願徼子一言余謂

伯兄僉樞日新仲兄奉事日就讀書聲聞並著仍與族從浣亭公彥英出入寒岡鄭先生門壬辰日本八寇八道橫潰公雪涕挽弓而起謂得龍得麟二姪曰汝等若之何吾計已決又顧謂李姪得鳳曰汝宜幹家事三子俱仗劍涕泣於是并倡率家僮罄竭私財告先廟訣妻孥與同郡義士同心戮力始捷於朴淵再捷於郡城三捷於慈仁又擊慶州及到西川賊氣充斥公益自奮勵愈陷愈進力戰而死乃八月二十一日也得鳳尋屍不得招衣帶歸葬招諭使金誠一啓聞 贈儀賓府都事

贈奉訓郎漢城府判官行將仕郎繕工監奉事楸溪李公

公諱得龍字士雲考諱日新僉知公受家訓善學問與季弟田龍遊浣亭彥英門嘗舉於鄉棄之築室所居之洞日端坐讀書事父母晨昏如古禮朝夕視滫瀡惟勤鄉里以孝廉薦除繕工監奉事不就島夷之亂陪季父日將雪涕登壇修器械募兵食出奇抄擊設伏剪攻斬賊甚多月城之役與同陣義士十七人爭冒鋒鏑同日并命從弟得鳳以衣帶葬時人日錄中有曰李公諸叔姪義氣貞忠軒天地而耀日月又曰正氣萃於一堂招諭使金誠一啓聞 贈漢城府判官

贈奉訓郎漢城府判官大齋李公

公諱得麟字聖祥考諱日就奉事公平居無所事爲襟懷磊落不爲翕翕然亦不爲崖岸斬絕之行壬辰倭寇猝至永邑爲賊路衝要公慷慨雪涕陪季父日將與從兄得龍季弟得鳳及同郡諸義士合謀并力勦滅本城據賊又掩朴淵慈仁而鏖之轉鬪東都與同郡十七人一時并命弟得鳳以衣帶葬招諭使金誠一啓聞 贈漢城府判官

南漢實紀卷之一

力竭遂與李榮根鄭安藩崔仁濟金演金大海李之
馣李日將李得龍李得麟孫應晛等皆死之乃八月
二十一日也招諭使金誠一具由以啓　贈工曹正
郎其後又令本道復其家

贈奉訓郎漢城府判官雙溪李公

公諱榮根字景茂號雙溪永川人考諱定國訓導妣
昌寧曺氏應名女嘉靖甲子生於郡西雙溪村八歲
通經史十二遭母喪哭泣如成人訓導娶花山李氏
公極其誠孝與弟榮榦友愛尤篤父病斷指出血和
藥以進其篤孝如此壬辰倭寇猝發公備齎糗粮分

給僕御猶慮臨急相違別以一長槖貯父母救飢之
資身自帶之奉雙親挈妻子隱於公山蒼赤無一扱
者一行賴以得安時聞賊直擣京城父公泣謂曰吾
老且病矣若汝倡義討賊雖死榮矣公唯命卽呼蒼
頭夢石速裝仗劍而赴陣語其妻崔氏曰吾生還未
可必善養雙親撫育孤兒崔氏答曰忠孝大義妾亦
知之安敢違夫子意含淚送十里始乃放聲叩地成
坎者尺餘公與諸義士及列邑義將協力火攻旣復
永川又捷慈仁比到慶州諸義士以公有才略軍中
之事悉令考檢至西城外公顧謂諸義士曰今日之

戰有進無退俄而節度使朴晉失律我軍大潰遂與
鄭安藩崔仁濟金演金大海鄭碩男李之馣李日將
李得龍李得麟孫應晛等力戰死之乃八月二十一
日也夢石亦爲賊所害招諭使金誠一具由以啓
贈漢城府判官後又命復其家

贈奉訓郎漢城府判官沙村李公

公諱之馣字汝郁星州人通德郎引儀榮種子也隆
慶己未生于郡西沙村里第公雅量寬厚處事晏重
篤志力學與李公榮根同里閈相善講劘有素壬辰
奉雙親避亂於公山雖搶攘中便身之物極力供給

一日聞同鄕義士倡起動容作色有奮然底氣象父
公曰君親一也汝第往公含淚拜退及到慶州諸義
士使公持筆點案凡軍中事考檢無遺因進西川浦
與鄭安藩崔仁濟金大海李榮根李日將金演鄭碩
男李得龍李得麟孫應晛等同時力戰而死寔八月
二十一日也招諭使金誠一具由以啓　贈漢城府
判官

贈通德郎儀賓府都事藍田李公

公諱日將字誠甫碧珍人考諱晛主簿萬曆某年月
公生于永川楸谷里第幼有異質及長孝事父母與

友處戲言不出口遇事論利害不以傍議有所回互萬曆二十年夏四月倭大擧入寇公卽奮然倡起鄉兵諭以忠義一時名俊聞風響赴始賊據本邑城四出搶掠公遂合列邑義將夾擊大破之旣復永川又捷慈仁馳赴東都顧謂子就礪曰取白紬來吾且記姓名凡戰有進無退汝欲索我之骨只一条物是也及至西川左將軍朴晉失律軍亂賊乘之公及四從姪大海崔仁濟鄭宜藩李榮根李日將李得麟李之馣鄭碩男孫應睍等力戰而死寔八月二十一日就礪求公積屍中白紬書在衣帶間招諭使金誠一馳啓 特贈漢城府判官 天啓間因筵臣建白 命復其家

贈通德郞戶曹正郞晩亭崔公

公諱仁濟字聖夫永川人嘉靖庚申生于望亭里考諱慶雲妣慶州崔氏生員德崇女也公以遺腹生七歲能讀書解義母夫人貞而識字公奉儀極孝文詞夙暢萬曆戊子中生員翌年改葺望湖亭日與朋友講誦經史樹二松於庭愛其晩翠名亭以晩聿卯遊太學壬辰倭寇猝驅公間道南下拜母夫人於寓幕坐臥常慊慨流涕母夫人執手而書曰君親一致忠孝無間汝旣有殉國志吾何憾焉公承命感泣遂與鄉人同志倡義名募合權應銖陣捷朴淵討本郡據城賊殲盡無遺類馳赴慶州力戰西門外已而元戎失律賊乘勢蹴踏公被害長男汝崑年十六歲率二婢并索戰場積屍難卞而公之屍獨仆橋邊猶有生氣招諭使金誠一馳啓 特贈戶曹正郞辛丑又復給一結以褒之

贈通訓大夫工曹正郞道川鄭公

公諱碩男字大卿系出迎日考諱承胤妣安氏公以嘉靖辛酉生于道川里第幼而岐嶷長有奇氣少失

庭訓自奮力學奉母極誠及喪廬墓三年棄博士業有勸者輒不應也倣寒泉故事築墳菴與門子弟往來遊息以寓望雲之思故老傳誦謂之鄭公書堂洞後人慕公忠節行義扁其楣曰忠孝齋壬辰島夷八寇公聞諸義士倡起卽往從之公書生也端居扞節粥粥若無能者而臨陣見賊義氣百倍武士皆不及也軍中事無鉅細悉心區畫募粟調兵皆有助焉是年秋賊據本邑城本邑義士及列邑義將協力火攻公斬獲居多旣復永川又捷慈仁乘勝進攻月城至西川浦躍馬奮呼軍中聳動俄而朴晉失律公矢盡

韋布之賢齂齡之傑祖逖之誓巡遠之節桓桓同袍
十七其多精貫日星骨委虫沙于時勅賊謂我有人
曠代追思增我心頃衣冠遺塟片石不揭刻此銘詩
昭示來世

十義士遺事略

贈奉訓郎儀賓府都事南溪孫公

公諱應晛字子任號南溪月城人雞城君士晟后忠順衛曦子也萬曆甲子十月十三日生于青松府文川里幼有奇偉之志鄉里稱之及長氣宇英邁士友敬重焉壬辰四月倭寇猝至與同郡有志之士倡起

義旅約日赴陣與弟應昌撫手而歎曰吾以世祿之裔承家庭忠孝之訓今君父蒙塵誓不與此賊俱生有子暐汝撫護以保後嗣乃折木爲竿裂布爲旗書以中心箭箭仰天奮臂曰賊不死我必死遂先登討賊復永川又捷慈仁又赴東都而大軍失守賊勢倍張與同陣義士十七人同時并命是八月二十一日也賊退後應昌與暐往視戰處積屍成堆以遺衣復而塟招諭使金誠一聞 朝 贈儀賓府都事

贈通訓大夫刑曹正郎名谷金公

公諱大海字洪濤慶州人考諱乾參奉妣烏川鄭氏宣陵參奉 贈左通禮砡 女嘉靖甲辰三月生公于郡南名谷里第幼有異姿及長多智有勇略壬辰賊陷萊蔚列城瓦解公以一韋布慨然有殉國志遂散家財募兵倡義鄉人逃散者聞而歸之與族叔演及妹婿鄭大任生員崔仁濟諸人謀復永川以公膽略過人推爲守門將既復永川又捷慈仁及赴東都行至西川諸將莫利居前公奮劍督戰兵勢益振俄而大軍失律賊衆侵肉薄公奮臂大呼與演及崔仁濟鄭宜藩鄭碩男李榮根李之馣李日將李得龍李得麟孫應晛等力戰而死乃八月二十一日也招諭

使金誠一馳啓 行朝特 贈刑曹正郎初公將赴陣取紫襦衣貼身服之與家人說曰賊不滅吾必死當以此爲驗及求屍劒欄在手紫衣貼身面凜凜如生歸塟先塋

贈宣務郎漢城府判官魯巷金公

公諱演字彥洪號魯巷慶州人考諱應挺參奉妣烏川鄭氏司正思淳女嘉靖壬子生公于郡北獐項村動而儁穎不類凡兒稚童特遭內外艱能務悲如成人及長挺然自拔無畸苦態家業旁落疏糲不給亦不介意好讀書夜以繼日隆冬盛暑衣帶必勅與朋

百代憶謂公死乎生乎此天所以生而以義死而以
忠者也於忠義吾何慊乎公配淑人昌寧曺氏士人
以觀女有婦德生壬戌卒癸卯墓郡東追谷下梨洞
城隍北辰坐生一子三孫子暐訓鍊副正孫長宗業
次宗善宗儉曾玄以下不盡錄今請碣銘者十一世
孫秀洛也顧愚陋不堪是寄而竊惟吾藍田楸溪大
齋三公與公前後同義同殉蓋其夙昔景仰固也其
在族後孫鄉後生之道尤何忍終辭銘曰
公生以義公死以忠維義維忠誰與爭功上訴穹蒼
中心箭紅繋百夫特于四尺崇我家其大昭示無窮

墓碣銘 并序

永嘉權相翊撰

不佞少嘗讀永川復城記喟然歎永之多忠義之士
羣起叱咜收復全城若是其易也及至慶州之役爲
賊所敗紫襦紬帶纍纍而同殉者十七人何其壯也
南溪孫公諱應晛字子任其一也其先慶州人有文
孝公順以孝感得石鍾事在麗史有監察大夫登以
太祖布衣交進山杏詩卒遂高節監察生雞城君
士晟參議 贈兵曹參判有三子季曰昕成均生員
生員生世敏世敏生曦忠順衛是娶慶州金氏生公
於 明廟甲子自幼沈毅有智略先公奇愛之常以
忠孝二字手畫而口授之家貧躬耕以養親旣孤築
室于永之巨余里讀書守靜澹然若無意於世猶愛
說古人忠義死事事慷慨自誓及壬辰之亂雪涕起
曰君父蒙塵非臣子苟活之時而永慶吾鄕邑也陷
爲賊窟吾恥之糾合同志倡起義兵別其旗曰中心
七月二十七日與諸義將復永川論者謂永賊旣殲
軍威義城之路中斷安東慶州之賊首尾莫能相應
五郡旣復一路獲蘇稍稍能設伏勦制者永爲之倡
也八月七日討賊于慈仁二十一日轉鬪至慶州之
西川官軍先壞義旅不支公與十六人者矢盡以肉氣

盡以血終日搏戰無一人旋踵軍雖摧敗而義聲大
振有以扶竪人紀爛破虜膽識者謂其功不下於前
日之勝捷云鶴峯金先生以招諭使馳 啓以聞諸
義士俱蒙 褒 贈公爲奉訓郎儀賓府都事復其
戶 正廟庚子同享於古川之殉國祠公歿時年二
十九家人尋遺屍不得復矣葬衣冠於青松文川細
峯震向配昌寧曺氏有子暐訓鍊副正孫宗業宗善
宗儉餘不盡載後孫永達秀益晋澤等以狀來曰吾
祖忠烈著於簡策而丘壠尚翳然無表此孱孫之痛
也願有以銘諸石銘曰

徊慕清德之詩後　贈兵曹參判封難城君曾祖諱昕生員難川君襄敏公昭弟也祖諱世暾忠順衛考諱曦忠順衛妣慶州金氏參奉台年女也　明廟甲子十月十三日擧公于青松府西文川里第生有異質倜儻有奇氣早失怙恃長於伯仲二兄友弟采篤好讀書及長才兼文武士友推重焉築精舍於永之巨余里溪南自號南溪以經史自娛執徐之難島夷大訌旬月之間列郡瓦解三京失守閫帥守臣無敢嬰其鋒者公憤不顧身出萬死一生之計誓家人子弟曰吾家世襲勳祿世襲忠孝豈忍偸生苟活爲全

軀計乎遂與諸義士折木爲竿裂布爲旗大書中心箭箭四字直赴權忠毅公陣又與鄭湖叟鄭昌臺諸賢協贊籌畫爲火攻計一戰而復永城再戰而殲慈賊三戰而向月城義旗東指虜酋喪魄失所無敢向前及至西川官軍失伍賊勢如風雨焉軍中無人色從者勸公勿入公雪涕曰今國讎未報不可與此賊一日俱生躍馬援抱瘡夷者復起及其矢盡力窮張空拳冒白刃北首以爭死遂與十七義士一時幷命卽八月二十一日也招諭使鶴峯金先生誠一聞而驚歎曰茲非二百年培養之遺化歟卽日馳啓略曰

永川儒生等倡起義旅與權應銖七月二十六日殲永川賊又擊慈仁賊八月二十一日赴慶州陣或勸其勿入而奮然不聽先登深入崔仁濟鄭宜藩金演李得麟李好仁李榮根李順福李之馣柳復興田億疇李得龍韓得義田興霽孫應晛李日將柳元傑李廷芬等十七人同日被害忠烈可嘉無愧古人故列名　啓聞　昭敬大王特下悼恤之典　贈公儀賓府都事及賊退公子公弟號泣於戰陣之處積屍成堆尋尸不得只以衣帶復而窆之於青松縣西面文川細峯負酉之原何其悲也至仁之天何生我忠義

而死我忠義也生而爲義士死而爲忠魂則生與死雖無損於公而第恨生而不能盡其蘊死而不能酬其勞此千古儒將家嗟惜者也始公之戰於永而不死者天彰公之義也再戰於慈而不死者彰公之能也三戰於慶而使之死者彰公之忠也彼烈烈轟轟之氣充塞窮宙明而爲日星薄而爲雷霆亘而爲虹霓則大東三千里無非公死義之地也何必高其山坎其中而後爲公藏魄之一竅也公歿後幾年　朝家有復戶之命士林有俎豆之享郡府有褒聞之狀諸賢信筆又較著而終乃丹書鐵券藏之王府輝映

慷慨顧謂左右曰士生亂世自當如是蓋其忠節之
得於孝義理之講於書志氣勇略之資於素養而酬
於應變者有非一朝一夕之所判今於四百年之後
足以想見其氣像志業亦可以釀今日有志者之涕
淚也噫世之拘儒曲士掇拾章句播刻楮穎恢張布
列若將有爲而臨事任機手足辟易誤國僨事種種
爲時輩所訾傲遂至司連於窮居讀古人書者不知
豪傑正大之雄俶儻非常之人眞從這裏出來盡就
公平生而證之哉於乎惟我月城之孫肇姓於創造
新羅之大樹村長而始祖文孝公諱順以孝行致石
鍾之異事載東史麗鮮革命之際監察大夫諱登以
康獻王布衣交有山杏唱和之詩有崧陽石血之
義詳載於　列聖御製詩集及崧陽耆舊傳子雞城
君諱士晟以治績清德見稱於徐四佳李晦齋兩先
生三子長掌令諱旭以咸鏡御史節死於李施愛亂
仲諱昭卽吾先祖襄敏先生李諱昕生員是公之曾
祖祖諱世敬考諱曦忠順衛歷世之忠孝勳業史不
絶書同時倡義如宣略功臣大春判官時清虛齋曄
樂天齋宗賀主簿香與夫南漢節死臣樂善堂宗老
皆同堂功免之親君子論人必本世類而陳世德述

家風亦小子所不容已者也立言者其必并列於傳
也忠衛公娶慶州金氏參奉台年女公娶昌寧曺氏
士人以觀女一子諱曄訓鍊副正三孫宗業宗善宗
儉自下有世系在公生　明宗甲子十月十三日
宣祖壬辰八月二十一日卽其死義之日也屍不及
收復夫而瘞遺衣於青松縣西文川里細峯向卯之
原當時啓聞　贈奉訓郎儀賓府都事　命復戶後
士林建書院于永之古川同日死事之人崔仁濟鄭
宐藩金濱李得麟李好仁李榮根李順福李之馣柳
復興田億疇李得龍韓得義田興霦李日將柳元傑
李廷芬也

墓誌銘 并序　　碧珍李泰一撰

公姓孫氏諱應晛字子任其先月城人新羅大樹部
之後有諱順以至孝著羅史寔公之鼻祖也自後簪
組赫世至諱敬源奉翊大夫判密直司事生諱玄儉
嘉靖大夫檢校中樞院副事生諱登司憲府監察
贈戶議我　太祖布衣交也有進杏詩及其革命之
後與獻納河滐北向拜闕觸頭南門路巖石死至今
有血痕載崧陽耆舊傳於公爲五世祖也高祖諱士
晟兵曹參議嘗宰清道建清德樓晦齋李先生有俳

而殉者多至十有七人南溪孫公諱應晛字子任郎
其一也不佞嘗考當時諸公之所稱述者鶴峯金先
生曰永川儒生等倡起義兵殲擊永川慈仁之賊又
赴慶州十七人同日被害忠烈無愧古人寒岡鄭先
生曰永陽之捷專由於士子等倡義先登白沙李先
生曰永陽鳴梁之捷㝡爲壯快訒齋崔先生曰鯨鯢
隳突列城瓦解無一人爲士卒先者何圖倡義復讎
之擧出自山林擯斥之士折木爲竿裂布爲旗飛檄
列邑感發人心義聲一振人各爲兵是皆永陽爲先
倡況首謀者皆一境之士子則環一郡無非五百義

士又曰慶州之戰十七人同日被害忠烈可嘉松巖
李公曰慶州之戰十七人同日被害二百年培養之
化未盡斬矣柳亭崔公曰月城死義十七人皆以年
少才俊之士憤賊虜之充斥慨君父之蒙塵挺身赴
死於鋒刃之下其義氣精忠雖謂磊磊軒天地可也
此皆當日耳目之實蹟及又聞永陽古老流傳之說
故事證實之誌公之始起也慨然雪涕曰君父蒙塵
曷敢爲草間苟活計耶謂弟應昌曰爲國盡忠家世
常行況永川是吾祖治邑慶州又吾家采地有如尹
鐸之晉陽所寬孫策之江東舊恩而今爲賊窟穴吾

誓死必復遂竿木布旗大書中心二字會合同鄕諸
義士又求援於權忠毅公應銖朴武毅公毅長復永
川火攻之計血戰之功公實首贊而先登焉又殲慈
仁之賊及慶州之役左界將權應銖失於輕敵兵使
朴晉踈於節制興海廷日之倅先犇大軍遂潰公與
同鄕十七人誓曰今日之事有進無退力戰死之嗚
乎軍旅之事非書生所學貫頤之勇非儒者所養況
又國家昇平既久恬嬉成習而公起自家庭能凌帷
幄之籌能銳凌拾之技且名不編於卒伍跡不束於
鉤隅進退濶狹任我爲適而甘作睢陽之巡遠是豈

倉卒一時之遇而能哉今因公後孫秀洛氏得見其
家傳遺事公生而容儀端重氣稟不局甫六歲已機
警有異趣考忠檮公奇其有遠大量又愛其能早知
孝弟之道每以忠孝二字手畫而口誦之以勸勵焉
未舞勺遊戲有節度同遊之年稍優者亦皆從其命
勇既就學不待拘檢而究賾句語領略意義師友之
推重己自舞象之年智略沈浚人不徒以文藝士期
之家貧躬耕以養親及連喪二親哀毁逾制觀者嗟
歎築精舍於永之巨余里溪南自號南溪讀書守靜
着將終身而無所爲時遇古人忠義死事之蹟撫掌

者不屑也嘗遊永川登圃隱鄭先生釣翁臺欽慕不
己一日遂移居于郡之巨余里溪南築精舍仍號南
溪朝暮以經史自娛嘗讀唐鑑至睢陽巡遠事拊掌
謂左右曰士之當亂世也自當如是蓋其立志類是
也嗚呼國運中否島夷外猖所過焚蕩州郡皆望風
奔潰無一人拒敵之計而公慨然雪涕曰爲國殉節
吾家傳世之常行況吾先君敎我以孝繼之以忠遺
訓尚丁寧在耳今君父蒙塵曷敢晏然謀避使我禮
義之邦肯爲夷狄之歸乎遂折木爲竿裂布爲旗書
以中心與同鄉義旅赴賊大捷之與弟應昌撫手而

語曰主辱臣死固其職也況東都吾家世受采之地
也若此賊不勦滅其於吾先烈得無愧乎招合殘兵
慰諭村氓不動聲氣雍容談笑以詩禮之家而行軍
旅之事以山林之跡而立矢石之所其見機應變之
智臨時制勝之策雖兵家宿將亦未之及也方其分
壘布陣顧謂義士曰今日之戰有進無退爲節度朴
晉所沮師律失宜賊勢更猶諸將莫肯向敵惟公按
劍誓天冒鏑先登血戰而死同鄉十七義士亦同日
被害嗚呼公以大樹部遺裔羅而著石鐘之孝麗而
有山杏之節逮我　朝世世勳烈史不絶書而[illegible]

忠備公及母夫人之嚴訓內有忠信婦之警告外有
賢師友之輔導至遊覽靈區慕圃翁萬古之名節披
玩古史感巡遠雙魂之忠烈但知有國而不知有其
家但知有君而不知有其軀世之論公者稱其死國
之爲忠而不詳其蒙養之出於孝亦稱其臨亂之倡
義勇而不知其平素之得學問也噫公之平日言行
亂中事實雖片言一事皆可爲頹俗之所激勵後世
之所矜式者而不幸爲回祿之烖無得以攷据焉惜
乎樊巖蔡相公謂國而無嶺南則不可以國嶺而無
永川則不可以嶺　宗社再造之業惟是役是基也

日孫斯文永喜收拾家乘之蕩佚者及諸賢集錄要
不佞一言不佞撲以契誼不可終辭略構成遺事以
竢夫秉筆君子之採擇焉

行狀

傍裔孫厚翼撰

我　昭敬王仗忠臣義士之力於龍蛇之訌重定我
大東四百年寶鼎生者盟成帶礪死者榮及泉塗時
嶺以南爲賊先衝握符擁鎭者亦不能支望風奔潰
而永陽之捷並武於李忠武之露梁權忠莊之幸州
慶州之敗同列於鄭僉使之釜山宋府使之東萊是
皆出於白身讀書不識何狀之人而同聲而倡並節

兵使朴晉與諸義將會于雞淵謀討慶州賊進薄城下賊潛出北門以奇兵從後掩襲我軍大潰生員崔仁濟鄭宜藩等十七人力戰死之

書戰死諸賢錄後　　烏川鄭一鑽

昔在　肅廟乙酉疏請建祠之時我王考府君涵溪按考先賢文集及諸家日記先得八賢後又得四賢錄其行蹟合成一冊名曰壬辰忠賢錄而其餘則終未得考出姓諱甚慨於文獻之無徵也歲在戊子春一鑽適於鶴峯金先生後孫家得見當日先生手抄啓本則十七賢姓諱歷歷載錄故抄出遺漏七賢姓諱

進書於前錄之下云云

參判崔公辥南日記略

壬辰五月間諸義將慷慨與鄉人倡義合力募當人僧軍數百餘名時倭據本城相與圍滅計定後請新寧權應銖爲援兵七月二十七日合勢進圍燒殺無數又曰八月擊慶州賊李榮根李得龍李廷哥李之馣李日將李得麟李順福皆爲賊所殺鄭宜藩崔仁濟金演孫應晛皆力戰而死

遺事　　楊州趙夔熙撰

公諱應晛字子任號南溪以　明宗十九年甲子十月十三日寅時生于青松府西文川里第其先出新羅大樹部有諱順以孝感得石鍾興德王比郭巨金釜事賜屋給米其後失傳有曰阿曰藏曰甫皆大官公之七世祖諱敬源判密直司事生諱玄儉檢校中樞院副使生諱登即我　太祖布衣之交受禪後遂隱不起有進杏詩　御製和以漢諫議古事　贈參議生諱士晟文科參議　贈參判雞城君曾歷永川又尹清道以清德稱第三子諱昕　世祖朝生員是爲公之曾大父而敵愾功臣雞川君諡襄敏公諱昭之弟也生諱世曔有隱德不仕吏曹判書襲爵月城

君諡景節公愚齋先生諱仲曔從兄也累世德業文學名節史書而人誦之大顯東方考諱曦忠順衛母夫人慶州金氏參奉台年女公自幼稟性開警形儀端重氣宇出凡兒忠衛公奇愛之所指揮無非義方而必以忠孝二字手畫而口誦俾爲先八之言及就學聰悟易解日有漸進而家貧親老或漁樵於講習之餘怡然不勞處之自若戊己荐遭二疚哀毀哭泣居廬拜賓無違喪制弔者大悅雅量弘深寬厚處事晏重力學篤志爲師友所倚重夫人曺氏靜齋后以觀女居室每以忠臣婦烈士妻相警有或勸就公車

之餘民獲穡我軍之氣勢稍振是皆永川爲之先倡也況永邑起事之時首謀倡義者皆是一境之士子則環一郡無非五百義士也然而褒異之典只加乎一二將士而課績不循乎公論邑號不陞於州府深惜其時巡察轉聞之失實也伏願執事陞永邑於州府錄義士而無遺則人心可激公論可快所謂賞一人而天下勸者其在此乎

白沙李先生恒福文集略

永川義士鳴梁之捷最爲快壯

松巖李公魯龍蛇日記略

慶州之戰永川崔仁濟鄭宜藩李得龍孫應晛等十七人同日被害金鶴峯聞之大驚歎曰二百年培養遺化未盡斬矣其後於　啓辭中略曰儒生忠烈無愧古人

柳亭崔公應泗壬辰日記略

月城死義者皆以年少才俊之士憤賊虜之充斥慨君父之蒙塵挺身赴亂死於鋒刃之下其義氣精忠雖謂磊磊軒天地可也

忠毅公權花山應銖年譜略

七月爲義兵大將永川義陣請援復永川城赴慶州

時崔仁濟等十七義士皆戰死

清虛齋孫公曄龍蛇日記略

八月十九日兵使朴晉自永川來安康以二十丄日謀舉事徵十一邑軍合三萬七千餘人兵勢大振新寧權應銖乘永川之捷氣勇輕敵兵使亦踈於節制二十日二更末進軍驅迫四十里軍不食者多人持炬二納藁空石一帶食佩軍器諸物重不能運或棄軍器及圍城纔畢賊從城上放砲如雨伏兵在外來圍大軍潰散賊從後斬刈興海延日等倅先奔兵使繼走永川義士生員鄭宜藩崔仁濟幼學金大海孫應晛等二十八人死之

本道左右都廳所撰亂離事蹟略

八月兵使朴晉謀討慶州屯賊率中路兵二萬餘名臨戰失機大敗而退奮義士生員鄭宜藩尹就善崔仁濟幼學李得麟等數十餘人死之

李公櫂英征蠻錄略

軍威賊詐稱封庫御史馳下新寧權應銖鄭世雅等追至朴淵大破斬首百餘級軍乃大振七月二十七日權應銖鄭世雅鄭大任等攻永川賊大破之斬獲五百餘級血流成川江左賊勢大挫八月初二日左

尚州 鄭以惺 鄭以悟 金經濟景悅 金經徹彥
涵 朴元凱舜輔 趙基遠景進 趙榮遠景仁 下緒景遠
金遠聲汝宣 蔡得湖步遠 蔡得海致遠 蔡得江達遠
禹尚魯思省 權宜中宣伯 權大勳景悅 朴義宜吉成
汝松直卿 成泱士悅 黃廷幹公直 高仁繼善承 朴元
亮士明 金得龍德潤 金遠振士聲 申彥熙 崔大立
權周夢 金鷗齡瑞老 金璞景溫 權己壽
陝川 金弘彥毅叔 李東馧斤遠 李東志仁叟 李東
韺仁遠 李東燁仁晦 李東膺
京畿 俞大祺 李光岳 李時言 徐哲 蔣玠

南溪實紀卷一 十四

李珍 俞昔曾而省 金順生和伯 安湊 權縉雲
卿 閔澈大源 閔沆 金洌子清 柳裴士華 趙命立汝
正 金孝誠 權紘文卿 朴宜仲質 成麟厚敬振 申得
祿應發 權文啓 申敬一惺甫 姜裕毅李 李大臨子
吉 朴知遇慶而 朴知述 申鵬 李馨郁德懋 李斗
望士仰

諸賢記事

鶴峯金先生誠一狀啓略壬辰九月二十一日

永川儒生等倡起義兵與權應銖七月二十六日殲
永川賊又擊賊于慈仁八月二十一日赴慶州奮然
先登及敗生員崔仁濟鄭宜藩幼學金演李得麟李
好仁李榮根李順福李之馣柳復興田億疇奉事李
得龍參奉韓得義田興霽幼學孫應晛李日將柳元
傑李廷蕍等十七人同日被害忠烈可嘉無愧古人

寒岡鄭先生逑金鶴峯行狀略

權應銖永陽之捷專由士子倡義先登及移討東都
爭先馳赴生員鄭宜藩崔仁濟幼學金演孫應晛等
十七人同日被害

訒齋崔先生晛上梧里李相公書略

節義天下之大閑善人國家之元氣也是故善爲治

南溪實紀卷一 十五

者乃能崇尚節義以存大閑培養賢士以扶元氣往
者鯨鯢隳突列城瓦解何圖復讎之舉出自山林擯
斥之士折木爲干裂紙爲旗飛檄列郡感發人心義
聲一振人各爲兵使賊不得幷力西向則南州倡義
之士不爲無助是皆 列聖培養之報先師振作之
功而桐江一絲扶漢九鼎者其必有所自矣竊以爲
後史秉筆則首膺恢復第一功者在此不在彼也至
於永川之捷在於壬辰七月其時一道雄據之賊自
慶州至安東列如長蛇莫敢誰何永賊旣滅中路已
斷安東慶州之賊首尾難應不得不退矣然後一路

培可華 裵德駟士純 蔡先修 閔謙汝益 蔡應龜
李宗澤仁可 朴忠後 鄭光先子晦 孫處約 崔認
崔東輔 朴忠胤 李應斗 柳起春 李大秀
寧海 南士弼汝休 南士明汝晦 趙儉子淳 趙佺汝
壽 趙光義景則 朱楨景立 吳受訥士愼 趙健汝剛 朴
應長 白仁鏡而正 李蕆 白中立 李時清和叔
南慶生應和 李泰運慶會 申俊民士秀 李涵養源 申
元英士善 申德龍雲瑞 權宜範士憲 朴希顏汝遇 鄭
承緒孝伯 南慄 申元傑士宗 李藩申 申挺立景
中 李亨運鵬擧 南士文汝節 白見龍景溢 權己壽

金應秋 吳寬
青松 李德秀春世 金聲遠 趙宗岳 金聲達秀
鳴 尹英豪士與 鄭雲
清道 李汝諧舜擧 李汝璉國寶 朴慶傳孝伯 金軫
天極 金鳴遠時達 朴炯而晦 李濂 李瀓士涵 李龍
雲慶會
密陽 金太虛汝實 孫起陽景徵 孫應參 玄認
蔚山 蔣希春仁敬 柳汀汝元 柳伯春領亨 柳泰英
子實 徐仁忠邦輔 朴鳳壽文慶 李應春泰英 李逢春
李英 李應璧汝完 尹弘鳴應特

河陽 黃慶霖景瑞 金鐻
玄風 郭再祐 金應賢
義興 洪天賚 朴從男善述
興海 鄭三畏 李旺可明 權應福 朴夢瑞景望
崔興國康 鄭仁獻士全 李訖天賚 李大邱汝、秀 李
華君宗 陳奉邑汝元 李榮春 李大仁汝元
眞寶 文希控景進 文希賢景述 權晥彥明 金善繼
孝伯 李應義宜伯 金舜龍汝文 權晙汝寅 申洽而浩
安潤屋士胖 權昭明仲
盈德 申瀓彥涵 鄭以愰汝悟 尹士渾光遠 金四知

汝愼
清河 金文龍雲甫 金得鏡 李謙
慈仁 金克思士孝 崔熙上明甫 崔敬上愼甫 金遇
鍊可成 金遇容可愛 朴夢亮周瑞 安天民覺甫 李春
馣聞遠
東萊 金廷瑞
延日 金見龍德普 金元龍 權汝精子中 金宇澤
士源 金遇潔士淳 沈希清 李追希遠 金天穆純仲
長鬐 李大任任重 徐方慶君吉 徐克仁重仕
慶山 南仲旺 鄭慶護 鄭變咸 鄭變文

成　崔山龍而見　崔仁濟聖夫生員
慶州　崔繼宗慶承　崔文炳日章　金光福慶源　權士
諤明彥　金得秋雲西　金自平雲京　金鸞瑞士祥　金應
澤就用　李龍甲起雲　孫曾汝唯　白以昭　李天輪子
純　李時立　權復始伯元　徐思迪吉甫　李安潛炳然
李三韓鼎耳　李善祚　南義祿　孫時順白　權應生
命世　孫曄文伯　李琮　申忠忠　崔大期　李汝成
李承級　李芳鄰　李希龍　李景龍
新寧　權應銖　權應銓　權應心　李蘊薰子郁
丁應琚京美　權應中　金謹誠　權致謙　鄭應瑞

恕仲　李蘊秀　權德時　李應春太英　朴璜　金應
培
安東　柳元直清之　金好義宜仲　柳濤汝吉　柳得龍
君見　李周道伯行　權師道汝弘　權師閔孝思　李存性
敬之　鄭士誠子明　南胤先孝叔　南自薰彥和　李樞機
仲　金允士悅　金翌顯甫　金允忠內得　安潑達遠　金得
礦致精　金克厚伯敦　金奉祖孝伯　權卓然尚彥　尹湯
民君舉　南得仁元甫　南得禮文甫　金希孟子純　金元
士善　李述忠公信　李屹景仰　朴協景仰　權舜民士韓
李遇忠叔信　安遇性之　金是樞子由　南鳳翰舉祥　辛

敬立君直　朴泰回昌甫　安宗禮文仲　金泳景涵　柳復
起聖瑞　孫溥澤遠　孫胤男伯善　盧義賢布叔
禮安　李藝汝盛　孫興孝行叔　琴應角　琴應羽
具贊祚李膺　金圻士敬　趙壽朋　南義慤　趙錫朋
柳榮門華伯　柳誼士宜　李岃　琴應壎　李光承
君述　琴慄彥覺　柳潔濯卿　孫興悌　趙穆士敬　李嵂
濟南　南仁慤　李亨南泰叔　趙得老　李仁福
義城　朴茂先孝叔
榮川　琴若鵬仁立　黃得亨　安惠龍
醴泉　張汝翮文舉　張世禧仲吉　張汝翰鳳舉　安永

壽慶夫　李亨南泰叔　申慶會士遇　李鎭南方叔　李慶
南善叔　李直道正行　朴惟義好魯　朴守儉愼甫　李介
立大中　李榮門仁伯　李亨坤元之
晉州　成紹業而述　姜斗明明之　尹伯彥士美　辛寅
邦老　成汝信
咸昌　崔廷豪時應　金復興慶而　權平得中　南傑士
秀
龍宮　朴成列袞元　曺彥邦純厚　尹瀰士洲　李敦伯
明　李世雄
大邱　徐承後伯裕　蔡夢硯靜應　成樂善師東　李景

水中水爲不流無一人得脫者自兵興以來未之
有也
八月討慶州賊兵敗死之
時列邑義兵齊會慶州城下衆至三萬七千餘人
義兵將權應銖因永川之捷有輕敵之心兵使朴
晋節制不謹賊勢大振與海延日之倅先遁公按
劒誓天曰此吾家采地賊不死吾踵不旋遂先登
血戰與生員崔仁濟鄭宜藩幼學金演李得麟李
好仁李榮根柳復興李之馣田億疇鄭碩男金大
海奉事李得龍參奉韓得義田興霽品官李日將

柳元傑李廷芬同日死之 鶴峯金先生 啓有李
順福
九月葬遺衣於青松文川里曾祖生員公墓左細嶝
是月慶州城復弟應昌子暐奔往尋屍不得遂招
魂而返葬以遺衣
贈奉訓郎儀賓府都事
是月右道監司金誠一馳 啓蒙 典
肅宗三十一年乙酉本道儒生李益昇等二百餘人
陳章請立祠
三十四年戊子建忠賢祠于紫陽後七年甲午因邦

禁撤
正宗六年壬寅本鄕士人金萬喆上言請復享
二十一年丁巳建殉國祠于古川
大山李公象靖製奉安文及常享祝文炳燭軒朴
公秤製講堂上樑文
純祖三十二年壬辰道儒以殉節回甲年議陞號書
院有通文
三十三年癸巳陞號書院
地倅洪公耆燮製告由文
太上王戊辰因 邦禁撤享

丙子竪紀績碑于古川
承旨李晩燾撰碑銘
壬辰重甲后丙辰復享
倡義會盟錄 壬辰六月十日有司成立鄭四象
永川 鄭世雅和叔鄭大任重卿書以咸克貞書以
鼎克凝 鄭四象汝燮曹瓊仲獻盧起宗伯永徐道立
仲修書以節克安李得鳳聖瑞金演彦洪李日將誠
甫 孫應現子仕曹德驥彦成鄭宜藩衛甫 進士 鄭安藩寧
甫 金三省君克鄭守藩貞甫郭永鐸 李希福而
聖 成立 朴彦國 田益 金浩子淨李夢

以養親夫婦相戒以安親志而亦不廢講讀鄉鄰稱之○子暐生

十八年乙酉公二十二歲耕讀之暇傍習機務圖略曰士之生世不可作匹夫竆儒事業而止

十九年丙戌公二十三歲

二十年丁亥公二十四歲過圃隱鄭先生遺墟摩挲古碑慷慨流涕曰人不當若是耶

二十一年戊子公二十五歲丁忠衛公憂哭泣如孺子鄉里來弔及閭里行過者莫不嗟歎或有下泣者

二十二年己丑公二十六歲丁大夫人金氏憂居喪多變節而一遵禮制無苟簡之端金氏婉德於忠衛公而訓子有法公之成就多母敎焉

二十三年庚寅公二十七歲闋忠衛公服

二十四年辛卯公二十八歲闋大夫人金氏服○移居于永川郡巨余里公嘗慕圃隱先生遺躅往來登臨於臨皐書院及釣翁臺至是遂卜居其郡

二十五年壬辰公二十九歲春築精舍于所居溪南自號南溪居士○讀唐鑑至張巡許遠死義事擊節泣下曰唐朝二百年惟此二公甚適人意

五月與列郡義士會盟于八公山

是歲四月島夷大擧入寇十四日釜山陷僉使鄭撥死之十五日東萊陷府使宋象賢死之十八日梁山陷郡守趙英珪死之不旬日彦陽蔚山慶州永川連陷而守臣皆逃公遂與是盟矢志必死

六月始與倭戰

公奮力死戰大捷于朴淵

七月率兵赴慈仁

時慶州判官朴毅長來攻慈仁賊縣人崔士吉射倭將奪其駿馬崔文炳聚軍守倉穀而公往援之

遂大捷

復永川城

時賊兵三萬餘人據城四掠本邑諸義將及新寧義將權應銖慶州判官朴毅長約日攻城公執弟應昌手曰吾以世祿之裔承家庭忠孝之訓不可與此賊俱生況此城乃吾難城府君曾莅之地豈可委作賊穴子暐幼汝其護之爲後嗣計遂斬木爲竿裂布爲旗書以中心奮勇先登斬賊二級謂諸將曰風利可縱火諸將曰諾遂各備火具因風放火賊兵太半燒死餘衆四散所在追擊沒入于

明宗十九年甲子(明世宗嘉靖四十三年)十月十三日寅時公
生于青松府西文川里第
初雞城君自尚州移此長子襄敏公移慶州良
佐村仲子生員公公曾祖也守雞城第今文川
里尚有稱大廳基
二十年乙丑公二歲
二十一年丙寅公三歲骨相峻秀見者多稱之
二十二年丁卯(明穆宗隆慶元年)公四歲○是歲 明宗昇
遐
宣祖元年戊辰公五歲容儀端重不似羣兒嬉戲狀

南溪實紀卷一 四

二年己巳公六歲能發慮用志頗有機警長老多歎
尚之
三年庚午公七歲拔邁有氣節不肯下人同遊年稍
優者亦畏而從命
四年辛未公八歲考忠衞公試口授古書必尋問其
意義而尤於慷慨有氣義事輒聳動其志或至踊
躍
五年壬申公九歲考忠衞公慮其使氣放度每以忠
孝二字俾口誦而手畫以為先入之見
六年癸酉(明神宗萬曆元年)公十歲

七年甲戌公十一歲考忠衞公戒之曰汝已過就傅
年而吾不篤之者欲其施之不怫養之不悖念之
勉從規度中做為人底事公頗服其訓
八年乙亥公十二歲趍庭應對事長敬愼鄉里父老
咸曰異哉此子多見其局外像今為家庭中人
九年丙子公十三歲始立課讀書便領略大義不徒
事誦習低心立脊期有實得
十年丁丑公十四歲
十一年戊寅公十五歲受學于金戚丈夢麒敦行義
務文學一時師友皆推重焉

南溪實紀卷一 五

十二年己卯公十六歲
十三年庚辰公十七歲潛心經傳不以窮約為苦
十四年辛巳公十八歲
十五年壬午公十九歲時為士者多以科擧進身故
務習工令文字公曰此非丈夫事不屑焉
十六年癸未公二十歲聘夫人曺氏以觀女處閨房
無狎昵態常以忠臣婦烈士妻事言及之夫人亦
通達大體多輔佐之功
十七年甲申公二十一歲家甚貧公慨然曰親老闕
甘旨非子職乃躬自樵採耕稼夫人亦提甕執爨

椶后也有子富吏部尚書淸城府院君子翼減凝
川君翼淡平海君翼沍月城君月城君子泰尚恒
尚義平君子完祖刑部尚書梓城君
一世諱敬源子玄儉
高麗奉翊大夫判密直司事
二世諱玄儉子登約生員
高麗嘉靖大夫檢校中樞院副使
三世諱登配寧海朴氏時遇女墓公兆子士晟士章司尊院別坐士良直長士寧生員士温郡
守
高麗監察大夫行西北道都指揮使出舊譜及

墓祭祝文墓在尙州鼎谷卯坐墓下有涑村齋祝
式藏在齋中
孫登 太祖大王布衣交也 太祖受禪徵而不
起進山杏一器因呈詩曰雨餘山杏色初黃摘取
遙呈一片筐醒醉錦筵那敢望願留眠閣暫時嘗
太祖和曰忽受空城杏子黃淸光燦爛透疎筐
嚼來氷雪開胷臆安得林間自在嘗出 列聖朝
御製詩集
孫登恭愍王六年以判開城府事如元賀正語在
恭愍世家與獻納河禜同居一閒革命後二人北

向拜闕觸頭巖石死巖在開城古南門路傍血色
至今正赤巖之西有孫井河家洞出崧陽耆舊傳
四世諱士晟墓青松文居驛後酉坐配安東權氏直長明利女墓公兆後子旭文科掌令節
死李施愛亂昭文科吏曹參判討施愛錄精忠出氣敵愾功臣封雞川君 贈吏曹判書謚襄敏公
昕晉生員
生洪武丙子文科兵曹參議宰淸道建淸德樓晦
齋李先生詩曰徘徊慕淸德留詠有孫侯宰永川
重修明遠樓四佳徐公明遠樓記曰拜太守孫先
生問二水三山之勝云云卒成化丁酉 贈純忠
積德補祚功臣兵曹參判封雞城君

五世諱昕墓青松縣西面文川乾坐配安人晉州河氏繼溥女墓同壙子世曒將仕郞
世祖朝成功生員
六世諱世曒墓文川後山考兆下乾坐配豐德柳氏龍河女墓同壙子暉曦忠順衛昳
成廟朝將仕郞忠順衛禦侮將軍
七世諱曦墓文川先兆下配月城金氏參奉台年女生甲子卒癸亥子應晛儀賓府都事
中廟朝忠順衛
八世諱應晛墓文川細嶝酉坐配昌寧曺氏以觀女墓永川追谷面下梨城隍北辰坐子暐
訓鍊副正
卽公

年譜

南溪實紀目錄終

南溪實紀卷之一

世系圖

始祖諱順 按大東野乘父鶴山又按羅史配牛岑太守白永女

新羅興德王時人養母至孝兒奪母食與夫人謀負兒入醉鄕山掘地欲埋地出石鍾夫人曰此無乃兒之福耶遂負兒與鍾而還懸鍾於樑而撞之聲聞王宮王使人審之具奏王曰昔郭巨瘞子天賜金釜今孫順埋兒地出石鍾前後同符乃賜屋一區歲給粳米五十石事載羅史及輿地勝覽及

孝行錄 按羅史新羅初有六部村長共立新羅始祖王赫居世第三茂山大樹部其長俱禮馬後改大樹部爲牟梁部賜姓孫孫之有姓蓋始此○醉鄕山在慶州府西十里餘後人改名孝淸山鍾出地後名鍾谷至今其穴尙在山下有始祖遺墟至今稱名以順子亭手植木尙在而人不翦烏雀不汙有遺墟碑性齋許傳撰銘○按一譜始祖謚文孝

諱阿 諱臧 諱甫 麗朝爲大官而世次未詳

按一譜諱順字士允太子舍人鶴山子大匡司徒

重建其祠而崇奉之居其邦聞其風者烏得無感歎興起耶以其忠與孝實爲傳世之箕裘而至若感涕之語無非得之於孝移於忠者也日孫斯文仁混星彙收拾其遺乘之蕩失者及諸先生褒奬之文並袖以示要余以佛頭之穢不敢以識蔑辭拙終辭聊敘此以補世教

崇禎後癸巳首夏南陽洪耆燮謹序

南溪實紀目錄

南溪實紀序

嘗聞節義天下之大閑而善人國家之元氣也夫士
之忘軀命捍邦亂以殉君父之急者蓋亦天地磊礌
卓犖之氣有間其世賦其人者而要之君國培養之
化有所積累人家氣血之脈有所傳受而然也謹按
南溪孫公受姓始於新羅大樹部有諱順以孝感得
石鍾興德王比郭巨金釜賜家一區是爲公上祖至
我 朝有諱登 太祖大王以嚴光同其節而贈參
議是爲公五世祖有子諱士晟文科參議 贈兵參
雞城君第三子諱昕 世祖朝中生員是爲公大父

而敵愾功臣雞川君謚襄敏公諱昭弟也生諱世暾
有隱德不仕吏判襲爵月城君謚景節公愚齋先生
諱仲暾從兄也考諱曦忠順衛母夫人參奉慶州金
台年女也其累世忠勳節義文學德業爀然有光前
啓後爲南土世家名閥今公以山林一布衣又死國
於雞林受采之地何其偉哉 宣祖壬辰公年纔二
十九嗚呼國步多艱島夷猾寇千里煙火三京俱陷
諸守土藩鎭皆奔竄偸生無一介爲士卒先者公慨
然雪涕曰主辱臣死此其時也與弟應昌撫手而語
吾以世祿之苗況承家庭忠孝之訓今君父蒙塵誓

不與此賊俱生子暐尚幼汝撫護以保後嗣拔木爲
竿裂布爲旗書以中心其心箭箭與本鄉義旅即赴
軍陣大捷朴搨上又討本城既復本城又赴慈仁既
捷慈仁又赴東都賊勢强於永賊公按劍誓天冒鏑
先登力戰而死於乎公曾讀唐鑑至巡遠事未嘗不
撫掌發歎古人詩有曰大小風雲三百戰古今天地
一雙魂蓋睢陽以來又見於永陽士矣鶴峯金先生
啓聞曰忠烈可嘉無媿古人寒岡鄭先生集中曰倡
義先登同日被害崔訒齋上李相國書曰環一郡無
非五百義士也金相書倡義錄跋曰凜凜忠義歷百

古而不可泯況鐵券署其名國乘載其績繼以諸先
輩信筆又如是自 朝家特贈奉訓郎儀賓府都事
士林建祠以尸祝之此可見遺風之遠暨公議之不
死也獨惜乎雲仍不振傳來言行實錄蕩失於鬱攸
之哉此豈惟今日遺孫之痛不能無後世烈士之感
焉然宋文忠歐陽公以德行功業文章爲三不朽而
乃曰修於身施於事雖不見於言亦可今公德行既
修於身功業既施於事忠節又如是煌煌炳炳不朽
於身與事之後豈以遺文之存不存於公有多乎否
乎不佞亦洛之士耳每因本鄉章甫輒問這個義亦

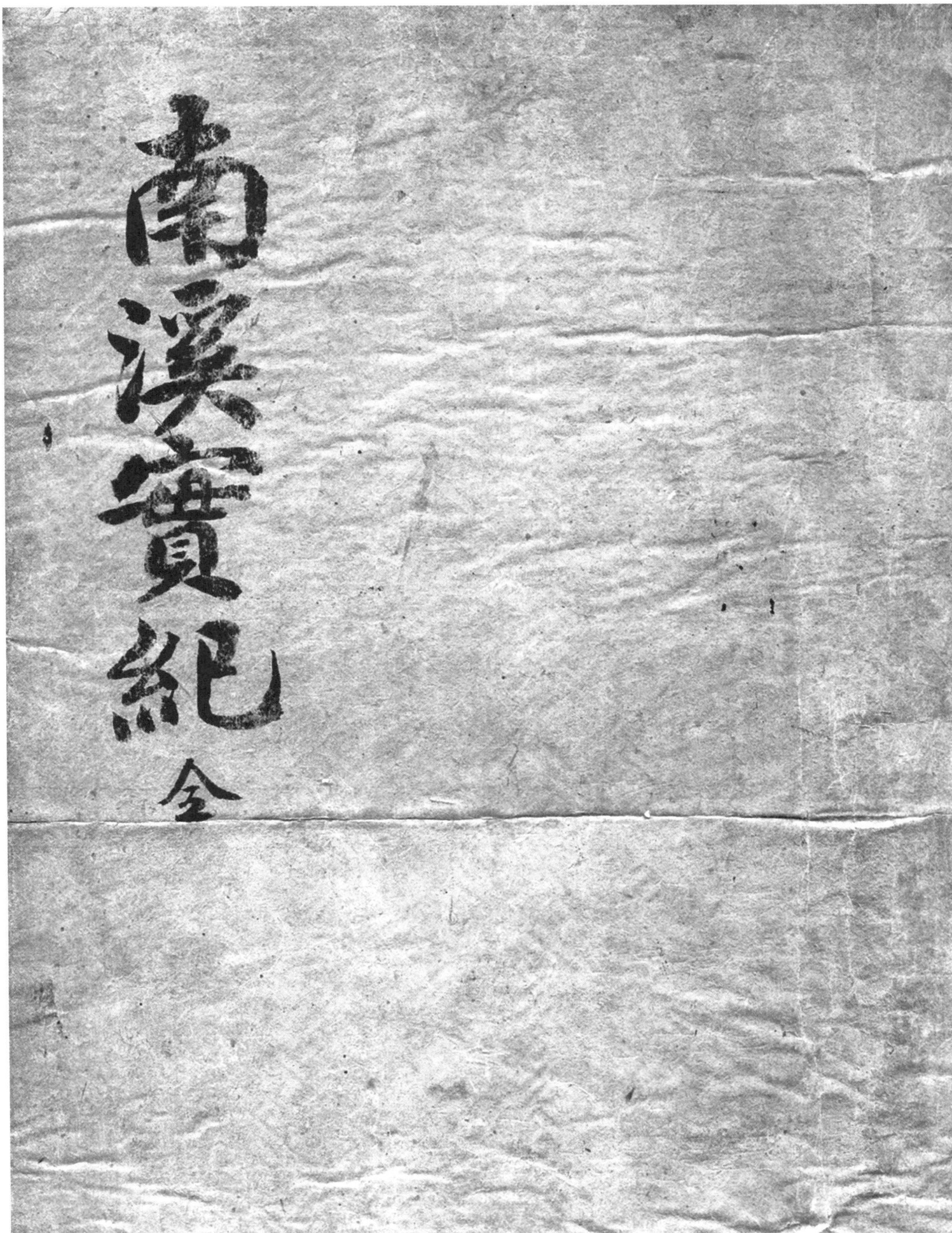

『남계실기』 소장 - 송정정사(영천시 고경면 용전리)

제3권(第三卷) 부록(附錄)

제2절(第二節) 영인본(影印本)

부록5. 남계실기(南溪實紀)

부록6. 충현록(忠賢錄)